# 일제 침략과 대한제국의 종말

일제침략과 대한제국의 종말 — 러일전쟁에서 한일병합까지

**초판 3쇄 발행** 2019년 12월 2일
**초판 1쇄 발행** 2012년 4월 6일

**지은이** 서영희
**기획** 역사문제연구소
**펴낸이** 정순구
**책임편집** 정윤경
**기획편집** 조수정 조원식
**마케팅** 황주영

**출력** (주)한국커뮤니케이션
**용지** 한서지업사
**인쇄** 한영문화사
**제본** 한영제책사

**펴낸곳** (주) 역사비평사
**등록** 제300-2007-139호 (2007. 9. 20)
**주소** 10497 경기도 고양시 덕양구 화중로 100, 506호(화정동 비젼타워21)
**전화** 02-741-6123~5
**팩스** 02-741-6126
**홈페이지** www.yukbi.com
**이메일** yukbi88@naver.com



ISBN 978-89-7696-327-7 04910
978-89-7696-320-8 (세트)

책값은 표지 뒷면에 표시되어 있습니다.
잘못 만들어진 책은 구입하신 서점에서 바꾸어 드립니다.

# 일제 침략과 대한제국의 종말

## — 러일전쟁에서 한일병합까지

서영희 지음 | 역사문제연구소 기획

20世紀
韓國史
SERIES

역사비평사

## '20세기 한국사'를 펴내며

'20세기 한국사' 시리즈는 지난 한 세기 동안 한국사회가 겪었던 다양한 경험을 독자들에게 정확하게 전달하는 데 일차적인 목적을 둔 역사 교양서이다. 이 시리즈는 식민지, 해방과 분단, 전쟁, 독재와 경제성장, 민주화로 요약되는 20세기 한국사의 큰 흐름을 시기별, 주제별로 나누어 해당 분야에 탁월한 연구성과를 남긴 전문 연구자들이 집필했다.

시리즈 각권은 필자 자신의 관점을 내세우기보다는 학계의 연구성과를 바탕으로 역사적 사실을 대중의 눈높이에 맞춰 서술하는 데 중점을 두었다. 역사적 사실을 객관적이고 공정하게 기술하여 가장 믿을 만한 역사책을 만들기 위해 노력했고, 역사적 사실을 해석하고 평가하는 일은 독자의 몫으로 남겨두었다. 이 시리즈가 왜곡된 역사적 사실을 바로잡아 있는 그대로 전달함으로써, 독자 스스로 20세기 한국사를 해석하고, 이를 통해 건강한 역사의식을 가진 시민사회를 만들어가는 데 조금이나마 이바지하기를 기대한다.

역사문제연구소가 역사 교양서 '20세기 한국사' 시리즈를 발간할 수 있었던 것은 전적으로 김남홍 선생의 후원 덕분이다. 본인이 원치 않아 아쉽게도 선생에 대한 소개를 할 수 없지만, "우리 후손들에게 과거의 역사가 사실대로 알려지기를 바라는 나의 평소 소망을 담은 책"을 써달라는 선생의 간곡한 부탁만은 발간사를 빌려 밝혀둔다. 이 시리즈 발간을 통해 선생의 뜻 깊은 소망이 이루어지길 기원한다.

더불어 시리즈 발간 작업을 총괄해온 역사문제연구소 연구원 배경식, 은정태 선생과 시리즈 간행을 흔쾌히 허락해주신 역사비평사 김백일 사장께도 깊은 사의를 표한다. 끝으로 '20세기 한국사' 시리즈 출간에 애써주셨던 고 방기중 소장께 고마움과 그리운 마음을 전한다.

역사문제연구소 소장

정태헌

# 망국 책임론을 넘어서

| 1 |

2010년, 일제의 대한제국 병합 100주년을 맞아 여기저기에서 심포지엄이 열렸다. 필자도 여러 군데 발표자로 혹은 토론자로 불려 다녔다. 100년 전 역사를 되돌아보며 당시 우리가 왜 일제의 식민지가 되었어야 했는지 원인과 배경을 규명해보자는 취지였지만, 늘 해오던 망국 책임 논쟁과 틀에 박힌 반성 외에 특별한 연구사적 진전은 없었던 것으로 기억한다. 병합 100년이 지난 지금까지도 일제 시기에 만들어진 망국사의 틀에서 한 발짝도 나아가지 못한 학계의 현실을 절감하면서, 동시에 우리 국민들의 병합에 대한 기억 역시 이와 크게 다르지 않을 것이라고 생각했다.

필자는 가끔 학생들에게 "우리는 왜 일본의 식민지가 되었을까?" 하고 질문을 던져본다. 그때마다 돌아오는 대답은 "대원군의 쇄국 정책 때문에" 혹은 "일본이 강해서" 등이다. 너무나 상투적이다. 단지 쇄국 정책이 문제였다면, 문호 개방을 서둘렀으면 식민지가 되지 않았을까? 또 일본이 강해서라고 대답한 학생들에게 당시 대한제국과 메이지유신 이후 일본의 국력 차이나 군 병력 차이가 어느 정도였을까 하고 후속 질문을 던져보면, 다들 난감한 표정을 짓는다. 요컨대 백 년 전 망국의 아픈 기억을 고스란히 대물림해왔을 뿐, 정작 그 원인을 깊이 있게 따져보거나 곱씹어보지 않고 단지 치욕의 역사로 치부하면서 외면해왔다는 것이다. 그러면서도 을사늑약, 고종 황제의 강제 퇴위, 군대 해산, 의병 투쟁, 안중근의 이토 히로부미 저격 등 굵직한 사건들의 이름은 줄줄이 꿰고 있다. 지금까지 한국 근대사 연구와 역사 교육이 기본적으로 '침략'과 '저항'의 이분법적 구도 아래 진행되어온 탓에 '일제의 국권 침탈과 민족의 저항'이라는 단순명료한 인식틀이 학습된 결과이다.

우리는 일제가 어떻게 민족 내부에 균열을 일으키고 그 틈새를 뚫고 들어와 교묘한 공작과 술수로 병합을 달성해냈는지, 구체적 실상을 잘 알지 못한다. 병합을 목전에 둔 우리 민족의 대오 안에서 각자가 어떤 다른 셈법을 가지고 우왕좌왕하다가 망연자실 병합의 그날을 맞게 되었는지, 그 현실을 구체적으로 알지 못한다.

기껏해야 고종 황제 개인에게 책임을 묻거나 을사오적으로 대표되는 친일파 몇몇을 매국노라고 지탄하는 것으로 끝난다면, 식민지화의 원인을 제대로 규명할 수 없다. 서구열강의 지원하에 아시아의 패자로 등장한 일본 제국주의, 그 앞에 던져진 약소국 대한제국의 식민지화는 이미 정해진 수순이었다는 결과론적·숙명론적 역사인식이나 패배주의적 태도 역시 식민지화의 원인을 규명하는 데 큰 도움이 안 된다. 일제의 대한제국 병합은 근대국가 수립의 주도권을 둘러싼 민족 내부의 갈등에 개입해 저항을 무력화하거나 일부 세력을 친일로 견인해낸 결과였고, 이는 물리적 강압과 더불어 끊임없는 정치 공작의 결과이기도 했다.

| 2 |

사실 대한제국이 '왜' 일제의 식민지가 되었는지 한마디로 딱 잘라 대답하는 것은 매우 어려운 일이다. 근본적으로, 일제에 의해 병합당한 대한제국의 한계는 1897년 대한제국 수립에서 시작되는 것이 아니라, 짧게는 서양 문명과 조우한 개항기부터, 길게는 조선왕조 5백 년의 역사적·문화적 전통에서부터 비롯된 장기 구조사적 원인에 기원하고 있다고 생각되기 때문이다.

따라서 이 책은 그 '왜'에 대답하기보다는 단지 '어떻게' 대한제국이 일제의 식민지가 되었는지 과정을 충실히 보여주고자 했다. 러일전쟁 이후 대한제국의 통치권이 어떻게 일제 통감부에 의해 장악되어갔는지, 그 과정에서 대한제국의 각 정치 세력들은 어떻게 저항하거나 동화되고, 혹은 양자 사이에서 동요하다가 병합을 맞게 되는지 추적해본 것이다.

흔히 말하는 '뼈를 깎는 반성'이나 '다시는 역사의 과오를 되풀이하지 않겠다'는 다짐도, 실상을 모르는 무지의 상태로는 사상누각이라고 생각한다. 실상을 알아야 원인이 무엇이었는지 말할 수 있고, 누군가에게 책임을 따져 묻거나 준엄한 역사의 심판을 내릴 수 있지 않겠는가? 물론 백 년 전 그날로 돌아간다면 누구에게나 무거운 역사의 수레바퀴일 텐데, 선불리 오늘의 시각으로 이 시대를 재단하거나 비판하는 것만이 능사는 아닐 것이다.

이 책의 주된 관심은 5백여 년 유지되어온 왕조 질서가 무너지고 이민족 지배로 대대적인 권력 교체가 일어난 이 시기에 대한제국의 지배 세력이 보여준 정치적 동향이다. 사실 향촌사회 곳곳, 저 지방 말단의 헌병 보조원이나 세무 주사에 이르기까지 이민족 권력이 어떻게 한민족의 일상적인 삶을 지배하고 장악해갔는지도 그려보고 싶었지만, 그것은 현재 필자의 능력 밖이고, 우선은 중앙 정치 무대에 한정하여 통치 권력의 이동이라는 측면에서 병합사를 서술해보려고 한다. 5년마다 선거로 대통령만 바뀌어도 이 작은 대한민국이 구석구석까지 요동치는 판인데, 이민족으로 지배 권력이 바뀌는 병합 과정이 그렇게 간단히 하루아침에 달성될 수는 없었을 것이다.

| 3 |

흔히 일제에 의한 대한제국의 통치권 장악과 병합 과정은 일방통행식으로 진행된 것처럼 기술되고 있다. 하지만 실제로 통감부 통치나 병합 추진 과정은 당연하게도 대한제국의 저항과 대응에 따라 그 방식을 바꿔가며 여러 시행착오를 거쳤다. 일찌감치 근대화에 들어선 일본이었지만 나름

문명국을 자부해온 대한제국을 하루아침에 집어삼킬 수 있을 만큼 강력한 것도 아니었고, 재정적 한계 혹은 구미열강의 간섭 가능성 등을 고려한 정책 당국자 간의 이견으로 여러 우여곡절을 겪었다. 엄밀히 말해 을사늑약 이후 통감부가 설치된 뒤에도 제한적이나마 대한제국의 주권은 살아 있었고, 통감부의 통치권 장악과 병합은 그 주권을 해체하기 위한 온갖 회유와 압박이 동원된 폭력적인 정치 과정을 통해 달성되었다. 또 이런 일제의 정치 공작하에서 민족 내부의 여러 세력들은 복잡한 갈등 양상을 노출했다. 이 과정이 낱낱이 밝혀져야만 '식민지화'가 권력적 측면에서 어떤 의미를 갖는지 보다 구체적으로 다가올 것이다.

그런데도 지금까지 1905년 11월 을사늑약 이후 통감부 시기는 단지 식민지화의 전사前史로서만 이해되었다. 통감부가 실제로 어떻게 권력을 행사했고, 기존의 대한제국 통치 구조와 어떤 관계에 있었으며, 나아가 대한제국의 통치권을 어떻게 장악해갔는지에 대해서는 별 관심을 기울이지 않았다. 그저 통감부 설치와 동시에 일제가 대한제국의 통치권을 접수하고 실질적인 식민통치를 시작한 것으로 치부해버렸다. 어차피 식민지화라는 정해진 결론이 있는 만큼, 그것이 어떻게 달성되었든 상관없다는 태도라고 볼 수 있다.

하지만 통감부 시기는 통감부와 대한제국 정부가 동시에 존재하는 '통치 구조의 이중성' 등 보호국 단계의 특수성을 고려하면서 이해되어야 하고, 통감부가 '시정감독施政監督'이라는 명분으로 어떻게 기존 권력을 해체하고 대한제국의 통치권을 잠식해 들어갔는지 그 경위도 밝혀내야 한다. 그래야만 일제가 병합 당시부터 관변학자들을 동원하여 편찬해온 병합사류의 역사 왜곡도 극복할 수 있을 것이다. 일본은 자국의 침략적 야욕은 애써 외면한 채 병합은 애초의 목표가 아니라 제국주의 열강의 각축이라는 당시 국제 정세 속에서 불가피한 상황적 선택이었을 뿐이었다고 변명하거나, '시정개선'을 앞세운 식민지 근대화의 논리로 역사를 왜곡해왔다. 일본 학계 일부는 최근까지도 그런 병합사류의 인식을 계승하고 있는 것이 현실이다.

한편 통감부 통치 아래에서 대한제국의 각 정치 세력들이 어떻게 대응하고 갈등했는지 밝히는 것은, 식민지로 넘어가기 직전의 정치적 판세를 규명하고 일제하 민족해방운동의 출발점을 확인하는 측면에서도 중요한 문제이다. 통감부 시기는 의병 투쟁 등 국권 회복을 위한 가열찬 우리 민족의 투쟁이 시작된 시기이자, 일제하 해외 독립운동의 신화로 이어지는 어쩌면 박제화된 민족운동사의 전사가 되는 시기이기도 하다. 그런데 지금까지는 일제의 국권 침탈과 그에 대한 저항이라는 이분법적 인식 틀이 굳어지면서, '저항'과 '동화'의 양 측면이 공존했던 식민지화 과정의 정치사를 총체적으로 보지 못했다. 일제의 국권 침탈에 저항한 세력과 친일 세력 모두를 포함하여 식민지화가 권력적 측면에서 구체적으로 어떻게 진행되었는지 알 필요가 있는 것이다.

실제로 대한제국의 각 정치 세력들은 식민지화를 눈앞에 두고도 각자

처한 현실적 입장에 따라 정치적 전망을 달리했다. 고종 황제는 러일전쟁 발발 소식이 들리자 프랑스 공사관, 혹은 미국 공사관으로 이어를 타진하면서 세계 여러 나라 원수들에게 절박한 심정을 담아 대답 없는 친서를 보내기 시작했다. 을사늑약 무효 선언부터 헤이그 만국평화회의 특사 파견에 이르기까지, 그에게 만국공법이 지배하는 근대적 국제 질서는 어떤 의미로 다가왔을까? 또한 대한제국 시기 내내 황제권과 길항 관계에 있던 고위관료들 중 일부는 왜 통감부 통치에 협조하는 친일 내각의 구성원이 되었으며, 그들에게 권력과 민족은 어떤 우선순위를 형성하고 있었을까? 문명화의 논리에 강박당한 개화 지식인들은 근대적 정치 체제 수립과 국권 수호라는 이중의 과제 앞에서 어떤 선택을 할 수 있었을까?

이 책은 이런 질문들에 답하기 위해 이민족 지배 권력 앞에 선 대한제국 각 정치 세력들의 동향을 되도록 가감 없이 전달하려고 노력했다. 지나친 자학도 미화도, 역사를 통해 오늘의 우리가 배워야 할 교훈에는 도움이 안 된다고 생각했기 때문이다.

완전한 식민지로 가기 직전 보호국 단계인 통감부 시기의 특성상, 그 과도기적 불안정성으로 말미암아 각 정치 세력들은 나름대로 현실적 정치 공간을 확보하려는 욕망을 표출하고 있었다. 특히 국권(주권) 상실을 예감하고 국제사회를 향한 특사 외교에 나선 고종 황제와 근왕 세력, 그리고 의병 항쟁에 나선 재야의 양반 유생층과는 달리, 친일 내각 참여 세력이나 일부 개화 정객, 권력 지향적 계몽운동 세력들은 '보호국 체제 유지'를 기대하거나 병합 이후 '내정자치'라는 정치적 전망을 보유한 채 각 세력 간 이합집산을 거듭했다. 그들에게 통감부 통치는 국권 상실의 의미보다는 대한제국 선포 이후 전제 권력을 강화해온 황제정의 해체로 새로운 정치 지형이 형성되는 계기로서 다가왔다. 따라서 고종 황제가 폐위당한 1907년 7월 이후 통감 이토 히로부미伊藤博文가 표방한 '자치육성 정책'의 깃발 아래 벌어진 친일 내각 진입을 둘러싼 각 세력 간 극심한 권력 갈등의 배후에는 '내정자치'라는 정치적 전망이 개재되어 있었다고 볼 수 있다. 극단적인 친일 근대화 세력인 일진회조차 상대적으로 하층민 출신으로서 양반 지배 체제하에서 억눌려온 소민小民들의 정치 참여 욕망을 대변하면서 스스로 합방 청원서를 제출했다.

이에 통감부는 우선 황제권과 고위급 정부 대신들 간의 권력 갈등 구조에 틈입하여 정부 대신들을 일제 쪽으로 견인해나갔다. 대한제국기 내내 정권에서 철저히 소외되었던 개화운동 세력을 망명지인 일본에서 귀국시켜 친일 정치 세력의 기반으로 활용했다. 또한 실체도 없는 '자치육성 정책'을 표방하여 오랫동안 황제권에 억눌려왔던 민권운동 세력을 유인했다. 이처럼 일제에 의한 대한제국 병합은 근대국가 수립의 주도권을 둘러싼 민족 내부의 오랜 갈등 구조를 배경으로 서서히 다가왔고, 우리 역사에서 마지막 왕조의 유산이 된 대한제국은 13년의 영욕을 뒤로 한 채 마침내 역사 속으로 사라졌다.

차례

## 02 시일야방성대곡 —을사늑약의 진실



## 03 통감부, 대한제국을 장악하다

## 04 국권 회복을 향한 여러 갈래 길



## 05 대한제국의 종말 —일제의 대한제국 병합

1904년 2월, 일본의 기습 공격으로 시작된 러일전쟁은 대한제국의 운명을 바꿔놓았다. 대한제국의 전시중립 선언에도 불구하고 개전과 동시에 대규모 군대를 한반도에 진주시킨 일제는, 한일의정서로 군사적 강점의 길을 열고 고문협약으로

# 러일전쟁 발발,
# 그리고 한반도의 운명

'시정개선'을 앞세운 내정 장악에 나섰다. '재정정리 사업'이라는 미명하에 한국민의 화폐 재산이 강탈당하고, 각종 이권이 일본에 넘어갔다. 고종 황제는 러시아 차르에게 수없이 친서를 보내며 구원을 요청했지만, 러일전쟁의 승기는 이미 일본 쪽으로 기울고 있었다.

## 인천 앞바다에 울린 포성

1904년 2월 4일, 마침내 일본은 러시아와의 전쟁을 최종적으로 결정했다. 2월 6일 러시아에 국교 단절을 통고하는 한편, 2월 8일 뤼순항의 러시아 함대를 기습 공격함으로써 러일전쟁을 도발했다. 그리고 개전과 동시에 대규모 일본군 병력을 한반도에 진주시키기 시작했다.

만주와 한반도를 두고 러시아와 벌인 교섭은 단지 외교적인 제스처였을 뿐, 일본의 입장은 이미 오래 전부터 러시아와 일전을 겨루는 것으로 결정되어 있었다. 따라서 러시아와 지지부진한 협상을 계속했다가는 오히려 일본 측에 불리하다는 판단 아래, 본격적으로 전쟁 준비를 시작했다. 1월 14일, 일본은 전쟁참의원을 구성하고 한반도에 군대와 군수품 파송을 시작했으며, 1월 22일에는 '해면방어령', 1월 23일에는 '철도군사사용령' 등을 공포했다.

이보다 앞서 러시아는 1월 6일, 일본이 한반도를 군사적 목적에 사용하지 않을 것을 약속하고 한반도 북부 지역에 중립지대를 설정하며 만주가 일본의 이해권 밖에 있음을 인정한다면, 일본이 만주 지역에서 청과 체결한 권리와 특권을 방해하지 않겠다는 새로운 제안을 내놓았다. 하지만 일본의 대답은 한반도에 대해서는 조금도 양보할 수 없다는 대원칙하에 '한반도 관련 조항을 삭제하고 만주 영토 보전을 약속한다면 만주가 일본의 이해 범위 밖에 있음을 인정하겠다'는 것이었다.

러시아는 1월 28일 열린 특별회의에서 가능하면 일본과의 전쟁을 피하기 위해 일본이 주장하는 대로 한반도 중립지대안을 삭제하기로 결정했지만, 정부 내 강경파들의 반발이 일어나자 중립지대의 경계를 압록강 – 두만강 유역으로 하는 것으로 번복했다. 이는 한반도 문제에 관한 한 러시아와 일본의 타협은 불가능함을 보여주는 결정이었다. 이에 일본 정부는 기다렸다는 듯이 임시 각의 및 어전회의를 열어 전쟁을 결정하고, 곧바로 뤼순항의 러시아 함대를 기습 공격한 것이다.

사실 러시아의 만주 철병 기한인 1903년 10월이 다가오면서, 러·일 양국은 경쟁적으로 한반도에 병력을 증파하고 있었다. 특히 일본군은 헌병 교체, 혹은 전신대 보호라는 명목으로 부산·인천 등을 통해 수십 명 단위로 상륙했고, 연습용 등의 명목으로 기관포와 공병 재료들도 수입되고 있었다. 1904년 들어 러시아와 일본 사이에 전운이 더욱 고조되자, 여타 열강들도 자국 공사관 보호 명목으로 속속 호위병을 입경시키고 인천 앞바다에 순양함을 대기시켰다. 1월 3일 미국 공사 알렌이 공사관 및 거류민 보호를 위해 병력을 입경시킨다고 통첩했고, 영국·프랑스·이탈리아·독일 공사관도 호위병을 증강했다. 이런 사태로 인해 서울 장안의 물가는 폭등하고 민심이 소요하는 등 극도의 혼란상이 연출되었다.

러일전쟁은 사실상 대부분 해전에서 결판이 났고 육지전은 주로 만주에서 이루어졌지만, 한국민들은 10년 전 청일전쟁 당시 평양을 비롯한 한반도 북부가 모두 전장이 되었던 사실을 상기하면서 전쟁에 대단한 공포심을 느끼고 있었다. 고종 황제를 비롯한 궁중에서도 갑오년 당시의 경복궁 쿠데타 같은 상황이 재연될까 두려워하면서 대책 마련에 부심했다. 만일의 사태가 발생할 경우 미국 공사관이나 러시아 공사관, 혹은 프랑스 공사관으로 파천할 방안을 강구하기도 했다.

그러던 차에 러일전쟁 개전과 동시에 일본군이 인천에 파병되었음을 알리는 주일 한국 공사관의 전보가 도착하고, 2월 8일 일본군 병력이 부산·마산 방면에 상륙했다는 소식이 들려오자 고종 황제는 크게 동요했다. 고종은 대한제국의 '전시중립선언'에도 불구하고 한반도의 지정학적 위치상 일본군이 통과하는 것을 도저히 면할 수 없을 것이라고 생각하면서, 다만 대부대가 서울에 주둔하지 않기만을 간절히 희망했다. 특히 서울만이라도 중립지대로 보장받는 방안을 러시아 및 프랑스 공사와 협의했지만, 러시아 공사 파블로프는 2월 10일 정식 선전포고와 동시에 대한제국 철수를 결정해버렸다.

한편 일본군 제12사단이 2월 9일에 이미 남대문 정거장에 도착해 속속 입경하는 삼엄한 분위기 속에서, 하야시 곤스케林權助 주한 일본 공사는 고종에게 한일군사동맹조약 체결을 강요하였다. 일본이 합법적으로 한반도에 대규모 병력을 주둔시킬 수 있는 근거를 만들고자 한 것이다.

## 전시중립선언은 휴지조각이 되고

하지만 대한제국은 이미 1904년 1월 21일자로 전시중립선언을 해놓은 참이었다. 대한제국 외교의 최고 목표는 원래 영세중립국화를 보장받는 것이었지만, 러일전쟁 발발과 같은 급박한 위기 상황에서는 전시 국외중립이라도 보장받는 것이 차선책이라고 여겨졌다. 1900년 이래 대한제국이 가장 우려했던 것은, 러시아와 일본 양국이 한반도 분할점령 같은 협상안

**러일전쟁 발발 직후 서울 시가를 행진하는 일본군**

1904년 2월 러일전쟁이 발발하자 일본군은 인천을 통해 상륙하여 서울로 진입했다. 일본군의 시가행진을 구경하는 조선인들의 복장으로 당시 국상 중이었음을 알 수 있다. 1904년 1월 헌종의 계비였던 명헌태후가 사망했다.

에 몰래 합의할 가능성이었다. 1900년 7월에 고종 황제가 측근인 현영운을 일본에 몰래 파견하여 첩보를 수집하고, 8월에 다시 조병식을 파견하여 주일 미국 공사 및 러시아 공사와 중립국화를 논의한 것도 이런 우려 때문이었다. 1901년 7월에는 러시아가 일본에게 '한만 교환론'에 입각한 대한제국 중립국화를 제안했다는 소식을 듣고, 서둘러 박제순을 파견하여 열강 공동 보증하의 중립국화를 제시하기도 했다. 1903년 9월에도 외부대신 이도재 명의로 주일 한국 공사를 통해 전시 국외중립 보장을 공식 요구했다. 하지만 일본은 이 모든 중립화 제안을 거부했고, 오히려 한일동맹조약 체결을 강요했다.

한편 러시아는 1902년 일본과 미국을 상대로 한반도 중립화를 타진했던 적이 있으면서도, 정작 대한제국이 제안한 한반도 중립화에 대해서는 부정적이었다. 1903년 10월 주러시아 공사 이범진을 통해 러시아와 일본 양국이 대한제국을 중립국으로 간주해줄 것을 요청하는 외교문서를 전달했을 때도, 대한제국이 중립을 지킬 힘이 있는지, 혹은 중립 상태를 누가 보증할 것인지 의문을 제기했다. 즉 러시아가 생각하는 한반도 중립화는 사실상 미국을 개입시켜 그 중재하에 일본과 러시아가 한반도를 공동 보호하는 방식에 가까운 것이었을 뿐 진정한 중립화가 아니었던 것이다.

그렇다고 러시아가 적극적으로 한러동맹 체결을 선호했던 것도 아니었다. 1898년 '만주 집중책'을 채택한 이래 한반도를 만주 안전을 위한 완충지대 정도로 생각해왔던 러시아는, 대한제국의 보호 요청이나 군사동맹에 준하는 조약 체결 요구가 있을 때마다 미온적인 반응을 보였다. 고종 역시 러시아에 군사적인 보호를 요청하면서도 러시아의 조차租借 요구와 같은 주권 침탈 행위에는 방어적이었다. 따라서 이런 상황에서 고종은 러시아에 지원을 호소하면서도 동시에 국제사회를 향해 중립국화를 추구하는 전략을 구사할 수밖에 없었다.

1903년 8월 고종은 프랑스어에 능한 궁내관 현상건을 유럽에 파견했다. 현상건의 사명은 대한제국을 영구중립국화하는 문제를 프랑스를 비롯한 유럽 각국과 상담하는 것이었다.

프랑스는 1895년 삼국간섭에 참여한 이후 적극적인 대한對韓 정책을 펼치고 있었고, 특히 플랑시Collin de Plancy 주한 프랑스 공사는 고종에게 상당한 신뢰를 받고 있었다. 법률고문 크레마지Crémazy를 비롯하여 광산기사, 군사교관, 철도기사 등 다수의 기술고문관들을 대한제국에 파견하고 있었을 뿐만 아니라, 평양 광산 채굴권 획득(1900. 12), 운남상사Rondon Plaisant & Compagnie 차관 및 안남미 공급 계약(1901) 등에서 보이듯이 경제적으로도 활발하게 대한제국 진출을 시도하고 있었다.

현상건은 파리에서 오래 전부터 중립국화 방안을 모색하라는 고종의 밀명을 받고 있던 주프랑스 공사 민영찬과 합류했다. 이들은 프랑스 외무대신 델카세Delcassé를 만나 친러시아와 친프랑스 정책을 권유하는 편지를 받았고, 에밀 루베Emile Loubert 대통령이 고종에게 보내는 수호 친선을 다짐하는 친서도 받았다. 프랑스는 1891년 이래 러시아와 군사동맹 관계를 맺어오면서, 미국 및 독일이 영일동맹을 환영한 데 대해 1902년 3월 16일 '러불선언'으로 맞설 정도로 극동 정책에서 친러시아적인 태도를 지니고 있었다. 그러나 프랑스는 러일전쟁에 대해서는 반대하는 입장이었다. 만약 러시아가 패전하면 유럽에서 독일과 대결해온 프랑스에게 불리하게 작용할 것이고, 아시아에서도 인도차이나 제국에 대한 일본의 위협이 커질 것이므로 차라리 러일이 타협하여 전쟁을 피할 것을 원했다. 1902년 5월 러시아를 방문한 에밀 루베 대통령은 러시아 황제에게 대한제국을 중립국화하든가 아니면 러시아가 항구 하나를 점유하는 조건으로 일본에 넘겨주는 방안을 제시하기도 했다.

프랑스에서 임무를 마친 현상건은 민영찬과 함께 네덜란드 헤이그의 상설중재재판소(Arbitral Court)에 가서 러일전쟁 개전 시 양국 군대가 대한제국 영토를 유린할 경우에 대한 조언을 구할 계획이라고 알려졌으며, 10월 하순경에는 파리를 떠나 베를린을 거쳐 11월 14일 러시아의 수도 페테르부르크에 도착했다. 러시아에 도착한 현상건은 고종 황제로부터 받아온 친서를 러시아 황제에게 전달했다.

> 존경하옵는 짐의 좋은 형제 아라사국 황제 폐하! (…) 조만간 귀국과 일본 간의 교섭이 결렬되어 전쟁에 이른다면, 우리나라는 아마도 전장이 되는 것을 면치 못할 것입니다. (…) 종래 귀국과 우리나라의 교의 친밀은 더 말하지 않아도 될 사실이지만, 장래 우리나라가 만약 위난 다사한 날에 당하면 폐하께서 주한 러시아 공사에게 명하여 우리나라와 더욱 우호를 닦도록 해주시면 그 성의를 짐은 반드시 잊지 않겠습니다. (…) 만약 전쟁이 일어나면 우리는 폐하를 도와 우리나라의 오랜 원수를 초파剿破하기 위해서 일본병의 수효와 거동 및 그 의향 여하를 탐색하여 귀국 군대에 자세히 알림으로써 귀국 군대를 돕겠습니다. (…)

친서의 내용은 러·일이 개전하면 대한제국은 러시아를 지지할 것이므로 유사시 양국이 긴밀히 연결해 일본의 침략을 막아내자는 것이었다. 고종은 한반도 중립화를 모색하면서도 자위력이 미비한 현실을 고려할 때 러시아와 일본의 전쟁이 발발하면 한반도가 곧바로 일본군 휘하에 들어갈 것을 예상하며 러시아군의 신속한 개입을 호소했던 것이다.

현상건은 전 주한 러시아 공사 베베르에게도 고종의 밀서를 전달했고, 돌아오는 길에는 뤼순에 들러 알렉시에프E. I. Alexeev 극동 총독을 만나 향후 취할 방책에 대한 조언을 구했다. 1904년 1월 11일 현상건이 러시아 군함을 타고 귀국한 뒤 대한제국 정부의 분위기는 더욱 러시아 쪽으로 경사되는 듯했다.

하지만 현상건이 귀국한 지 딱 열흘째 되던 1월 21일, 중국 즈푸芝罘에서 대한제국의 '전시중립선언'이 전격 발표되었다. 그 내용은 러일 간의 평화가 결렬될 경우 대한제국은 엄정중립을 지키겠다는 것으로서, 불문佛文으로 각국에 동시 타전되었다. 동시에 각국 주재 대한제국 외교관들에게는 주재국 정부에 이 내용을 통보하라는 훈령이 내려졌다. 이 선언은 궁중에서 이용익이 극비리에 총지휘하고 현상건·강석호·이학균·이인영 등 고종의 측근 궁내관들이 프랑스어 교사 마르텔Martel, 벨기에인 고문 델로비유Delovigne 등의 협조를 받아 추진했다고 알려졌다. 불문 번역은 주한 프랑스 공사 퐁트네Fontenay가 맡았고, 외부 번역관 이건춘을 즈푸 주재 프랑스 부영사에게 밀사로 파견하여 직접 타전하게 했다는 것이다.

결국 현상건의 유럽행의 결과는 전시중립선언으로 나타났다. 러일이 개전할 경우 한반도가 전쟁터가 될 것을 우려하는 대한제국에게 프랑스는 전시중립이라도 선언하라고 조언했고 실무적으로도 이를 지원했다. 러시아에 보호도 요청했지만 러시아 측 반응에 대한 현상건의 귀국 보고를 듣고 고종은 일단 전시중립을 선택했다고 볼 수 있다. 혹은 표면적으로 전시중립선언을 통해 일본군의 한반도 진주를 막고 이면에서 러시아와 교섭을 계속할 생각이었을 수도 있겠다.

한편 대한제국의 중립선언에 대해 1월 22일 영국 정부를 필두로 이탈리아, 독일, 프랑스, 덴마크, 청국 정부가 회신을 보내왔다. 하지만 미국, 러시아, 일본 정부는 회답하지 않았다. 일본은 대한제국에 대해 직접 당사자이므로 제3국인 영국 등과는 달리 쉽게 회답할 수 없다는 것이었고, 러시아 측도 회답이 없었다. 그럼에도 고종은 영국 등의 회답으로 대한제국의 중립을 국제사회가 승인한 것으로 생각했다. 비록 영구적인 것이 아니고 러일전쟁 시에 중립을 지킨다는 일시적인 것일지라도, 각국의 반응에 고무된 고종은 중립화를 보다 본격적으로 추진하기 시작했다. 주프랑스 공사 민영찬에게 프랑스 외무성의 법률고문 르노Louis Renault를 소개받아 중립국의 권리와 의무를 상의하라고 지시한 것도 그런 맥락에서 나온 것이었다.

하지만 일본 측은 대한제국의 극적인 중립선언에도 불구하고 여전히 한일동맹조약 체결을 추진했으며, 막상 러일전쟁이 발발했을 때 아무런 거리낌 없이 한반도에 군대를 상륙시켰다. 자체적인 군사력 없이는 영구중립국화는 물론이고 전시중립조차 지켜낼 수 없는 것이 당시의 현실이었던 것이다.

## 한일의정서 강요—일본군 한반도 진주의 길을 열다

일본이 대한제국에 한일군사동맹조약을 체결하자고 요구한 것은 러일전쟁 개전을 앞두고 군사 전략상의 필요가 있었기 때문이었다. 일본 정부의 외무대신 고무라 주타로小村壽太郎는, 일단 개전하면 곧바로 한반도에 출병할 수 있는 명분을 확보하기 위해 한일 간 군사동맹조약이 필요하다고 생각했다. 군사 작전상으로 보아도 대러시아 전쟁에서 속전속결을 전략으로 삼아야 하는 일본으로서는 개전 즉시 부산이나 마산포, 혹은 인천에 상륙하여 빠르게 한반도 북부로 진출해야 했고, 황해에 대한 제해권도 확보해야 했다. 그러려면 청일전쟁 당시의 '조일맹약'처럼 공수동맹(제3국의 공격에 대해 공동으로 방어와 공격을 하기 위해 맺어진 두 나라 이상의 군사동맹)의 성격을 갖는 군사조약 체결이 필수적이었다. 그러지 않고 만약 대한제국이 일본군의 한반도 진주를 방지하기 위해 먼저 전시중립을 선언해버린다면, 이를 무시하고 병력을 움직일 경우 일본에 쏟아질 국제적 비난 여론을 감수해야 한다는 문제가 있었다.

따라서 고무라는 1903년 9월 29일 주한 일본 공사 하야시 곤스케에게 대한제국의 중립국화 노선을 봉쇄하고 비밀리에 일본과 공수동맹을 체결할 방안을 강구하라고 지시했다. 그러나 하야시 공사는 평소 중립을 지향하며 러일 양국 사이에서 '형세관망주의'를 취하고 있던 고종 황제의 태도로 볼 때 이는 무리한 요구라고 생각했다. 하야시는 조약 체결을 위해서는 고종 황제가 적극적인 관심을 표명할 만한 이익을 제시해야 하고, 예컨대 그것은 황제가 가장 싫어하는 재일 망명자에 대한 처리, 혹은 거액의 차관제공, 상당한 액수의 운동비 투입 등이라고 주장했다. 또 이를 보완하기 위해 서울에 주차하는 수비병도 두 배로 증가시켜 실질적인 위력을 가해줄 것을 본국 정부에 요청했다. 이후 하야시 공사는 황실과 정부 고관들을 상대로 교섭을 벌였는데, 대한제국 측 반응은 예상대로 완전히 냉담했다.

그러던 차에 고종의 큰 신임을 받고 있던 일본인 오미와 초베에大三輪長兵衛가 대한제국 정부에 초빙되었다는 소식이 알려졌다. 일본 외무성은 그를 이용하여 고종 및 이용익을 설득함으로써 대한제국의 중립화 노선을 한일동맹 노선으로 바꾸려는 계획을 세웠다. 오미와는 오사카 출신의 정상政商으로서 1891년 조선의 화폐 제도 개혁을 위해 고빙雇聘된 이래 대한제국 성립 이후에도 여러 차례 드나들며 경부철도주식회사 창립위원, 철도원 감독관, 삼정蔘政 검찰대원 등을 역임했다. 또 일본 제58은행의 대한제국 진출과 경부철도 부설권 획득에도 공헌하는 등, 일본 자본주의의 한반도 진출에 상당한 역할을 한 인물이었다. 그는 대한제국의 실세인 이용익과도 긴밀한 관계여서, 이용익이 일본의 미츠이물산·제일은행 등과 차관 교섭을 벌일 때 중간에서 주선하기도 했다. 그런데 오미와는 1901년경까지는 적극적으로 대한제국의 중립국화에 찬성하는 입장이었고, 이토 히로부미·이노우에 가오루井上馨 등과 함께 러일이 타협하여 전쟁을 회피하고 한반도 정세를 안정시키자고 주장했던 사람이었다. 그는 실업가로서 대한제국에서 이미 확보해놓은 이권의 안정화에 더 관심이 있었던 것이다.

하지만 1903년 12월 18일 인천에 도착한 오미와는 더 이상 예전의 중립론자가 아니었다. 그는 이미 고무라 외상으로부터 대한제국의 중립론을 봉쇄하고 한일동맹안을 성사시키라는 지령을 받고 왔던 것이다. 오미와는 대한제국 정부 고관들과 폭넓게 접촉하면서 일본의 입장을 설명했다. 고종 황제의 관심을 끌기 위해 일본에 망명해 있는 정치범들의 처분 방안을 제시하기도 했다. 일본은 그동안 명성황후 시해 관련자나 유길준, 박영효 등 개화 망명객들을 비호하면서 정치적으로 고종을 압박해왔던 정책을 폐기함으로써 고종을 회유하고자 했다. 또한 대한제국 정부에 상당한 금액을 증여할 수도 있다는 등 갖가지 회유책을 늘어놓았다. 특히 정부 대관들의 협조가 필수적이라 생각하고 적극적으로 한일동맹론 지지자들을 확보한 결과, 평소 고종 황제와 그 측근 궁내관들의 독단적 정국 운영에 불만을 품고 있던 일부 고관들을 중심으로 점차 한일동맹 지지 세력이 등장하게 되었다. 외부대신 이지용과 원래 친러파였던 이근택, 군부대신 민영철 등이 한일동맹 지지 세력으로 돌아섰다. 이들은 이용익 등 황제 측근 세력의 반대를 무마하기 위해 로비 자금 1만 원이 필요하다고 일본 측에 요구하기도 했다.

대한제국의 전격적인 전시중립선언으로 잠시 주춤했던 한일동맹 세력은 2월 10일, 러일 양국이 정식으로 선전포고를 하면서 파블로프 러시아 공사가 대한제국에서 철수해버리자 더욱 강력하게 고종 황제를 압박하기 시작했다. 2월 11일 가토 마쓰오加藤增雄 궁내부고문과 오미와 등은 고종을 알현하고 오후 4시 30분부터 밤 10시까지 황제를 설득했다. 대한제국이 전시중립을 선언했으니 러시아와 일본 양국군은 국경선 안으로 들어올 수 없다고 생각하는 것은 큰 오산이라고 충고하면서, 전시중립선언은 실제 사태가 벌어지면 아무런 국제적 효력이 없으니 속히 철회하라고 요구했다. 이들은 다시 한 번 한일 간에 군사동맹 체결을 주장하면서, 대한제국이 앞으로 시정개선에 관한 일본의 충고를 수용하고 일본이 군사 전략상 필요한 지점을 임시적으로 사용할 수 있게 한다는 내용의 조약문안을 제시했다.

고종은 결국 2월 13일자로 외부대신 이지용을 일본 공사관에 보내 한일동맹조약 교섭을 재개하게 했다. 일본 측은 군사 전략상 필요한 지점을 점유할 수 있다는 조항을 첨가한 조약 수정안을 제시함으로써, 대한제국의 시정개선을 권고하는 수준이 아니라 물리력으로 이를 강제할 것이고, 한반도를 군사적 강점 상태로 만들겠다는 의지를 드러냈다. 이에 대한제국 측은 독립국으로서의 체면을 손상하는 것이라고 크게 반발하면서, '시정개선에 관해 그 충고를 수용한다', '군략상 필요한 지점을 임시적으로 사용할 수 있다'로 수정할 것을 요구했다. 하지만 러일전쟁의 전황은 이미 일본에게 유리하게 전개되고 있었고, 일본 육군 선봉대가 서울 장안을 가득 채우고 있는 상황이었다. 2월 16일 일본 해군의 제2차 뤼순 공격이 있고 나서 2월 18일에는 무려 2만 명의 일본군이 서울에 들어와 북진을 준비 중이었다. 러시아군은 일본이 예상했던 것보다 남하를 서두르지 않았고, 뤼순이 포위되어 제해권을 잃어버린 상태였기 때문에 한반도 깊숙이 내려오는 것은 바랄 수도 없는 상황이었다.

고종은 2월 17일 오후 3시 반부터 8시까지 다시 오미와를 만났다. 고종은 현실적으로 일본군이 서울을 점령하고 있는 상황에서 어쩔 수 없이 중립화 정책을 포기하고 최대한 유리하게 일본 측과 동맹안을 체결하기로 결심한 듯했다. 이용익은 일본과 동맹조약을 체결했다가 나중에 러시아가 승리하면 곧바로 대한제국 병탄의 이유가 된다며 강력히 반대했다. 러시아군이 안주와 평양 부근에서 승리했다는 소식을 전해들은 고종도 혹시 러시아가 승리할 가능성을 기대하면서 현상건·이학균·길영수 등 측근들을 불러들이는 등 조약 체결을 연기하려는 움직임을 보였다. 이용익은 2월 22일에도 외부대신 이지용을 찾아가 일본과 조약을 체결하면 대역죄인으로 처분 받을 것이라고 엄포를 놓았다. 이지용은 후환이 두려워 조인을 거부하고도 싶었지만, 그럴 경우 일본 공사관 측에서 지급받은 로비 자금이 문제가 될 판이었다. 이지용은 2월 23일 아침 서울 밖으로 도주하려는 계획을 세웠지만, 일본 공사관 측이 이를 막고 12시에 다음과 같은 내용의 '한일의정서' 조인에 성공했다.

「한일의정서」

대한제국 황제 폐하의 외부대신 임시서리 육군 참장 이지용과 대일본제국 황제 폐하의 특명전권공사 하야시 곤스케는 각자 상당의 위임을 얻어 다음과 같은 조항을 협정한다.

제1조 일한 양 제국 간에 항구불역恒久不易의 친교親交를 보지保持하고 동양평화를 확립하기 위해 대한제국은 대일본제국 정부를 확신하여 시정施政개선에 관해 그 충고를 수용한다.

제2조 대일본제국 정부는 대한제국 황실을 확실한 신의로써 안전 강녕케 한다.

제3조 대일본제국 정부는 대한제국의 독립 및 영토를 확실히 보증한다.

제4조 제3국의 침해로부터 혹은 내란 때문에 대한제국 황실의 안녕 혹은 영토 보전에 위험이 있는 경우 대일본제국 정부는 속히 필요한 조치를

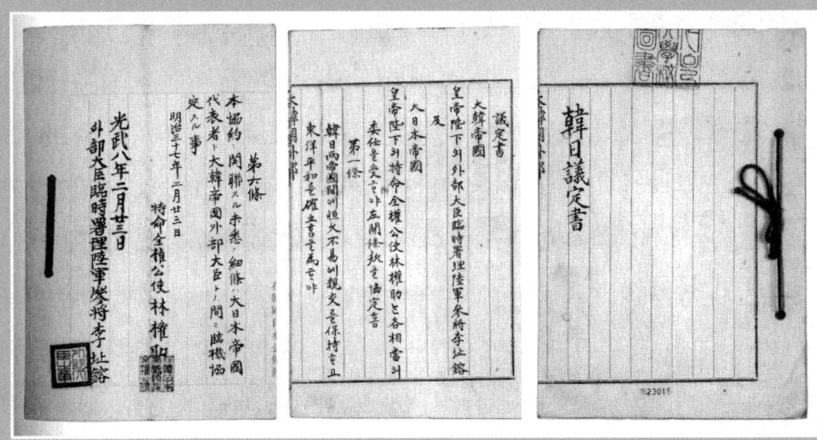

韓日議定書

大韓國外部

議定書

大韓帝國
皇帝陛下의外部大臣臨時署理陸軍參將李址鎔
及
大日本帝國
皇帝陛下의特命全權公使林權助と各相當의
委任을受ᄒᆞ야左開條款을協定홈

第一條
韓日兩帝國間에恒久不易에親交를保持ᄒᆞ고
東洋平和를確立홈을爲ᄒᆞ야

第六條
本協約ニ關聯スル未悉ノ細條ハ大日本帝國
代表者ト大韓帝國外部大臣トノ間ニ臨機協
定スル事

明治三十七年二月廿三日
特命全權公使林權助

光武八年二月廿三日
外部大臣臨時署理陸軍參將李址鎔

**한일의정서**

주한 일본 공사 하야시 곤스케는 외부대신 이지용, 군부대신 민영철, 원수부 총장 이근택 등 한일동맹파 3인의 배후에 있으면서 그들에게 거액의 돈을 안기고 위협을 가했다. 동맹파 3인은 결국 이에 굴복하여 한일의정서 체결에 나섰다. 일본은 이후 러일전쟁 수행을 명목으로 대한제국에 일본군을 주둔시키고 군용지를 점거했으며 철도와 통신 시설 등을 장악했다.

취하고, 대한제국 정부는 이러한 대일본제국 정부의 행동을 용이하게 하기 위해 충분한 편의를 제공한다. 대일본제국 정부는 전항의 목적을 성취하기 위해 군사 전략상 필요한 지점을 임의로 수용할 수 있다.

제5조 대한제국 정부와 대일본제국 정부는 상호 승인을 거치지 않고는 장래에 본 협정의 취지에 위반하는 협약을 제3국과 체결할 수 없다.

제6조 본 협약에 관련하여 미비한 세목은 대일본제국 대표자와 대한제국 외부대신 간에 수시로 협정한다.

이상과 같은 협약문 제1조의 '시정개선' 조항은 이후 일제가 외교·재정 고문을 비롯해 수많은 고문관, 교관, 참여관 등을 파견하여 내정을 장악하게 한 근거가 되었다. 또한 제4조 "군사 전략상 필요한 지점을 임의로 수용할 수 있다"는 조항을 통해 일본은 일단 유사시에 한반도에 군대를 파견, 주둔시킬 수 있는 권리를 획득함으로써 군사적 강점의 길을 열었다. 제5조에서 대한제국 정부가 의정서에 위배되는 협약을 제3국과 맺을 수 없다고 명기한 것은 러시아 등 다른 열강과 대한제국이 교섭하는 것을 막고 한일 간 군사동맹 상태를 강제한 것이었다.

한일의정서 제1조의 시정개선 조항을 바탕으로, 일제는 다시 1904년 8월 22일에 대한제국 정부에 재정·외교고문을 용빙시키는 협약을 체결했다. 이 협약에서는 대한제국 정부가 외국과의 조약 체결이나 그 밖의 중요 외교 안건, 즉 외국인에 대한 특권 양여 혹은 계약 등의 처리에 관해서 미리 일본 정부와 협의해야 한다고 못을 박음으로써 사실상 대한제국의 독자적 외교권 수행을 제한했다. 따라서 1905년 11월의 '을사보호조약'은 외교권 박탈을 국제적으로 공식화한 것일 뿐, 한일의정서 체결로 대한제국의 보호국화는 이미 시작되었다고 보아도 과언이 아니었다.

## '시정개선'을 앞세운 대대적인 고문관 파견

한일의정서 체결 이후 일제는 고문관을 파견하여 대한제국 내정에 간여하기 시작했다. 주한 일본 공사 하야시 곤스케는 우선 일본이 추진하는 이른바 '시정개선 사업'을 효과적으로 수행하기 위해서는 일본인 고문관 임용이 필수적이며, 경의철도 부설권, 연해 어업권, 연안·하천 운항권, 토지 소유권 혹은 지상권 등 중요 이권을 러일전쟁 종전 전까지 순차적으로 획득해야 한다고 본국 정부에 제안했다. 이에 일본 정부는 1904년 3월 8일, 보다 실제적인 정세 파악을 위해 추밀원 의장 이토 히로부미를 파견하기로 결정했다. 본격적인 대한제국 보호국화 정책 수립을 위해 정확한 사전 조사가 필요했기 때문이다.

하야시 공사는 내한한 이토에게 대한제국의 대체적인 상황을 보고하고, 시정개선 및 이권 경영의 방안들을 제시했다. 우선 대한제국의 시정개선을 지도하기 위해 최고 고문顧問을 선임하자고 건의함으로써, 외교 대표와 내정 감독을 겸하는 존재로 나중에 통감統監이라는 이름으로 구체화된 최고 고문 파견을 최초로 고안했다. 그 밖에 ① 징세법 개량, 화폐 개혁 등 재정정리와 제반 시설 개혁을 위해 전문 지식을 가진 유능한 고문관을 고빙할 것, ② 철도 및 기타 육상 교통 기관, 연해 및 하천 운항권, 황해도·평안도·충청도 연해 어업권, 경작 및 기타 지상권, 우편·전신 등에 관한 권리, 광업권 등 각종 이권을 획득할 것, ③ 러일전쟁 종전 후에도 대한제국의 육·해·공 각 지점을 수용해 장래 영원히 대한제국 국토에 대한 침해에 대비하고 일본의 이권을 보호한다는 명목하에 상비 주차군을 둘 것 등을 제안했다. 그러나 하야시는 한편으로 여러 이권은 너무 표나지 않게 은밀히 실제 이득을 취하는 방식으로 추진해야 한다고 주장하기도 했다. 일본이 아직 대한제국 보호국화에 대한 열강의 승인을 얻지 못한 데다, 열강의 간섭에 정면으로 맞설 능력도 부족했기 때문이었다. 이는 군사적으로 승리하고도 외교적으로 실패해 보호국화를 포기해야 했던 청일전쟁 당시의 과오를 반복하지 않으려는 노력이기도 했다.

일본 정부 차원에서는 5월 30일 각의閣議에서 「대한對韓 방침」과 그 실행을 위한 「시설 강령」이 결정되었다. 대한제국에서 국방·외교·재정 등에 관해 '보호'의 실권을 확립함과 아울러 경제적 제반 이익을 도모하기 위한 실행 지침들이 내려졌다. 구체적으로 ① 대한제국의 요소에 일본군을 주둔시켜 방비를 완전히 할 것, ② 외정外政감독을 위해 외무아문에 고문관을 투입하되 내외의 정서를 감안하여 외국인으로 할 것, ③ 재정감독에 일본인 고문관을 임명하여 징세법과 화폐 제도 등을 개량하는 한편, 대한제국 군대를 점차 감축하여 경상비용을 줄이고 일본 정부 감독하에 제염·연초 등의 전매 사업을 일으켜 이권을 확장할 것, ④ 철도 사업은 대한제국 경영의 골자이므로 경부철도, 경의철도, 경원 및 원산-웅기만 간 철도, 마산-삼랑진 철도 등 교통 기관을 장악할 것, ⑤ 대한제국 정부로 하여금 전신, 전화, 우편 사업을 위탁케 해 일본 통신 사업과 공통의 한 조직으로 만들 것,

⑥ 농업, 임업, 광업, 어업 등에서 척식을 도모할 것 등 6개 강령과 세목들로 이루어진 이 지침은, 나중에 '시정개선'이라는 명목하에 순차적으로 모두 실현되었다. 대한제국을 군사적으로 강점한 상태에서 고문관을 파견해 재정·외교 부문을 장악하고 철도·전신·전화·우편 사업 등 제반 경제적 이권을 획득하려는 계획이었다.

이런 계획에 따라, 일본은 먼저 대한제국 정부에 고빙된 외국인 고문관들을 정리하는 작업에 착수했다. 1904년 4월 당시 총 79명의 외국인 고문들이 있었는데, 이들은 대한제국이 근대화 개혁을 추진하면서 광산 개발, 철도 부설, 혹은 무기 제조 등과 관련하여 고빙한 기술자들이었다. 그러나 일본은 이들의 높은 임금이 재정상 부담일 뿐만 아니라 "한일 관계에 유해한 독설"을 퍼뜨려 열강의 간섭을 초래할 우려가 있다는 이유로 모두 정리하고, 그 자리에 일본인 고문관을 투입하여 대한제국 내정을 점차 장악하기로 계획했다.

그중에서 우선 외교고문과 재무고문 파견 작업이 시작되었다. 하야시 공사는 8월 6일 대한제국 외부대신과 재정감독 및 외교고문 초빙 교섭을 개시했다. 일본 정부가 추천하는 일본인 1명을 재무감독으로 탁지부에 고빙하고, 외국인 1명을 외교고문으로 외부에 초빙하라는 요구였다. 또한 대한제국 정부가 외국과의 조약 체결 및 기타 중요 외교 안건, 즉 외국인에 대한 특허나 계약 처리에 관해 미리 일본 정부 대표자와 협의할 것 등을 요구하는 3개조의 각서 초안을 제시했다. 대한제국 측은 재무'감독'이라는 명칭은 그 위치가 정부 위에 있는 것처럼 오해될 소지가 있으므로 '고문'으로 바꿔달라고 요구했고, 중요 외교 안건에 대해 일본과 협의해야 한다는 제3조에 대해서도 고종 황제를 비롯하여 정부 대신들이 모두 반대했다. 그러나 하야시 공사가 궁중에 들어가 그 필요성을 역설한 결과 8월 22일 결국 협약이 체결되었다. 이것이 '제1차 한일협약'이라 불리는 고문용빙협약이다.

일본 측은 제3조의 외교권 제한 조항은 공공연하게 발표하는 편이 오히려 제3국에 강한 효력을 발휘할 것이라고 생각하고, 9월 5일자로 「협약에 관한 일본 정부의 성명서」를 각국 정부에 통첩했다. 이런 일본 측의 술수로 공개된 외교권 제한 조항은 나중에 미국·영국 등 열강이 대한제국에 대한 일본의 보호권을 쉽게 인정하게 하는 빌미가 되었다. 을사보호조약 이전에 이미 대한제국의 외교권은 일본에 접수된 것으로 열강이 인정하게 만들어버린 것이다.

일본은 고문용빙협약에 의거하여 재정·외교 양 고문을 파견함으로써 본격적으로 대한제국에 고문통치 체제를 구축하기 시작했다. 재정고문으로는 1904년 10월 15일 일본 대장성 주세主稅국장 출신의 메가타 다네타로目賀田種太郎가 파견되었다. 그는 미국 하버드대 유학생 출신으로 대한제국 정부의 재정에 관한 일체 사항을 심의할 권리를 가지게 되었다. 의정부회의에 참석할 뿐만 아니라 재정에 관해 직접 황제를 알현하고 상주하는 등, 탁지부 일개 부서에 국한된 고문이 아닌 대한제국의 재정 전반을 장악할 수 있는 재무감독관의 위치를 확보했던 것이다. 대한제국 정부가 해고하려 해도 일본 대표가 동의하지 않으면 불가능하다는 점에서, 그는 대한제국이 용빙한 '고문관'이 아니라 '감독관'이었다.

반면 12월 27일 외교고문 스티븐스Durham. W. Stevens의 용빙조약에는 일본 정부가 추천을 취소하면 대한제국 정부는 속히 해약한다는 조항이 삽입되었다. 일본 측이 외국의 이목을 의식하여 일본 관리가 아닌 미국인으로 외교고문을 추천한 만큼, 그의 행동이 혹시 일본의 이익에 반할 경우 즉시 해고할 수 있는 장치를 마련해둔 것이다. 또한 대한제국 외교상의 중요 안건은 모두 주한 일본 공사와 협의하여 동의를 구해야 하고, 공사를 통해 제시되는 일본 정부의 방침을 따라야 하며, 중요한 문제는 신속하고 빠짐없이 일본 공사를 통해 일본 정부에 보고하게 했다. 스티븐스는 일본의 이해를 충실히 대변한 친일적인 인물로서 나중에 전명운·장명환에 의해 샌프란시스코에서 저격당한 인물이었는데도 일본은 만일의 사태에 대비하여 치밀한 계약 조건을 달아놓았던 것이다.

이 두 고문 외에도 궁내부고문 가토를 비롯하여 경무고문 경시警視 마루야마 시게토시丸山重俊와 학부 참여관 시데하라 히로시幣原坦, 법부고문 노자와 다케노스케野澤武之助, 군부고문 육군중좌 노즈 쓰네다케野津鎭武 등 고문, 보좌관, 교관 등의 명목으로 수많은 일본인들이 잇달아 대한제국 정부에 용빙되었다. 특히 궁내부고문 가토는 재정·외교 양 고문이 정식 용빙 계약을 체결하기도 전에 가장 먼저 임명되었다. 협약이 공표된 직후인 9월 10일이었다. 하야시 공사가 대한제국의 모든 폐해는 궁중으로부터 생기므로 재정고문이 개혁을 입안한다 해도 궁중이 간섭하는 한 실행하기 어려울 것이라고 본국 정부에 보고했기 때문이다. 즉 궁내부고문을 두어 궁중숙정宮中肅整을 한 뒤에야 일본 측이 계획하는 '시정개선'이 가능하리라고 생각했던 것이다.

또한 이미 함경도 지역에서 주차군에 의한 군정軍政을 실시하고 있던 일제는 황실 권력의 해체, 정부 개혁 등 자신들의 계획대로 시정개선을 추진하고 한국민의 불평을 제압하기 위해서는 치안경찰권 장악이 필수라고 생각했다. 이에 12월 29일 일본 경시청 제1부장 경시 마루야마가 경무고문으로 내정되었다.

이 고문관들은 모두 종래 대한제국 정부에 고용되어 단순한 기술적 조언을 담당했던 고문관들과 위상이 달랐다. 일본 정부가 공식 추천하고 파견하여 주한 일본 공사관의 지휘하에서 이른바 '시정개선 사업'을 추진하는 주체였다. 일제는 갑오개혁 때도 40여 명의 고문관을 파견해 단기간에 친일 내각이 지휘하는 일원적 통치 체제를 창출한 바 있었다. 그러나 갑오개혁 시기 고문관들은 주로 법령 제정이나 제도 신설 같은 부분에만 관여했던 반면, 1904년 이후 고문관들은 직접 행정 각 분야에 종사하며 그 집행까지 담당했다는 점이 달랐다. 특히 재정고문과 경무고문의 경우, 그 부속 관리들까지 집단으로 용빙해 재정고문부, 경무고문부라는 기구를 구성하고 독립된 집행 체제를 갖추었다. 일제는 이 시기에 보호권 확립을 위한 전단계로서 고문통치 체제를 구축하고 있었다.

## 관제 개혁 명목의 대한제국 정부기구 축소

일제가 고문통치를 시작하면서 가장 먼저 실시한 작업은 대대적인 관제개혁이었다. 하야시 공사와 재정고문 메가타, 궁내부고문 가토 등은 1904년 10월 27일 관제이정소를 설치하고 대한제국의 정부 조직을 대대적으로 개정하는 작업에 착수했다. 관제 개혁의 방향은 경비 절감이라는 명분으로 대한제국 정부기구를 대폭 축소하는 것이었다. 관원 수도 약 40% 가까이 대폭 감원했다(<표 1> 참고). 특히 메가타는 대대적인 군비 축소와 함께 재정 담당인 탁지부 관원을 절반 이상 감원하기로 내정했다. 그 결과 통폐합된 기구와 감원 수는 <표 2>와 같다.

**〈표 1〉 관제이정소의 관원 감축안(단위: 명)**

| 각부 / 관원 수 | 의정부 | 표훈원 | 중추원 | 외부 | 내부 | 경무청 | 광제원 | 탁지부 | 군부 |
|---|---|---|---|---|---|---|---|---|---|
| 구관제 | 25 | 13 | 58 | 32 | 67 | 62 | 42 | 124 | 140 |
| 신관제 | 21 | 11 | 23 | 29 | 47 | 64 | 19 | 87 | 86 |
| **각부 / 관원 수** | **법부** | **법관 양성소** | **학부** | **성균관** | **관상소** | **농상 공부** | **군기창** | **합계** | |
| 구관제 | 33 | 18 | 20 | 10 | 8 | 130 | 50 | 832 | |
| 신관제 | 24 | 6 | 20 | 9 | 8 | 44 | 17 | 515 | |

* 출처: 『일본외교문서』 38-1, 892~894쪽, 1905년 1월 4일 기밀 제3호.

**〈표 2〉 1905년 2월 폐지된 국(局)과 관원 수**

| | 국 | 칙임관 | 주임관 | 판임관 |
|---|---|---|---|---|
| 구관제 | 24개 | 50명 | 303명 | 398명 |
| 신관제 | 20개 | 45명 | 114명 | 368명 |
| 減數 | 4개 | 5명 | 189명 | 30명 |

* 출처: 메가타 다네타로, 『한국재정정리보고』 제1회, 1905, 5~12쪽.

그런데 이때 일제가 추진한 관제 개혁의 최종 목표는 사실 황제권의 축소에 있었다. 하야시 공사는 "대한제국의 시정개선은 폐해의 근본인 궁중을 숙정하여 정부 기관과 관계를 분명히 하지 않는 한 모두 도로徒勞에 그칠 것이다"라고 주장하면서, 황제권 제한을 관제 개혁의 중요 목표로 삼았다. 고문통치가 시작된 이래 일제가 추진한 재정정리 사업 등 모든 시정개선 사업이 번번이 황제의 반대로 실패로 돌아가고 있으므로, 황제권을 축소하고 궁중 정리를 해야만 대한제국의 내정 장악이 가능하다고 판단했기 때문이다.

이에 메가타 재정고문은 황실 재산 정리를 서둘렀고, 가토 궁내부고문은 황제권의 실현 기반인 궁내부 제도의 정리를 시작했다. 1904년 10월 설치된 제실제도정리국은 대한제국 수립 이후 급속도로 팽창해온 궁내부 산하 각종 기구들을 통폐합하는 작업을 추진했다. 우선 궁내부 철도원을 폐지하고 황제 호위를 담당해온 호위대를 폐지했다. 그 밖에 1905년 3월에 전면 개정된 「궁내부 관제」를 보면, 궁내부에서 황실 업무와 상관없이 각종 근대화 사업을 추진해오던 광학국, 박문원, 수민원, 평식원, 통신사 등이 폐지되었다. 고종은 황실 제도 축소에 강력히 반발하면서 내한한 이토 히로부미에게 불만을 토로하기도 했다. 고종은 또한 친일적인 정부 대신들을 의정부(내각)에서 축출하는 방법으로 일제의 내정 장악 시도에 저항했다.

일제는 황제권의 반발을 제압하기 위해 친일적인 정부 대신들을 조종하는 한편, 황제의 측근 세력들을 중심으로 한 반일 저항파들을 정부 내에서 철저히 축출하려 했다. 황제의 측근 세력들은 한일의정서 반대운동을 전개하면서 조인자인 외부대신 이지용을 탄핵하는 등 친일 내각을 위협하고 있었다. 1904년 3월 1일, 중추원 부의장 이유인은 국가 중대사를 중추원에 자문을 구하지도 않고 처리했다고 비판하면서 이지용을 탄핵했다. 전시중립선언을 추진했던 육군법원장 이학균, 궁내부 광학국장 현상건 등이 보부상들을 동원해 이지용과 그의 심복인 외부 교섭국장 구완희를 살해할 계획이라는 소문까지 퍼졌다. 실제로 보부상들이 이지용의 집 근처를 배회하고 구완희의 집에서 폭탄이 터지는 등 서울 장안의 민심은 흉흉했다. 그 밖에 근왕 세력 중 한 명인 길영수가 친위대와 시위대, 그리고 각지 진위대鎭衛隊(갑오개혁 때인 1895년 9월, 지방의 질서 유지와 변경 수비를 위해 설치된 근대적인 지방군대) 병사들을 동원하여 여러 대관들을 살해할 계획이라는 소문도 있었다. 일본 공사관 측은 의정서 반대운동자들을 체포하여 경무청에 압송하는 한편, 앞으로는 일본 경찰을 소요 현장에 직접 투입하겠다고 고종에게 통고했다.

그런데 한일의정서 반대운동은 을사늑약 때와는 달리 대대적인 기세로 계속되지 못한 채 곧 사그라들고 말았다. 고종 황제의 측근 세력들이 보부상과 친위 군인들을 동원하여 반대운동을 펼쳤을 뿐, 대부분의 정부 대신들은 "대한제국의 독립과 황실의 안녕 보장"이라는 조약 문구를 그대로 신뢰하는 경향이 있었다. 러일전쟁이 대한제국을 위한 전쟁이라는 일본 측 선전마저 어느 정도 먹혀들고 있었던 당시 상황에서, 의정서 체결로 이미 일본의 군사적 강점이 시작되고 시정개선 조항을 근거로 내정간섭의 길이 열렸다는 사실은 크게 부각되지 못했다. 일찍이 일부 정부 고관들이 황제 측의 중립화 노선에 반대하고 일본 공사관 측의 한일동맹안 쪽에 기울었던 사실을 볼 때, 정부 대신들의 의정서 반대운동 참여는 애초부터 있을 수 없었다.

따라서 황제의 측근 근왕 세력들이 주도한 의정서 반대운동은 지도급 인사들이 해외로 망명하자 점차 구심점을 잃고 중단되었다. 근왕 세력의 핵심인 이용익은 이미 한일의정서가 체결된 바로 그날 일본군 병영에 억류되었다가 탁지부대신 겸 내장원경, 서북철도국 총재, 원수부 회계국 총장 임시서리 등 모든 직위를 해제당한 뒤 강제로 일본에 납치되었다. 이학균·현상건 등 궁내관 세력도 일본 주차군 사령부의 체포를 피해 3월 16일 중국 상하이로 망명한 뒤여서, 일제의 강력한 탄압에 맞서 역량을 조직화할 수 없었다.

## 나가모리 프로젝트, 본격적인 이권 침탈의 시작

한편 1904년 4월 들어 본격적인 이권 침탈에 나선 일제는 궁중과 정부를 막론하고 외국인과 계약을 체결할 때는 미리 일본의 동의를 구하도록 요구했다. 전보사와 우체총사를 접수하고 군기 누설 예방 명목으로 전보 검열을 실시해 통신 기관도 장악하려 했다. 5월에는 전라도·경상도·강원도 연해 어업권에 이어 전쟁 중인 일본군에 신선한 생선을 공급한다는 명목으로 평안도·황해도·충청도 3도 연해 어업권 등 각종 이권마저 요구했다.

대한제국 정부는 일본이 요구하는 여러 이권 현안을 일단 의정부회의에 상정한 채 계속 결정을 미루는 방식으로 대처하는 한편, 「의뢰외국인치손국체자처단례依賴外國人致損國體者處斷例」를 개정하여 외국인과 교제하고 본국의 내정을 누설하는 자는 바로 면직하고 엄벌에 처한다는 규정으로 친일 세력을 제어하고자 했다. 일부 관직을 탐하는 사람들이 모든 정사가 일본 공사관에서 결정된다고 생각하고 해질녘이면 몰래 공사관에 드나드는 상황이 벌어지고 있었기 때문이다. 경무사 신태휴는 평복 순사를 각처에 파견하여 일본인과 교제하는 사람들을 조사하는 등 공포 분위기를 조성하고 있었고, 한때 정부 대신들조차 현저히 말을 아껴 일본 측이 내정 염탐에 곤란을 겪을 정도였다.

일본은 러일전쟁의 전황이 확실히 일본에 유리하게 진행되던 5월 초순, 더욱 강력하게 고종을 압박하기 위해 궁궐 숙청을 단행했다. 내관들을 다수 파면하고 황제 알현은 대신과 협판에 한정시키는 등 황제를 근왕 세력들로부터 완전히 고립시키고자 했다.

6월에는 일본인 나가모리 도키치로長森藤吉郎의 황무지 개간권 요구가 알려져 큰 파문이 일었다. 전 대장성 관리인 나가모리가 일본 대장성의 위촉으로 1903년 12월에 대한제국에 와서 경제·금융 사정 등을 살피고 대한제국을 경영할 방법을 구상한 결과 나온 황무지 개간권 요구였다. 그는 한일의정서 체결 직후인 1904년 3월 16일 「대한제국 내 토지의 개간·정리 및 소주, 연초, 백삼, 식염, 석유 등의 제조·수입 전매특허에 관한 계약서」를 작성하고 궁내부대신 민병석과 교섭을 진행했다. 6월부터는 일본 외무성의 지시하에 주한 일본 공사관 측이 공식적으로 나서서 대한제국 정부와 교섭을 시작했다. 일본 측은 처음엔 나가모리 개인이 운영할 것처럼 가장하여 교섭을 시작한 뒤 막상 계약 체결 단계에서는 일본 정부가 개입하여 국가적 차원의 이권 요구로 확대시키려 했던 것이다.

그러나 황무지 개간이라는 미명하에 광대한 미간지, 은결 등을 점탈하려던 일제의 계획은 전 중추원 의관 송수만, 심상진 등이 조직한 보안회의 강력한 반대운동에 부딪혔다. 이에 힘입어 대한제국 정부는 6월 29일자로 그 계약을 인준할 수 없다고 일본 측에 통고했다. 일제는 황무지 개간권 획득을 통해 막부 말기부터 폭발적으로 늘어난 일본 내 과잉 인구를 한반도에 이주시키는 식민 사업을 시작하려 했지만, 일단은 대한제국 측 저항에 부딪혀 중단할 수밖에 없었다. 그러나 나중에는 결국 동양척식주식회사가 설립되고 한반도 곳곳에 대규모 일본인 농장이 건설되었다. 그 결과 대한제국에 거주하는 일본인은 1903년 2만 9천 명에서 1909년 17만 1천 명으로 급증했다.

한편 일본 공사관은 보안회를 중심으로 한 배일 집회를 해산시키기 위해 일본 헌병이 서울의 경찰 임무를 맡겠다고 통고하고, 7월 21일에는 송수만, 허위 등 배일 상소자들을 체포했다. 하야시 공사는 고종이 날마다 시위 경비로 2천 원씩을 보안회에 내려주어 은밀히 배일 집회를 교사하고 있다고 주장하면서, 황무지 개간 사업 등 일본 측 요구에 대해 황제는 용단을 내리라고 압박했다. 또한 군제이정소를 설치하고 원수부를 비롯하여 군부·참모부·시종무관부·무관학교 등 군사 부분에 대해서도 대대적인 축소·개편 작업을 추진했다. 하지만 8월에 들어서도 고종은 여전히 러일전쟁의 추이를 관망하면서 전쟁이 러시아의 승리로 끝날 가능성에 대한 기대를 버리지 않고 있었다. 고종은 일본이 추진하는 시정개선 사업을 지연시키기 위해 11월 초 황태자비 민씨(순명효황후)의 국상 기간을 전례 없이 1년으로 연장하는가 하면, 친일 내각을 빈번히 갈아치우고, 한일의정서 체결 직후 일본으로 납치된 이용익을 10개월 만에 귀국시키는 것으로 대응했다. 이용익은 일본에서도 직접 궁중으로 전보나 밀서를 보내 고종의 참모노릇을 계속해오고 있었다.

## 재정고문 메가타의 화폐정리 사업과 황실 재산 강탈

대한제국 내정 전반에 걸쳐 가장 큰 영향력을 행사한 것은 재정고문 메가타가 추진한 '재정정리 사업'이었다. 이 사업의 가장 큰 목적은 대한제국을 식민지로 만드는 비용을 현지에서 직접 조달하는 것으로서, 그동안 대한제국이 추진해온 근대화 사업기구들을 경비 절감을 이유로 대폭 축소하고 관리들의 정원을 감축했다. 궁내부 내장원을 중심으로 축적해온 막대한 황실 재산 역시 '재정정리'라는 명목으로 강탈했다. 세금을 더욱 철저히 거두기 위해 징세 제도를 개편하여 종래의 지방관, 이서층 대신 세무관, 세무주사가 세금을 징수하게 했다. 징수된 세금은 우편취급소나 은행을 통해 국고로 납부하게 했다. 1906년부터는 전국적인 호구조사로 과세 대상을 2배 이상 증가시켰다. 1907년부터 지세를 늘리기 위해 토지에 대한 기초조사를 실시했고, 1909년에는 인삼·담배·술·소금 등 세원을 조사한 뒤 가옥세, 연초세, 주세 등을 부과했다.

그런데 이런 모든 재정정리 사업보다도 직접적으로 대한제국의 재산을 강탈해 간 것은 1905년 7월부터 시작된 '화폐정리 사업'이었다. 일본은 화폐 개혁이라는 명목으로 대한제국 화폐인 백동화 및 엽전을 신화폐로 교환해주는 사업을 실시했다. 그런데 백동화를 액면가치가 아닌 실질가치로 교환해줌으로써, 사람들은 하루아침에 화폐 재산을 강탈당하고 상인들은 몰락했다. 예컨대 백동화 2원짜리를 실질가치가 1원밖에 안 된다고 평가해서 교환해주거나 아예 교환을 거부함으로써 한국민의 화폐 재산을 강

구ᄇᆡᆨ동화무효에관ᄒᆞᆫ고시

구ᄇᆡᆨ동화ᄂᆞᆫ지난륭희이년십일월
말로써일반통용을검지ᄒᆞ고다만
공납에만ᄒᆞᆫᄒᆞ야본년십이월말ᄭᆞ
지ᄉᆞ용ᄒᆞᆷ을허ᄒᆞ엿스나명년일월
일일븟터ᄂᆞᆫ결코통용ᄒᆞᆷ을검지ᄒᆞᆯ
터이니인민등은그가진구ᄇᆡᆨ동화
ᄅᆞᆯ본년ᄂᆡ로공납에만사용ᄒᆞ되오
히려남은것이잇거든역시본긔한
ᄂᆡ로민슈ᄒᆞᆷ을청구ᄒᆞ야써의외의
손ᄒᆡᄅᆞᆯ당ᄒᆞ지안토록됴심ᄒᆞᆷ이가
ᄒᆞᆷ

륭희삼년십일월일일

탁지부ᄃᆡ신

**구백동화 무효에 관한 고시**

1909년에 발표된 구백동화 사용을 금지하는 고시문이다. 1905년 7월부터 화폐정리 사업의 실시로 구백동화의 교환이 시작되었다. 이 때문에 국내 상인들이 파산하고, 극심한 화폐 부족으로 금융 공황 등이 초래되어 많은 반발이 뒤따랐다.

탈한 것이다. 미리 정보를 알았던 일본 상인들은 피해를 보지 않았고, 결국 일본 제일은행이 대한제국의 중앙은행 노릇을 하게 되었다. 일본은 1906년에는 농공은행, 1907년에는 금융조합을 설립하고 농촌에 대한 고리대 수탈도 시작했다.

그 밖에 일본은 1905년 1월 경부선, 5월 마산선, 1906년 4월 경의선 공사를 완료함으로써 한반도를 남북으로 종단하는 철도망을 완성시켰다. 부산에서 출발해 한반도를 관통하고 만주에 이르는 대륙 진출의 발판을 마련한 셈이다. 또한 전국 곳곳에 신항만을 신설하고 남포 – 평양 – 원산 간, 광주 – 목포 간, 대구 – 경주 – 영일 간, 전주 – 군산 간 도로망을 완성함으로써 장차 한반도를 식민통치하는 데 필요한 운수 체계를 마련했다.

한편 황실 재산에 대해서는 정부 재정과 황실 재정을 분리하여 근대적 재정 제도를 마련한다는 명분을 앞세웠지만, 황실 재산 정리가 끝난 1908년 6월 모든 황실 재산을 국유화함으로써 사실상 강탈해갔다. 황실 소유 부동산과 토지 등에 대한 정리도 불완전한 민유 소유권의 근대법적 법인 등이 주목적이 아니고 철저하게 황제정의 물적 기반을 박탈하기 위한 재산 강탈 과정이었다.

사실 대한제국 수립 이후 황제권 강화와 함께 국가 재정을 압도할 만큼 급속히 팽창한 황실 재정은 전통적인 황실 재산 외에 역둔토, 각종 잡세와 특허권 수입, 화폐 주조 수입, 관영회사 운영 수입 등 엄밀한 의미에서 황실의 사유 재산에 속할 수 없는 많은 재원들을 관리하고 있었다. 당연히 근대국가 재정의 한 부분이 되어야 할 재원들이 대한제국 시기의 특수한 상황, 즉 외세의 이권 침탈로부터 국가 재원을 방어한다는 명분과 절대

**대한제국에서 사용된 일본 제일은행권**

위쪽 사진이 지폐의 앞면이고, 아래 사진이 뒷면이다. 뒷면에는 이 지폐가 한국에서 유통되는 것임이 국한문으로 표기되어 있다.

왕제적 권력 구조로 인해 궁내부 내장원에 의해 관리되었던 것이다. 재정 고문 메가타는 소위 '시정개선 사업'의 중요 과제로 황실 재산 정리를 내세운 다음, 제실제도정리국이라는 기구를 설치하고 일단 궁내부 기구들을 축소·폐지했다. 황실의 지출은 탁지부가 철저히 감독하게 했다. 홍삼 전매 사업, 광산 경영 등 황실이 직접 경영해온 사업은 국가로 이관하고, 영업세나 특허세 등 궁내부 내장원이 수취해온 각종 잡세도 정식 국세로 전환시켰다. 궁내부 소속 토지와 건물 등 부동산은 모두 국유화했다. 또한 1906년 6월 광업법 발포로 황실 소속 광산을 축소시키기 시작해서 1907년 8월에는 궁내부 소속 광산을 완전 폐지했다.

하지만 황실 재산 정리 과정에서 황실 소속으로 두는 게 더 타당한 사유 재산들마저 부당하게 국유화되었다. 각궁 소유 궁방전 등은 황실의 사유 재산이므로 처음에는 국유와 분리하여 '제실유'라고 규정되었지만, 결국 '제실유'의 개념은 사라지고 대부분의 황실 재산이 '국유'로 판정되어 국고로 이속되었다. 원래 근대국가 수립 과정에서 사유 재산권의 확립, 조세국가 체제의 수립 등과 함께 진행되어야 할 근대적 재정 제도가 일제의 국권 침탈 과정의 일환으로 추진됨으로써, 황실 재정은 더욱 철저하게 해체되었다.

## 대한제국 해외 공관 폐쇄 – 보호국의 길로 들어서다

한일의정서로 대한제국의 외교권에 일부 제한을 가한 일제는 한일의정서 체결 직후부터 대한제국과 러시아의 외교 관계를 공식적으로 단절시키는 작업에 착수했다. 주한 러시아 공사는 러일전쟁 개전과 동시에 이미 철수한 상태였으므로, 이제는 대한제국이 일본을 신뢰한다는 증거로 러시아 주재 공사관을 철퇴시키라고 요구했다. 평소 러시아에 기대고 있던 고종의 태도로 볼 때 즉각적인 철수를 도저히 용납할 수 없다면, 최소한 주러시아 공사에게 휴가를 명해 공사관원들을 데리고 타국으로 가도록 하라고 요구했다.

또한 러일전쟁의 전황이 육·해전의 승리로 일본에게 유리하게 전개되던 1904년 5월 9일, 일제는 고종에게 직접 러시아와 관계 단절을 선언하는 칙선서勅宣書를 발표하라고 강요했다. 대한제국과 러시아 양국 간에 성립된 일체의 조약 및 계약을 무효로 한다는 선언을 발표하라는 것이었다. 일본 측이 작성한 선언서의 전문은 "일본이 러시아에게 선전포고한 것은 대한제국의 독립과 동양평화를 위한 것으로서, 대한제국은 의정서 체결로 이미 일본의 교전 목적 달성에 편의를 제공했고 주러시아 공사관도 철퇴했으므로 러시아와의 외교 관계는 사실상 단절된 것이다. 그러나 장래 러시아가 종래의 조약 및 특허를 빙자하여 침략적 행위를 재기할 수 없도록 대한제국 정부는 이를 칙령으로 선언한다"는 취지였다. 본문 내용은 "종래 한러 양국 간에 맺어진 일체의 조약과 계약은 무효화하고 러시아 국민 혹은 회사와 맺은 특허계약 중 두만강·압록강 삼림 벌채권과 같이 원래 개인에게 허락했으나 실제로 러시아 정부가 경영하면서 특허 조건을 준행하지 않고 침략적 행위를 한 특허권도 폐지한다"는 것이었다.

대한제국 정부는 5월 18일 밤 관보 호외를 통해 이 칙선서를 발표했고,

**러시아 주재 대한제국 공사 이범진**
사진 오른쪽은 훗날 헤이그 특사단의 일원으로 활약하게 되는 아들 이위종이다. 이위종은 아버지 이범진을 따라다니면서 외국에서 공부하여 영어, 러시아어, 프랑스어 등 외국어에 능통했다.

각국 주재 대한제국 외교사절과 주한 각국 공사들을 통해 제3국에도 통보함으로써 러시아와의 관계 단절을 대내외적으로 공식화했다. 사실 한러 양국 간의 외교 관계를 어느 한쪽의 일방적인 선언으로 단절시킬 국제법적 근거는 없고, 더욱이 이는 대한제국 정부가 원하는 바도 아니었지만, 일본은 향후 있을지도 모를 러시아의 재진출을 봉쇄하기 위해 철저한 외교 관계 단절을 주장했던 것이다. 그 근거로 일본 측이 제시한 논리는, 대한제국은 한일의정서 체결로 일본과 군사동맹 관계가 되었으므로 일본과 교전 중인 러시아는 곧 대한제국의 적국이 되고, 따라서 한·러 양국은 교전 상태에 있다는 것이었다.

한편 9월에 들어서자 본격적으로 대한제국의 해외 공관 철수가 추진되었다. 하야시 공사는 재정 부족을 핑계로 해외 공관을 모두 점차적으로 철수할 방안을 고무라 외무대신에게 상신했다. 하야시 공사는 이 안은 원래 총세무사로 대한제국 해관을 장악하고 있는 영국인 재정고문 브라운J. McLeavy Brown이 경비 절감을 이유로 자신에게 제안한 것이라고 주장했다. 귀국 휴가를 신청한 대한제국 외교관들에게 여비를 지급하여 연말까지 모두 귀국하도록 한 다음 다시 파견하지 않거나 후임자를 임명하지 않고, 나머지 잔류자들도 적당한 시기에 일본 대표부에 업무를 위임하고 모두 철수하게 하자는 건의였다. 당시 대한제국의 해외 공관 현황을 보면, 러시아 공사는 이미 파면된 상태였고 일본·영국·미국 주재 공사는 귀국한 뒤 일본 측 개입으로 후임자가 파견되지 않고 있었으며, 프랑스, 독일, 청국 등 3국에만 공사가 주재하고 있는 상황이었다.

해외 공관 철수 작업은 12월 외교고문 스티븐스가 부임하면서 본격적으로 추진되었다. 베이징 주재 대한제국 공사관에는 대리공사로서 서기관 1명만 남겨두고 공사 및 나머지 직원은 모두 휴가 귀국원을 제출케 했다. 이들에게는 브라운의 협조로 밀린 봉급과 귀국 여비를 송금했고, 잔류한 대리공사에게는 10월 이후 일체의 봉급과 경비를 송금하지 않고 스스로 귀국을 청하게 했다. 나아가 베이징 공사관의 건물 부지까지 일본 측이 매수함으로써, 결국 주청 일본 대표에게 대한제국의 외교 사무를 위탁하고 귀국하도록 유도할 계획이었다. 주미 공사관도 12월 이래 전혀 송금을 받지 못해 곤경에 처해 있다고 재정난을 호소하고 있었다. 일제는 대한제국의 재정 사정이 도저히 해외 공관을 유치할 여유가 없다는 이유와, 한일의정서와 제1차 한일협약의 체결로 대한제국은 이미 일본의 보호국과 마찬가지인데 해외 공관의 궁상은 일본의 체면과도 관련된 문제이므로 마땅히 철퇴해야 한다는 궤변으로 대한제국의 외교권을 불법적으로 제한했다.

그러나 공사관 철수 과정에서 런던 주재 대리공사 이한응이 자살하는 사태가 벌어지고, 베이징에 잔류한 대리공사 박대영도 아무리 곤궁해도 자신이 귀국하면 곧 공사관이 폐쇄되므로 신하된 입장에서 도저히 귀국을 청할 수 없다고 버티는 등, 외교관들의 반발이 있었다. 이에 일본 측은 친일적인 주미 대리공사 김윤정에게만 어느 정도 경비를 송금하고, 그것도 황실이나 외부外部가 미국에서 모종의 비밀외교를 추진하는 데 쓰이지 않는지 철저히 감시하게 했다. 이한응 대리공사가 자살한 이후 고종 황제의 밀지를 받고 참사관이 부임한 영국 주재 공사관도 조속히 철거할 것을 계획했다. 심지어 황제의 명령으로 이민 실태를 조사하기 위해 멕시코에 출장 간 윤치호를 외교고문 스티븐스가 도중에 귀국시키는 등, 대한제국의 자주적인 외교권 행사는 불법적으로 봉쇄되고 있었다.

## 러시아 차르에게 보낸 고종 황제의 친서들

일본의 불법적인 외교권 제한과 고문관을 통한 내정간섭 속에서, 고종과 근왕 세력들은 러시아에 절박하게 매달리고 있었다. 한일의정서 직후 상하이로 망명한 이학균과 현상건 등 궁내관들은 전 주한 러시아 공사 파블로프와 함께 대책을 협의했다. 파블로프는 러일전쟁 발발과 동시에 대한제국에서 철수하여 상하이에 거주하면서 일본의 한반도 중립 침범 및 국제법 위반을 비난하고 있었다. 이들은 러시아가 조만간 일본을 격퇴하고 대한제국의 독립을 보장할 것이니 잠시만 기다리라는 밀서를 고종 황제에게 보냈다. 러일전쟁이 일본의 승리로 굳어져가고 일본의 내정간섭이 심화되는 상황 속에서도, 대한제국은 결국 러시아에 기댈 수밖에 없다는 생각에서였다.

이학균 등은 1905년 2월 1일 주한 프랑스 공사관을 통해 고종에게 밀서를 보냈다. 일본의 압제에서 벗어나기 위해서는 러시아를 비롯한 구미열강에 호소하여 그 간섭을 요청하는 수밖에 없다는 내용이었다. 밀서를 상주 받은 고종은 2월 7일 밤 궁내부대신 이재극, 그리고 이용익과 함께 궁중의 한 밀실에서 대한제국의 현재 상황을 기술한 국서 5통을 작성하고, 이를 외국인을 통해 상하이에 전달한 뒤 이학균·현상건 등이 구미에 가지고 가게 할 계획을 세웠다고 일본 공사관 측은 파악했다. 이런 첩보를 접한 일본 공사 하야시와 외교고문 스티븐스는 2월 8일 즉각 고종을 알현하고, 이 국서를 외국에 발송하면 대한제국에 중대한 불이익이 생길 것이라고 협박했다. 고종과 궁내부대신은 그런 사실이 없다고 극력 부인했지만, 일본 측은 상하이 주재 일본 영사나 밀정들을 통해 고종이 러시아 차르에게 보낸 친서의 내용을 일일이 탐지하여 파악하고 있었다. 고종이 러시아 차르에게 보낸 아래 친서를 보면, 러일전쟁 발발 이후 한반도에 진주한 일본군의 폭압과 내정간섭 상황을 전달하면서 러시아의 지원을 호소하고 있었다.

> (…) 러일전쟁 개전 후 1년여가 지나 러시아군이 점차 국경에서 멀어짐과 동시에 일본의 대한제국에 대한 압제는 날로 더해져 군사권에서 재정권까지 모든 분야를 장악하고 관리의 임면도 임의대로 자행합니다. 일본이 완전히 대한제국의 주권을 횡탈하며 공법을 무시한 폭압을 다해도 열강 중 누구도 돌아보는 사람 없으니, 대한제국의 군주와 신하들은 모두 침식을 잊고 걱정하나 조처할 방법이 없습니다. 바라건대 러시아의 은혜에 의지하여 일본군의 폭압을 벗어날 어떤 책략과 수단이 있는지에 대해 러시아 황제 폐하에게 호소합니다. (…)

또한 모스크바 제정러시아 대외정책문서보관소에서 발견된 1905년 1월 10일자 친서에서도, 고종은 뤼순 함락 소식에도 불구하고 여전히 러시아의 승리를 기대하면서 하루 빨리 러시아군이 한반도에 진주하여 일본의 압제를 제거해줄 것을 희망하고 있었다.

존경하옵는 짐의 형제 아라사국 황제 폐하! 지금 뤼순을 잃었다는 소식을 듣고 짐은 분노와 탄식을 금할 길 없습니다. 그러나 귀국의 용맹한 장수들과 날랜 병졸들은 반드시 오래지 않아 뤼순을 수복할 수 있을 것입니다. (…) 지금 일본이 우리나라에 대해 극히 무례하고 무력으로 내정에 간섭하며 난민을 선동하니, 국세國勢의 위태로움을 어찌해야 할지 모르겠습니다. 짐은 오로지 귀국의 대군이 빨리 와서 일본을 소제掃除하고 짐의 곤란을 구하여 독립의 권리를 영원히 공고하게 해주실 것을 절망합니다. 귀국 군대가 우리나라에 도착하는 날이면 내응 접대할 방책은 몰래 준비한 지 오래이며, 군대 앞머리에서 해야 할 일은 전국의 인민이 곳곳에서 방조하기에 힘과 정성을 다할 것입니다. (…)

종친인 장예원경 이재현도 주러시아 공사 이범진과 러시아군에 투신한 참령 김인수에게 일본의 강압 상황을 전달하고 이를 타개할 방법을 강구하는 편지를 보냈는데, 이 편지는 중도에 일본군에게 압수되었다. 편지 내용은 "하야시 공사와 하세가와長谷川好道 주차군 대장 등이 누누이 황제를 알현하여 압박하고, 황제의 허락도 없이 차관을 강요했으며, 재일 망명자들과 은밀히 연계하거나 일진회를 교사하여 전국의 민심을 교란한다. 매관매작을 금하라고 하면서 일본인들은 일부 한인들과 모의하여 관직을 매매하고, 혹은 부자들로부터 다액을 징발하는 등 고통이 심각하다. 또한 일본이 전쟁에 30만 병사를 출정시킨다 하지만 실제로는 겨우 10만에 불과하고, 애초에 일본의 국내 여론에 떠밀려 시작한 전쟁이지만 지금은 정계 내부의 갈등과 민심 이반 등으로 국내 사정이 매우 곤란하다고 한다. 지난 번 보낸 황제의 봉서에 대한 회답은 왜 아직 없는가. 러시아는 왜 지금까지 대한제국을 구하려는 어떤 행동도 하지 않는가. 러시아는 황제의 간절한 희망에 부합하기 바란다"는 것이었다. 이런 내용들로 볼 때, 고종과 근왕 세력은 러시아가 러일전쟁 패전의 위기에 처해 있음에도 여전히 기대를 버리지 못했으며 결국에는 러시아가 승리해 일본의 보호국화를 저지해 줄 것이라는 희망을 가지고 있었던 것 같다.

하지만 러시아를 향한 구원 요청들은 일본 측 첩보망에 걸려 오히려 대한제국의 운명을 옥죄는 쪽으로 악용되었다. 일본은 이미 러일전쟁 중 군사적 목적을 핑계로 대한제국의 모든 통신 기관을 장악하고 있었으므로, 궁중에서는 전화나 전신을 사용하지 못하고 직접 인편으로 해외 망명 세력들과 접촉해야 했다. 그럼에도 일본 측은 곳곳에 첩보원이나 밀정을 풀어 궁중에 있는 고종의 일거수일투족을 모두 파악하는 것은 물론, 서울·부산·일본 나가사키를 경유하여 인편으로 상하이에 전달되는 고종의 밀서들을 거의 모두 탐지하고 있었다. 밀서를 운반한 사람이 외국 신문기자인지 상하이를 정기적으로 오가는 상인인지 상세하게 파악하고, 러시아 차르에게 보내는 비밀 편지들을 중도에 압수하기도 했다.

그리고는 이런 문제들을 빌미로 통신 기관 위탁 및 재외 공사관 철퇴를 요구하거나 고종을 협박하여 친서는 위조된 것이라고 통보하도록 요구했다. 친서 발송은 한일의정서의 정신을 위반한 것이고, 대한제국이 일본의 적국인 러시아를 신뢰한다는 것은 곧 일본을 적국시하는 것이라는 항의였다. 고종은 친서를 발송한 사실 자체가 없다고 주장했지만, 외부대신 이지용마저 나서서 러일전쟁 개전 이래 황제의 애매한 태도가 한두 번이 아니고, 황제의 그런 태도가 일본의 감정을 상하게 하여 결국 대한제국의 운명을 망칠 것이라고 추궁하는 바람에, 고종은 결국 일본 측 요구를 들어줄 수밖에 없었다. 일본 측이 요구하고 있던 현안 문제를 신속히 결정해주도록 의정부회의를 열라는 칙명을 내리게 하는 데 친서 사건이 협박 자료로 사용된 것이다. 일본 측은 또 만일의 경우에 대비하여 각국 주재 대한제국 공사로 하여금 각 주재국 정부에 대해 친서는 위조라고 통보하도록 요구했다. 일본 측은 고종 황제의 친서가 공개되어도 세계 여론은 움직이지 않을 것이라고 확신하고 있었지만, 혹시 친서가 각국에 전달된다 해도 황제 명의로 위조라는 성명을 내는 것이 이를 무력화시키는 손쉬운 방법이라고 생각했던 것이다.

## 이용익의 페테르부르크행
## ―러시아에 대한 기대가 실망으로

대한제국에 대한 지원을 호소하는 고종 황제의 친서가 번번이 일본 측 첩보망에 걸리자, 고종의 측근 심복 이용익은 직접 러시아행에 나섰다. 이용익은 일본에 납치되었다가 10개월 만에 귀국한 직후 정치에서 손을 떼고 교육 활동에 종사하겠다고 선언하기도 했지만, 은밀히 정치 활동을 재개하여 일본 측이 추진하는 각종 현안, 즉 연해 항행안, 화폐 개혁안 등에 대해 강력히 반대하면서 갈등을 빚고 있었다. 이에 일본이 이용익의 자택에 보관 중이던 궁내부 경리원 재산 93만 원을 압수하자, 더 이상 국내에서 일본 측을 상대로 싸움을 벌일 수 없다고 판단한 이용익은 1905년 8월 21일 일단 상하이로 출국했다.

상하이에서 민영익, 현상건, 이학균 등 망명 세력을 만난 이용익은 역시 러시아에 보호를 요청하는 수밖에 없다고 판단하고 자신이 직접 유럽을 거쳐 러시아에 가기로 결심했다. 이용익은 여행 자금으로 상하이은행에서 예금을 인출해서 9월 29일 프랑스 우편선을 타고 홍콩, 인도양, 수에즈 운하, 지중해를 거쳐 10월 31일 프랑스 마르세유 항구에 도착했다. 11월 1일 파리의 공사관을 방문한 이용익은 주프랑스 공사 민영찬을 만나 "너희들이 외교를 잘못해서 대한제국이 드디어 일본의 박해를 받게 되었다"고 힐난하면서, 프랑스 정부 고관들을 소개해줄 것을 요구했다. 하지만 이미 일본 측 공작으로 이용익의 여행이 사적인 것이라고 통보받은 민영찬은 협조를 거부했다. 그러나 이용익이 11월 2일 궁내부에 전보하여 친전親展을 하달해달라고 요청한 사실 등을 미루어볼 때, 이 유럽행은 고종 황제와 밀접한 연락 속에 이루어진 것이라 생각된다.

이용익은 다시 은행에서 1만 460프랑을 인출해서 베를린을 거쳐 11월 27일 러시아 페테르부르크에 도착했다. 길을 떠난 지 거의 두 달이나 지난 긴 여행 끝이었다. 그곳에서 주러시아 공사 이범진을 만난 이용익은 러시아의 보호를 요청하는 고종 황제의 공문을 제시하고 러시아 외무대신 람스도르프V. N. Lamsdorff, 전 주한 러시아 공사관 서기 슈타인E. F. Shtein 등과 여러 차례 만났다. 람스도르프가 1905년 12월 11일자로 니콜라이 2세에게 올린 상주서가 러시아 연방 국립문서보관소에 보관되어 있는데, 이용익의 러시아 방문 보고와 함께 차르의 접견 예정 친필이 남아 있다. 이 자료로 미루

고종의 최측근 이용익
고종 황제의 최측근으로 활동하던 이용익은 을사늑약이 체결되기 전에 황제의 밀명을 받고 유럽으로 떠났다. 프랑스, 러시아 등에 지원을 호소하기 위해서였다. 그러나 지난한 행로에도 불구하고 성과는 없었고, 결국 이용익은 블라디보스토크로 망명했다가 1907년 2월 사망하고 말았다.

어볼 때 이용익이 러시아 차르를 알현했을 가능성은 크다.

또 다른 자료에 의하면, 현상건도 을사조약 체결 직후인 1905년 11월 20일경 이용익의 뒤를 따라 고종의 친서를 가지고 페테르부르크로 향한 것으로 나타난다. 친서의 내용은 일본의 만행을 러시아 차르가 서방 문명국에 알려 규탄하고 독립을 회복시켜주기 바란다는 것이었다.

그러면 이런 고종의 친서들을 접한 러시아 측 반응은 어떠했을까? 러시아는 포츠머스조약 제2조에서 대한제국에 대한 일본의 우월권을 인정했음에도, 러시아 극동 정책의 근간인 대한제국의 독립 지지를 철회한 것은 아니라고 강변하고 있었다. 따라서 일단 호의적인 반응을 보였을 가능성은 있다. 을사조약 직후에도 니콜라이 2세는 런던·비엔나·로마·워싱턴·베를린·파리 주재 러시아 공관장들에게 전문을 보내 을사조약이 강요에 의해 체결된 불법 조약임을 설명하고 이에 대한 주재국의 의사를 타진해보라는 훈령을 내렸다. 하지만 프랑스 정부의 불만 외에 영국, 미국, 독일 정부 등이 대부분 일본의 대세를 인정하고 공사관 철수를 결정했다는 보고를 받은 뒤, 더 이상 을사조약을 문제 삼지 않기로 결정했다. 그리고 "국내 문제로 더 이상 대한제국을 도와줄 수 없다"는 전문을 고종에게 보내라는 칙령을 내렸다. 러시아 측 국내 문제란, 러일전쟁 패배 이후 1905년 혁명으로 러시아 국내 질서가 혼란에 빠져들었던 점이다. 이후 러시아 외무성의 기본 입장은 일본의 대한 정책에 일절 관여하지 않고 일본 정부의 의심이나 불만을 야기할 행위를 삼가는 쪽으로 정리되었다.

이용익은 1906년 1월까지 페테르부르크에 머물렀지만 한 자객에 의해 암살 시도를 당하는 바람에 결국 아무런 소득 없이 1월 24일 러시아를 떠나 3월 8일 상하이로 귀환했다. 상하이에 돌아온 이용익은 1906년 4월부터 8월 하순 사이 블라디보스토크로 이주했다. 이용익이 망명객들이 많은 상하이를 떠나 굳이 블라디보스토크로 이주한 까닭은, 자신의 고향인 함경도와 가까울 뿐만 아니라 국내와 용이하게 연락할 수 있는 곳이기 때문이었다. 실제로 1906년 당시 연해주에는 3,500여 명의 한인이 거주하고 있었고, 함경도 지방관들은 모두 이용익의 무리들이라고 일본 측은 파악하고 있었다. 이들은 함경북도와 블라디보스토크를 왕래하면서 은밀히 이용익과 연락을 취하고 있으며, 고종도 밀사들을 통해 이용익에게 은밀히 자금을 보내고 있다는 게 일본 측 첩보였다.

블라디보스토크에서 이용익은 원래 1906년 헤이그에서 열리기로 한 만국평화회의에 참석하라는 고종의 지시를 받고 준비 중이었다. 하지만 암살 미수 사건의 후유증인지 1907년 2월 24일 급작스럽게 사망하는 바람에 모든 일이 수포로 돌아갔다. 그 밖에도 고종 황제가 보낸 관원 7, 8명이 미국, 러시아 기타 각국에 파견되어 일본의 대한제국에 대한 강압 실태를 알리고 도움을 요청할 것이라는 일본 측 첩보가 있었다.

이처럼 고종과 이용익 등 근왕 세력들이 추진한 러시아에 대한 보호 요청은 기대만큼 성과를 얻지 못했다. 러시아는 1884년 처음 한반도에 진출한 이래 청과 일본의 간섭을 견제하려는 고종의 큰 기대를 받았고, 삼국간섭과 아관파천을 통해 결정적으로 일본의 보호국화를 저지하기도 했지만, 1898년 만주 집중책을 채택한 이후 점차 대한제국에서 후퇴하는 자세를 보였다. 대한제국은 열강 사이에서 중립을 보장받기를 원하면서도 위기가 고조될 때마다 러시아에 의존하는 생존 전략을 택했지만, 러시아에게 대한제국은 만주를 지키기 위한 하나의 협상 카드에 불과했다.

더구나 러일전쟁 이후 한반도에 대한 러시아의 관심은 고종의 간절한 기대와 달리 경제적인 부분에 치우치고 있었다. 고종의 기대처럼 다시 정치·군사적으로 대한제국에 개입할 가능성은 거의 없었던 것이다. 1905년 12월 방한한 러시아 첩보장교 로쏘프P. A. Rossop는 서울·인천·부산·마산·진남포·평양 등지에 남아 있는 러시아 이권 및 공公·사私 재산권에 대해 조사한 뒤 12월 26일자로 일본 외무성에 러시아 영사관 설치를 신청했다.

이후 만주 문제를 둘러싸고 미·일 간의 긴장이 심화되면서 일본 측이 러시아에 유화적인 태도를 취한 결과, 러시아는 1907년 7월 30일 제1차 러일협상 체결로 몽골에서 특수 이해를 보장받는 대신 대한제국에서 일본의 자유 행동을 인정하기로 합의해주었다. 그런 만큼, 대한제국에 대한 지원 가능성은 사실상 거의 없었다고 볼 수 있다.

그럼에도 고종 황제와 근왕 세력들이 마지막까지 러시아의 호의를 기대하며 매달렸던 것은 1880년대 조러밀약과 아관파천 당시 상정했던 국제 역학 관계 인식의 틀을 쉽게 버리지 못했기 때문이다. 고종은 『조선책략』에서 청이 권고한 '방아防俄'를 거부하는 대신 오히려 러시아와 밀약을 맺음으로써 청을 견제하려 했고, 아관파천 이후에는 러시아의 대한 정책이 만주 문제에 따라 유동적으로 변하고 있음을 경험하면서도 여전히 러시아의 힘으로 일본을 제어할 수 있다고 생각했다. 또한 포츠머스 강화협상 당시 러시아가 대한제국 황제의 통치권을 침해해서는 안 된다는 단서를 붙이고 일본에 의한 대한제국 '보호'는 인정하되 '독립'의 훼손은 인정하지 않는다고 했던 사실만을 확대 해석했다.

이런 고종의 인식과 대응 방안은 러시아의 극동 정책이 이미 대일 타협론으로 선회한 사실을 고려한다면 때늦은 것이었지만, 1906년 이후의 시점까지도 『대한매일신보』가 "5년 이내에 러일전쟁이 다시 일어날" 가능성을 제기하고, "일본이 대한제국을 영유하려 하면 열강의 공의公議와 러시아의 반대를 면키 어려워 차라리 대한제국의 독립을 유지시켜 동양평화를 도모하는 것이 지선至善의 방침"이라고 주장하고 있던 상황에 비추어본다면 고종만의 정세 인식 오류라고 할 수는 없다. 당시 언론들도 헤이그 평화회의가 개최되면 대한제국 문제가 중요하게 취급되리라는 기대를 하고 있었고, 고종으로서는 끝까지 러시아의 중재에 대한 희망을 가질 수밖에 없는 상황이었다. 문제는 고종의 정세 파악 능력 이상으로 급변하는 열강 간의 국제 역학 관계와 밀실 담합이 횡행하던 제국주의시대였다.

러일전쟁에서 승리한 일제는 미국과 가쓰라-태프트 밀약, 영국과 제2차 영일동맹을 맺고 대한제국에 대한 보호권을 승인 받았다. 미국의 루스벨트 대통령은 일본을 위해 포츠머스 강화조약을 중재하고 미국인 최초로 노벨 평화상까지 받았다. 대한제국은 미국의 중재를 기대하며 몇 차례나 외교 특사를

# 시일야방성대곡
## — 을사늑약의 진실

보냈지만 철저히 외면당했다. 열강의 동의하에 일제는 을사늑약을 강요하고, 열강은 기다렸다는 듯 보호국이 된 대한제국을 떠나갔다. 대한제국이 금과옥조처럼 믿어온 근대적 국제법 질서인 만국공법 체제는 제국주의 열강, 그들만의 리그였을 뿐 약소국 대한제국이 낄 자리는 없었다.

## 강대국의 흥정에 맡겨진 대한제국의 운명

일본은 1905년 1월 뤼순항을 점령하고 3월 펑톈성奉天省 전투에서 승리함으로써 러일전쟁에서 승리를 전망하게 되었다. 이어서 5월 대한해협 전투에서 대승한 일본은 7월 29일 미국과 가쓰라 – 태프트 밀약을 맺고, 미국의 필리핀 지배를 용인하는 대신 일본의 대한제국 지배를 승인받았다. 8월 12일에는 영국과 제2차 영일동맹을 맺음으로써 영국의 지지도 얻었다. 영국과 일본은 1902년 제1차 영일동맹을 통해 각각 청나라와 대한제국에서의 이권을 교차 승인한 데서 더 나아가, 제2차 영일동맹 조약 제3조로 일본이 대한제국에서 "정치상, 군사상 및 경제상의 탁월한 이익을 옹호 증진하기 위해 정당하고 필요하다고 인정하는 지도, 감리 및 보호 조치를 집행할 권리를 갖는다"는 것을 인정했다. 즉 대한제국의 보호국화에 동의한 것이다. 또한 전개되고 있는 러일전쟁에 대해서도, 혹시 다른 나라가 개입해 일본과 교전을 벌일 때는 영국이 즉각 일본을 원조하고 전투에 가담할 것을 약속해 군사동맹을 강화했다(제6조). 영국과 미국 양국은 만주에 진출하려는 러시아를 견제하기 위해 일본을 지원했다.

일본은 여세를 몰아 러시아와 강화조약 체결에 나섰다. 강대국인 러시아를 상대로 더 이상 전쟁을 계속하기에는 국력도 부족했고, 마침 러시아도 국내 사정 때문에 전쟁을 끝내기를 원하고 있었기 때문이다. 이런 사정을 간파한 미국의 루스벨트Theodore Roosevelt 대통령은 두 나라 외교관들을 미국 동부의 항구도시 포츠머스로 불러 평화조약 체결을 중재했다. 포츠머스 강화조약은 한 달여 동안의 지루한 협상 과정을 거쳐 최종적으로 9월 5일 체

포츠머스조약의 체결

미국 동부 해안의 군사도시 포츠머스 해군기지 내 PEACE 빌딩(사진 위 오른쪽)에서 러일 간의 강화조약이 체결되었다. 위 왼쪽 사진은 포츠머스조약을 중재한 루스벨트 미 대통령(중앙)이 러시아(왼쪽)와 일본(오른쪽) 대표들과 찍은 것이다. 아래 사진은 포츠머스조약 조인식에 참석한 러시아와 일본의 대표단이다.

결되었다.

이 조약에서 러시아는 마침내 대한제국에 대한 일본의 '지도·감리·보호'의 권리를 승인했다. 일본이 대한제국에서 정치상·군사상·경제상 이익을 가지고 있으므로, 장차 러시아는 일본이 대한제국을 지도·보호 및 감리하는 것을 방해하거나 간섭하지 않겠다고 명시한 것이다(제2조). 협상 기간 동안 러시아는 "대한제국 황제의 주권을 침해할 수 없다"는 조항을 넣는 문제로 일본과 논란을 벌이다가 "일본이 장래 대한제국에서 취할 필요가 있다고 인정되는 조치가 그 주권을 침해하게 될 경우에는 대한제국 정부와 합의한 후 집행할 것을 성명한다"는 내용을 회의록에 기입하는 것으로 타결 지었다. 러시아로서는 아직 대한제국을 완전히 포기하지는 않았고 앞으로 재론의 여지를 남겨둔 것이다. 하지만 러시아는 만주의 뤼순·다롄 조차권을 일본에 양도하고 사할린 섬 남부 등 북위 50도 이하 모든 도서에 대한 주권은 포기했다.

이렇게 정작 당사자인 대한제국의 의사와는 전혀 상관없이 미국, 영국, 러시아 등 강대국들이 차례로 대한제국을 일본에 넘겨주었다. 친일적인 미국 대통령 루스벨트는 평화조약을 중재한 공로로 다음 해인 1906년 노벨 평화상까지 받았다. 대한제국의 운명을 보호국으로 결정한 러일 간의 흥정을 평화조약(Peace Treaty)이라 명명하고, 그 공로로 루스벨트가 미국인 최초로 노벨 평화상까지 받은 것은 정말 아이러니가 아닐 수 없다.

러일강화조약(포츠머스조약)

(…)

제2조 러시아제국 정부는 일본제국이 대한제국에서 정치상·군사상 및 경제상의 탁월한 이익을 갖는다는 것을 인정하고 일본제국 정부가 대한제국에서 필요하다고 인정하는 지도·보호 및 감리의 조치를 취하는 데 이를 저지하거나 간섭하지 않을 것을 약정한다.

제3조 러시아제국 정부는 청국의 주권을 침해하거나 기회균등주의와 상용되지 않는 어떠한 영토상의 이익 또는 우선적 혹은 전속적인 양여를 만주에서 가지고 있지 않다는 것을 설명한다.

(…)

제5조 러시아제국 정부는 청국 정부의 승낙하에 뤼순구旅順口·다롄大蓮 및 그 부근의 영토 및 영수領水의 조차권과 해당 조차권에 관련된 또는 그 일부를 조성하는 모든 권리 및 특권을 일본제국 정부에 이전 양도한다.

(…)

제9조 러시아제국 정부는 사할린 섬 남부 및 그 부근에 있는 모든 도서와 해당 지방에 있는 모든 공공 조영물 및 재산을 완전한 주권과 함께 영원히 일본제국 정부에게 양여한다. 북위 50도를 그 양여 지역의 북방 경계로 정한다.

## 친일적인 루스벨트, 대한제국을 외면하다

미국의 동아시아 정책이 다분히 친일로 경도되었음에도, 대한제국의 고종 황제는 한일의정서 체결 직후부터 미국에 지원을 요청하는 친서를 여러 차례 보냈다. 우선 1904년 말 주일공사 조민희에게 훈령을 내려, 주미 대한제국 공사관의 고문이자 콜롬비아대학 총장인 니담C. W. Needham으로 하여금 미 국무장관에게 밀서를 전달하게 했다. 미국 정부에게 대한제국의 독립 유지에 진력해줄 것을 요청하는 밀서였다. 니담은 12월 22일자로 고종의 취지를 국무장관에게 전달했으며, 그로부터 동정적인 반응을 얻었다는 회답을 보내왔다고 일본 측 첩보는 전하고 있다. 이 시기 미국의 동아시아 정책 기조로 볼 때 그 '동정'의 실제적 의미가 무엇이었는지는 의문이지만, 고종은 미국의 주선에 상당한 기대를 가지게 되었다.

여기에 러일 강화담판이 루스벨트 대통령 중재로 미국에서 열린다는 소식이 전해지자, 고종은 이승만을 밀사로 파견해 대한제국에 유리하게 협상이 결정되도록 교섭해보라는 지시를 내렸다. 이승만은 독립협회운동 당시 급진 공화 세력으로 활동하다 체포되어 수감 생활을 하고 있다가, 선교사들의 배려로 1904년 8월 특별사면을 받고 11월 미국으로 출국한 상태였다. 당시 정부 대신 중 미국과 가까운 민영환과 한규설은 이승만으로 하여금 미국 정부 요로에 대한제국의 독립 보전을 요청하는 서신을 전달하게 했고, 이승만은 주한 미국 공사였던 딘스모어H. A. Dinsmore의 주선으로 1905년 1월 상순부터 2월 사이에 미 국무장관 헤이John Hay를 면담한 것으로 알려졌다. 민영환, 한규설 등이 고종 황제의 지시 없이 단독으로 이승만을 파견했다는 주장도 있으나, 고종의 측근 세력인 이용익과 박용화가 관여했다는 기록도 있으므로, 고종이 러시아와 일본의 강화담판이 시작되기 전 이미 미국 정부에 사정을 호소하고 지원 요청을 시도했던 것으로 보인다. 그러다 마침 미국에서 강화담판이 열리자 좀 더 적극적으로 대한제국의 입장을 전달하게 한 것이다. 이승만은 8월 4일 하와이 교민 8천 명을 대표해서 미국에 온 목사 윤병구와 함께 루스벨트 대통령을 면담하고, 대한제국의 주권과 독립 보전에 대한 청원을 전달했다.

그러나 친일파인 주미 대리공사 김윤정이 정부의 공식 훈령 없이는 움직일 수 없다며 이들을 지원하지 않았고, 미국도 이미 가쓰라 - 태프트 밀약을 통해 일본의 보호국화를 승인한 상태였으므로, 이승만 등의 루스벨트 면담이 특별한 결과를 낳을 수는 없는 상황이었다. 그럼에도 고종은 그해 9월 아시아 여행 중 대한제국에 들른 루스벨트 대통령의 딸 앨리스를 융숭하게 국빈으로 대접하면서 미국에 대한 큰 기대를 보였다. 엄비는 민간에서 3만 원이나 되는 빚을 얻어 앨리스에게 줄 선물을 마련했다는 풍문도 있었다.

이승만의 면담에도 불구하고 러시아와 일본의 강화조약이 일본의 대한제국 보호권을 승인하는 것으로 결정되자, 고종은 다시 미국인 헐버트Homer B. Hulbert를 1905년 10월 미국 대통령에게 보내 친서를 전달했다. 1882년 조미조약 제1조의 '거중조정' 조항에 의거하여 미국이 나서서 한일의정서를 파기하고 열강의 공동 보호를 통해 일본의 침략을 견제해달라는 요청이었다.

그러나 루스벨트와 미 국무성은 을사조약 이전부터 이미 일본이 대한제국을 보호국으로 삼는 것은 러일 강화조약의 결과로서 당연한 수순이라고 인식했다. 특히 루스벨트 대통령은 러시아가 영일동맹에 대항하여 프랑스, 독일과 손잡겠다고 했다는 정보를 일본 측에 전달해줄 정도로 친일적이었다. 미국이 전적으로 일본 편에 선다는 불만을 가지지 않도록 한국민들을 다룰 때 주의하라고 하면서도, 대한제국에 대한 일본의 선의는 의심할 여지가 없고 대한제국은 외교를 관장할 능력이 없으므로 일본이 보호령으로 삼는 것이 좋다고 말할 정도였다.

이런 미국 측 태도는 러일전쟁 발발 직후 헤이 국무장관이 주한 미국 공사 알렌에게 내린 훈령에서부터 충분히 예견된 것이었다. 헤이는 향후 한일 간에 체결될 어떤 협약의 내용도 본국에 송부하지 말라고 지시했는데, 이는 한일의정서 체결에 대해 미국에 중재 요청이 있을까 우려한 것이었다. 미국은 을사조약 당시에는 한일의정서와 고문협약의 연장선상이라는 논리로 역시 조미조약에서 정당하게 합의된 '중재' 의무를 위반했다. 사실 1882년 조미 수교 이후 청일전쟁에서 러일전쟁에 이르기까지, 미 국무성의 태도는 일관되게 '비개입' 내지 '고립주의'였다. 문제는 알렌 등 대한제국에서 활동한 미국인들의 이중적인 태도로 인해 고종을 비롯한 한국민들이 미국에 과도한 기대를 걸고 있었다는 점이다. 특히 러일전쟁 이후에는 만주 이권을 둘러싼 미국과 일본의 대립이 개전으로 치달을 수도 있다는 풍문을 믿고 미국의 일본 견제 가능성을 과도하게 상정한 오류도 있었다.

결국 미국을 향한 고종의 밀사 외교는 아무런 성과도 거두지 못했다. 미국에 중재를 요청한 것은 단순히 동정을 구하는 차원이 아니라 조미조약에서 규정한 '거중조정' 조항에 근거한 것이었지만, 미국은 조미조약보다는 일본과 체결한 가쓰라 – 태프트 밀약을 우선시했던 것이다. 국제정치학계는 이 밀약이 국가 간의 공식 조약이나 협정(Agreement)이 아닌 그저 '합의된 비망록(agreed memorandom)'에 불과하다고 평가하기도 한다. 즉 미 육군장관 태프트William H. Taft가 일상적 업무의 일환으로 일본 수상 가쓰라와 가진 대화에 대해 루스벨트 대통령이 동의를 표시한 것에 불과하다는 것이다. 하지만 루스벨트의 외교 스타일이 공식 루트가 아닌 개인 외교를 선호하는 경향이었음을 고려한다면, 태프트의 의견을 단순히 사적인 견해라고 볼 수는 없을 것이다.

가쓰라 – 태프트 메모

제1. 태프트는 필리핀을 앞으로 미국과 같은 강국의 우호적인 국민이 통치할 것이며, 이 섬을 자치하기에는 아직 적당치 않은 토착인이나 비우의적인 유럽의 어느 강국에게도 맡기지 않을 것임을 밝혔다. 가쓰라는 이 점에 관하여 태프트의 견해가 지극히 정당하다는 것을 강도 높게 확인했다. 또한 일본은 필리핀에 대해 어떠한 침략적 야욕도 갖고 있지 않으며, 모든 황화론黃禍論은 일본을 모함하는 악랄하고도 저열한 유언비어에 불과하다고 부언했다.

제2. 가쓰라는 극동에서 일반적 평화의 유지를 일본 국제정치의 근본 원리로 삼고 있다고 말했다. 그래서 가쓰라는 이 원리를 보증하기 위한 가장 효과적인 방책에 대하여 태프트와 의견을 교환할 것을 열망했다. 가쓰라의 의견에 의하면, 이상의 목적을 달성하기 위한 최고의, 그리고 실현 가능한 유일한 방책은 이 탁월한 원리에 공통의 이익을 가지고 있는 일·영·미 3국의 우호적 이해를 획득해내는 것이었다. 가쓰라는 이 문제에 관한 미국의 전통적 정책을 이해하고 있었고, 따라서 미국이 타국과 위와 같은 성질의 형식적 동맹을 체결하는 것이 불가능하다는 것을 충분히 인정했다. 그러나 자기들의 공통적 이해에 비추어볼 때, 적어도 극동 문제에 관한 한 3국은 동맹을 체결할 수 있다고 생각했다. (…) 태프트는 여하 한 사건이 발생할 경우 미국은 일·영 양국과 보조를 같이할 것이며, 이는 미국이 조약에 규정된 의무를 행하는 것이나 마찬가지라고 확신해도 된다고 말했다.

제3. 가쓰라는 대한제국 문제에 관해 다음과 같이 밝혔다. 대한제국은 대對러시아 전쟁의 직접적 원인이므로 전쟁의 논리적 결과로서 대한제국 문제를 완전히 매듭짓는 것은 일본에게는 절대적으로 중요하다. 전후에도 그대로 방치해둔다면 대한제국은 그 관습에 따라 타국과 협약이나 조약을 체결할 것이고, 그렇게 되면 전전戰前에 존재했던 바와 다름없는 국제 분쟁이 야기될 것이다. (…) 태프트는 가쓰라의 이런 인식이 정당함을 충분히 확인하고, 개인적으로는 일본이 무력을 통해 '일본의 허락 없이 대한제국은 어떤 대외 조약도 체결할 수 없다'는 요구를 할 수 있을 정도의 '보호'를 획득하는 것은 대러 전쟁의 논리적 귀결이며 이는 극동의 항구적 평화 유지에 공헌하리라 생각한다고 말했다. (…)

(일본 외무성, 『일본 외교연표와 주요문서』 상, 1955, 239~240쪽)

이상과 같은 가쓰라 – 태프트의 대화에서 대한제국 문제는 세 번째 항목에 등장한다. 가쓰라는 대한제국 문제가 러일전쟁의 직접적 원인인데 전쟁 후에도 대한제국을 그대로 두면 또 다시 여러 나라와 협정 혹은 조약을 맺어 전쟁 전과 똑같은 국제적 갈등을 유발할 것이므로 일본은 그 가능성을 미리 배제할 어떤 명백한 조치를 취할 필요를 느낀다고 주장했다. 태프트는 가쓰라의 의견에 완전히 동조하면서, 자신할 수는 없지만 루스벨트

**가쓰라-태프트 밀약**

1905년 7월 29일 가쓰라(사진 아래)와 태프트(사진 위, 후열 중앙)의 밀약을 통해 미국은 일본의 대한제국 지배를 승인해주고 일본은 미국의 필리핀 지배를 용인한다는 합의가 이루어졌다. 위 사진은 1905년 7월 태프트가 일본을 방문했을 때 찍은 기념사진이다.

대통령도 그의 관점에 동의할 것이라고 화답했다. 물론 루스벨트는 태프트의 보고에 대해 가쓰라에게 절대적으로 동의한다는 언급을 전하라고 훈령했다. 일본으로서는 공식 조약은 아니더라도 대한제국 보호국화에 대한 미국의 충분한 동의를 획득했다고 믿을 만한 것이었다.

하지만 이 미일 간의 접촉은 즉시 공표되지는 않았다. 밀약 사실이 당시 친한적 인물로 알려진 주일 미국 대사 그리스컴Riroido Griscom에 의해 대한제국에 전해지면 여론상 불리해질까봐 가쓰라가 비밀로 할 것을 주문했다는 것이다. 하지만 3개월 뒤 그리스컴이 일본 신문 『고쿠민國民』에 보도된 미일 간 협약을 둘러싼 소문에 관해 워싱턴에 전문電問을 보낸 것으로 보아, 사실상 밀약의 실체가 세간에 공개된 것이라고 보아야 할 것이다. 1905년 10월 도쿄에 이 소문이 나돈 배경에는, 포츠머스에서 일본이 배상금도 없이 강화조약에 합의해주었다는 일본 국민들의 불만을 무마하기 위해 일부러 밀약을 미일동맹의 수준으로 과장하여 정보를 흘린 측면도 있었다.

그런데 이처럼 일본 신문에 보도되었다면 러일전쟁 발발 전부터 일본에서 발간되는 신문 기사들을 모두 번역해서 정독하고 있던 고종 황제가 이 사실을 몰랐을 리가 없다. 그렇다면 고종은 미국의 입장이 대한제국 보호국화로 결정된 것을 알고서도 끊임없이 밀사를 보내 미국의 지원을 호소한 것이다. 고종으로서는 가쓰라 – 태프트 밀약이 공식적으로 발표되지 않은 이상 조미조약의 '거중조정' 조항이 우선하고, 미국은 대한제국에 대해 중재의 '의무'가 있다고 생각했던 것 같다.

## 을사늑약, 그날의 진실

포츠머스조약을 통해 최종적으로 러시아의 동의를 얻어낸 일본은 본격적으로 대한제국 보호국화에 착수했다. 이미 1905년 4월 8일 각의閣議에서 「대한제국 보호권 확립의 건」을 결정한 일본 내각은, 포츠머스조약 한 달 뒤인 10월 27일 「대한제국 보호권 확립 실행에 관한 각의 결정 건」을 발표하고 보호조약 실행에 착수했다. 이미 영국·미국이 동의했고 기타 열강도 대세로 인정하고 있는 상황이므로 대한제국에 대한 보호권 실행 시점이 되었다는 판단에서였다.

보호권의 내용은 대한제국의 외교 관계는 일체 일본이 대행하여 외국과 직접 조약을 체결하지 못하게 하고, 대한제국이 각국과 맺은 조약의 실행도 일본이 책임지며, 시정감독과 재한在韓 일본인의 보호·감독 명목으로 주차관을 파견한다는 것이었다. 실행 시기는 11월 초순으로 잡고, 조약 체결의 전권 대표는 하야시 공사로 하되, 동시에 천황의 칙사로 이토 히로부미를 직접 파견하기로 결정했다. 대한제국의 반항에 대비해서 한국 주차군 사령관 하세가와에게 필요한 군사적 원조를 하도록 지시하고, 서울 주둔 군대 병력도 조속히 증파하도록 조치했다. 만약 대한제국 정부가 끝까지 동의하지 않을 경우에는, 최후의 수단으로 일방적으로 보호권 확립을 통고한 뒤 열강에게 이 조치에 대한 선언서를 보내는 방안까지 마련했다. 대한제국과 체결할 4개항의 조약 초안 제3조에 처음으로 통감(Resident General)이라는 단어가 등장했다.

이런 결정에 따라 11월 9일, 마침내 일본 천황의 특사 이토 히로부미가 내한했다. 11월 10일 일본 천황의 친서를 봉정한 이토는 13일부터 고종 황제 알현을 요구했지만, 고종은 아프다면서 계속 접견을 미루었다. 11월 15일, 이토는 조약이 합의 형식으로 체결되지 않고 대한제국 정부에 일방적으로 통고될 경우에 대비하여 통고 공문을 미리 확정해둘 필요가 있다고 판단하고, 공문 초안을 만들어 대한제국 외부外部에 보냄과 동시에 도쿄에서도 각국 정부에 보내는 방안을 생각하기도 했다.

하지만 이날 오후 3시 이토는 억지로 고종 황제를 알현할 수 있었다. 이 자리에는 이토의 통역으로 고쿠분 쇼타로國分象太郎 공사관 서기관, 황제의 통역으로 박용화만이 배석했다. 이토는 그날 저녁 7시까지 4시간 동안이나 고종에게 조약 체결을 강요했다. 고종은 대외 관계를 내용적으로는 일본에 위임한다 할지라도 형식적으로는 대한제국이 외교권을 유지하며 외교사절을 파견하고 각국 대표도 대한제국에 주차할 수 있게 해달라고 '애소'했지만, 이토는 '외교권만 위탁하면 내정은 완전히 자치할 수 있다'고 호언하면서 외교권 위탁은 조금도 변통의 여지가 없는 확정안이라고 단호하게 거절했다. 고종이 외교권을 위임하면 결국 오스트리아의 헝가리 병합이나 열강의 아프리카 침탈 같은 독립 상실 사태에 이를 것이므로 정부대신과 일반 여론에 물은 뒤(중추원 자문을 의미) 결정하겠다고 말미를 청했지만, 이토는 대한제국은 '군주 친재의 전제국가'인데 인민의 의향을 핑계로 결정을 미룬다면 더욱 큰 불이익이 있을 뿐이라고 협박했다. 이렇게 저녁 7시가 넘어서자 고종은 결국 외부대신을 통해 정부에 조약안을 제출하면 정부에서 의논한 뒤 재가를 청하게 하겠다는 칙명을 내리고 말았다. 즉 고종은 안건의 의정부회의 회부를 허락한 것이다. 그에 따라 하야시 공사는 박제순 외부대신에게 조약안을 송부했다.

이튿날인 11월 16일, 이토는 정부 대신들을 숙소로 불러 모아 조약 체결이 피할 수 없는 대세임을 강변했다. 11월 17일 오전에는 일본 공사 하야시가 정부 대신들을 일본 공사관으로 불러 또다시 보호조약 체결을 강요했다. 정부 대신들은 누구도 발언하지 않고 눈치만 보다가, 황제와 의논하겠다며 오후 3시에 궁중에 입궐했다. 고종과 대신들이 대책을 의논한 결과, 황제는 이토에게 궁내부대신 이재극을 보내 수삼 일만 연기해달라는 전갈을 보냈다.

하지만 이토는 밤 8시 하세가와 주차군 사령관을 동반하여 궁궐에 들어갔다. 이토가 알현을 청했지만 고종은 인후통이 심하다고 핑계를 대며 만나주지 않았다. 그날 밤 일본군 병력이 경운궁(현재의 덕수궁) 주위를 삼엄하게 둘러싼 가운데 이토 참석하에 의정부회의가 열렸다. 그때 총리대신 한규설은 절대로 반대한다는 의사를 분명히 했고, 탁지부대신 민영기도 반대의사를 표명했다. 법부대신 이하영과 군부대신 이근택은 오락가락 불투명한 발언을 했고, 학부대신 이완용, 내부대신 이지용, 농상공부대신 권중현 등은 일부 자구 수정을 전제로 찬성을 표명했다. 친일파 대신들은 대부분 '현재로서는 일본 측 요구를 수용할 수밖에 없고, 지금부터 교육을 확장하고 문명을 개진하여 50년 후에나 다시 완전히 국권을 회복할 수 있을 것이다'라는 의견을 가지고 있었다고 일본 측 사료는 주장한다. 그러나 친일파 대신으로 지목되어온 이하영마저 통신 기관의 위탁, 연안 항해권 등에 이어 계속되는 일본 측 요구는 실로 부당하다고 불만을 표했다고 한다. 일본 측은 이하영이 일본당을 가장하면서도 내밀히 미국 선교사들과 관련을 맺고 있기 때문이라고 공격했다. 이하영은 원래 친미 계열의 정동파로서 정계에 진출했으나 주일 공사 부임을 계기로 친일로 돌아선 이력을 가지고 있었다. 소위 을사오적에 이완용, 이지용, 이근택, 권중현 외에 이하영을 넣거나 혹은 박제순을 넣거나 혼선이 있는 것은 그들의 오락가락했던 태도 때문이다. 박제순도 처음에는 한규설을 따라 절대로 도장을 찍지 않겠다고 다짐했다가 슬그머니 태도를 누그러뜨리는 모습을 보였다. 참정 한규설만이 끝까지 완강하게 반대하다가 일본군에 의해 골방에 갇혀버렸다.

결국 그날 밤을 넘기고 18일 새벽 1시경 하야시 일본 공사와 박제순 외부대신 간에 협약이 체결되었다. 하지만 조약 체결은 분명히 이토가 정부 대신들을 협박해서 얻은 결과였고, 그날 밤 고종 황제는 끝내 이토를 만나주지 않았다. 고종은 이토를 만나지 않고 정부 대신들에게 미뤄버리면 협약이 무효가 될 줄 알았던 것일까? 여기서 문제는 외부대신 박제순 외에 나머지 학부대신 이완용 등은 외교권을 위탁하는 조약에 하등 아무런 권한이 없었다는 것이다. 그런데도 이토는 찬성 의견이 더 많다고 강변하면서 새벽에 조약 체결을 선포해버렸다. 이런 조약 체결 과정은 의정부회의 절차를 어겼을 뿐만 아니라 명백하게 물리적 협박과 강제에 의한 것이므로 국제법상으로도 무효 요건에 해당된다. 게다가 당시 대한제국의 주권자는 고종 황제였는데, 조약문 어디에도 고종 황제의 어새나 서명이 들어가 있지 않고 박제순에게 내린 위임장도 없다.

조약의 내용은 크게 두 부분으로 나누어진다. 우선 일본 외무성이 앞으로 대한제국의 대외 관계 사무를 지휘·감리하여 대한제국과 각국 간의 기

이지용

권중현

이완용

이근택

박제순

존 조약을 이행할 것이며, 대한제국 정부는 일본 정부의 중개 없이는 국제적 성질의 조약이나 계약을 맺지 못한다는 외교권 제한 규정(제1·2조)이다. 다음은 통감·이사관理事官의 직무와 관련하여, 일본 정부의 대표자로서 대한제국 황제 밑에 1명의 통감을 두되 '오로지 외교에 관한 사항'만을 관리하며, 대한제국의 개항장 및 기타 필요한 지점에 이사관을 설치하여 통감 지휘하에 종래 일본 영사에게 속하던 일체의 직권 및 본 협약 실행을 위해 필요한 일체의 사무를 관리하게 한다(제3조)는 부분이다.

이 조약문안을 10월 27일 일본 각의閣議에서 결정된 조약 초안과 비교해 보면, 제5조에 '일본 정부는 대한제국 황실의 안녕과 존엄을 유지할 것을 보증한다'는 조항을 대한제국 측 요구로 신설한 것과, 제3조에 '통감은 오로지 외교에 관한 사항만을 처리한다'는 문구를 삽입한 정도만 다를 뿐이다. 제3조의 삽입 문구는 정부 대신들이 '통감'이라는 단어가 어의語義상 내정에 간여한다는 의심이 들게 하므로, 통감은 내정에 간섭하지 않는다는 것을 명확히 하자고 요구함에 따라 마지못해 받아들인 것이었다. 신설된 제5조 역시 대한제국 측이 한일의정서에도 이런 문구가 없으므로 일본이 대한제국 황실에 대해 속국 대우를 하지 않는다는 증거로 반드시 설치해야 한다고 강력히 주장한 결과였다. 그 밖에 협약 기한을 정해 외교권 환부를 명시하자는 대한제국 측 요구는 묵살되었다. 고종 황제가 '조약 수정안을 열람한 뒤' 강력히 삽입을 희망한 '대한제국이 부강을 이루고 독립을 유지할 실력을 쌓은 경우에는 조약을 철회한다'는 문구는 조약 전문에 '대한제국 부강의 실제를 인정할 수 있을 때까지'라는 막연한 문구로 반영되는 데 그쳤다.

스페셜 테마

## 을사늑약, 과연 누구의 책임인가?

대한제국의 운명을 결정지은 을사늑약에 대해 고종은 왜 좀 더 강력한 거부 의사를 밝히지 않고 의정부회의에 사안을 떠넘김으로써 결과적으로 책임 회피라는 비난을 듣게 되었을까? 정작 고종은 18일 오전 1시 궁내부 대신 이재극으로부터 조약이 체결되었음을 상주 받고, 정부 대신들의 무능과 무기력함을 한탄하면서 종래 배일주의를 표방해온 박용화·이근상마저 입궐하지 않은 사실을 개탄했다고 한다. 황제는 박용화 등이 국가가 위급한데 피하기만 한다고 진노했다. 또한 일본 헌병 및 경찰이 대궐에 입궐해 있는 사실에 대해 매우 분격하면서, 정부 대신을 보호하기 위해서라는 일본 측 변명을 듣자 정부 대신들은 당장 일본 헌병, 순사와 함께 퇴궐하라고 명령했다고 전해진다. 이후 고종은 여러 시간 눈물을 흘리다가 토혈吐血하면서, '대신들이 모두 일본과 한통속이 되어 짐을 협박하고 조인에 이르렀으니, 짐의 적자赤子들은 모두 일어나 혈비血悲를 함께 하라'고 밀지를 내려 각 지방에 의병 봉기를 지시했다고 한다. 실제로 황제의 측근 이유인이 내명을 받아 각 지방에 사자使者를 파견하고, 각지의 봉기를 기다려 조약 파기운동을 펼칠 계획이라는 첩보도 있었다. 이런 자료에 따른다면, 고종은 조약 체결에 대해 자책하기보다는 그 책임을 정부 대신들에게 미루고 있다. 본인은 이토의 끈질긴 요구에도 불구하고 조약 체결을 재가한 적이 없는데, 의정부회의에서 정부 대신들이 찬성 의사를 표명하는 바람에 늑약이 통과된 것이라는 인식을 가지고 있는 것이다.

반면 조약 체결에 찬성한 대신들이 나중에 변명하듯 올린 상소문을 보면, 고종은 재가만 하지 않았을 뿐 조약안을 자세히 살피고 문구 수정에도 참여했다고 주장하고 있다. 또 일본 측 사료는 이토가 정부 대신들을 강요하여 수정한 조약안을 궁내부대신 이재극과 외부대신 박제순이 어전에 가지고 들어가 황제의 재가를 얻었다고 주장한다. 이 경우 고종의 '재가' 여부가 관건인데, 이 부분에 대해서는 좀 더 세밀한 사실 관계 규명이 필요하다. 그러나 문제는 을사늑약 체결 과정을 보여주는 일본 측 사료들, 즉 이토 방한 이후 보호협약 체결까지의 모든 경위에 대한 자세한 보고 문건인 왕복일지, 일본 천황에 대한 복명서, 대한제국 황제 알현 시말, 정부 각 대신과의 담화 요지, 협약 조인 시말 등이 전하는 정황이 모두 진실이 아닐 수도 있다는 점이다. 또 현장에 있던 정부 대신들의 회고담, 혹은 당시 소문을 기록한 황현의 『매천야록』, 정교의 『대한계년사』 등도 각자 처한 입장에 따라 내용을 조금씩 다르게 전한 것일 수 있다는 점을 고려해야 한다. 특히 현장에 있었던 정부 대신들의 경우, 조약 체결이 곧 망국의 계기가 될 수도 있는 중차대한 사안임을 너무도 잘 알기에 후대 역사의 심판을 두려워하여 최대한 발뺌하는 기록을 남겼을 개연성이 충분하다. 심지어 일본 측 사주로 진실을 왜곡한 기록을 남겼을 가능성도 제기되고 있다. 을사늑약 체결의 현장에 있지 않았던 그 누구도 그날의 진실을 확인할 수는 없겠지만, 어쨌거나 이 정도가 현재 사료적으로 확인할 수 있는 전부이다. 우리는 다만 당시의 정황을 짐작할 수 있을 뿐이다.

다음으로 따져봐야 할 점은, 고종의 사태 인식과 대응 방식이다. 「대한국국제」의 규정상 외국과의 조약 체결은 황제의 고유 권한인데, 고종은 왜 전·현직 대신들과 여론에 자문한 뒤 결정한다고 했으며, 또 결국 의정부회의에 조약안을 회부하게 했을까? 여론 자문 운운은 구래의 유교적 정국 운영 방식을 언급하며 시간을 벌기 위한 방책이었다 하더라도, 의정부회의에 회부하라고 한 것은 정부 대신들에게 국가 중대사를 떠넘기고 자신은 책임을 회피하려는 심중에서 나온 것이었을까? 대한제국 시기 국정 운영에서 의정부회의는 형식상 국무회의의 역할을 했을 뿐, 의정부회의의 결과에 상관없이 황제의 재가에 따라 사안이 결정되곤 했다. 그런데 이처럼 중차대한 조약안을 의정부회의에 회부한 까닭은 무엇일까? 규정대로만 따진다면 의정부회의의 결과가 가可이든 부否이든 결정권은 황제에게 있으므로, 일단 의정부회의에 부쳐 시간을 번 다음 의정부회의의 결과가 상주되면 그때 재가를 하지 않는 것으로 자신의 의사를 표명하려 했는데, 일제가 5대신의 찬성을 빌미로 일방적으로 체결을 선포해버린 것일 수도 있다. 보호조약과 같이 한 국가의 운명을 결정짓는 국제조약이 주권자인 황제의 위임장이나 서명 날인 없이 주무부서인 외부대신 외에 학부대신, 농상공부대신 등의 찬성으로 다수결에 의해 결정되었다는 것도 난센스이고 원천적으로 무효인 것은 재론할 필요조차 없다. 그러나 당시 일본 측 기세로 보아 조약안의 의정부회의 회부가 곧 이런 결과를 초래할 것을 고종 자신이 예상치 못한 것인지는 알 수 없다. 다만 을사조약 이후 국제사회를 향한 무효 선언이나 밀사 파견 등을 통해 볼 때, 고종은 일본이 강제로 조약을 체결한다 해도 국제법상 무효 사유에 해당되므로 정면으로 맞서기보다는 열강의 개입이나 후원을 통해 외교적으로 해결하는 방식을 채택한 것 같다. 그 선택이 만국공법에 대한 맹신에서 나온 것이든, 혹은 고종 특유의 위기 대처 스타일에서 나온 것이든, 결과적으로는 실패한 전략이었다.

고종은 성격상 전형적인 외유내강형으로, 주한 일본 공사 하야시 곤스케가 늘 곤혹스러워했듯이 일본 측 요구에 동의하는 척하다가도 뒤돌아서서는 의병에게 밀지를 내리거나 열강에 호소하는 방식으로 행동했다. 오랜 재위 기간 동안 많은 대내외적 풍파를 거치며 엄혹한 현실 속에서 버텨온 약소국 군주 나름의 생존 방식이라고 볼 수 있다. 이런 고종의 행동 방식에 대해 일본은 늘 형세 관망주의 혹은 노회한 정치적 술수라고 비난했고, 때로는 우유부단하거나 무책임한 군주라는 인상을 심어준 것도 사실이다.

그렇다면 고종 황제의 개인적인 성격 문제를 떠나 만약 황제 전제 체제가 아니었다면 을사조약 체결을 막을 수 있었을까? 이토 히로부미는 고종이 중추원에 자문한 뒤 결정하겠다고 여유를 청하자 "군주 친재의 전제국가에서 왜 인민의 의향을 핑계로 결정을 미루느냐"며 한마디로 묵살해버렸다. 독립협회운동 당시 민권운동 세력이 주장했던 대로 의회가 개설되었더라면, 조약 체결에 대한 동의나 비준이 이루어지지 않았을까? 역사에서 가정은 무의미한 것이라고 하지만, 대한제국 황제정에 대한 역사적 평가와 관련하여 두고두고 고민해볼 질문인 것만은 확실하다. 물론 대한제국의 전·현직 관료 중에는 황제권 강화에 불만을 품고 각국 공사관에 드나

**을사조약 체결 직후 기념사진**

1905년 11월 27일, 이토 히로부미(사진 앞줄 왼쪽에서 다섯 번째)를 중심으로 을사조약 체결을 기념하기 위해 촬영한 사진이다. 이토의 왼쪽은 하세가와 요시미치 주차군 사령관이고, 오른쪽에는 주한 일본 공사 하야시 곤스케가 앉았다.

들며 외세 의존성을 보였던 이들도 있었고, 고종 황제 및 근왕 세력의 중립화 전략과는 달리 한일동맹론을 주장한 친일 대신들도 있었다. 정부 대신들의 외세 의존성은 황제정의 독재로 인한 불만에서 기인했다고도 볼 수 있는데, 이들은 황제 전제 체제가 일제에 의해 해체되는 것을 권력 장악의 절호의 기회라고 생각하고 있기도 했다. 황제 전제 체제였기 때문에 더 쉽게 국권이 강탈되었다고 주장하는 경우도 있지만, 을사늑약은 일본의 강압적 침탈의 결과인 것이지 황제정이라는 정치 체제에서 곧바로 기인한 것은 아닐 것이다. 하지만 일제의 국권 침탈 앞에서 황제정과 정부 대신들의 대응이 분열된 점, 주권자인 고종이 그 과정에서 좀 더 강력한 리더십을 보여주지 못한 점이 분명 국권 피탈의 중요한 원인이 되었음에는 틀림없다.

스페셜 테마

## 을사늑약 유무효 논쟁

당시 국제법에서 나라와 나라 간에 맺은 조약을 무효로 간주하는 경우는 군사적 위협 속에서 조약이 강제적으로 체결되었거나 조약에 대한 주권자의 비준(동의) 절차가 없을 때였다. 을사늑약의 경우, 앞에서 보았듯이 분명히 일본군의 포위 속에서 강제된 것이고, 주권자인 고종은 결코 조약에 도장을 찍지 않았다. 또한 외부대신 박제순의 도장이 효력을 가지려면 고종이 자신을 대신해 도장을 찍으라고 박제순에게 내린 위임장이 있어야 한다. 하지만 고종은 단지 의정부회의에서 의논해보라고 했지 박제순에게 위임장을 내린 적은 없다. 따라서 당시에도 국제법 학자들은 을사조약을 전형적으로 무효인 국제조약이라고 생각했다. 일본은 얼마나 급했는지 당시에는 조약에 이름도 붙이지 못한 채 조약문을 만들었다. 그래서 요즘 우리가 부르는 을사조약, 혹은 을사보호조약 등의 명칭은 후대에 을사년(1905)에 맺어진 보호조약이라고 해서 붙인 이름일 뿐이다. 지금 한국과 일본에 남아 있는 조약 원문 어디에도 조약의 이름이 없고, 고종의 어새나 국새는 더더욱 찍혀 있지 않다.

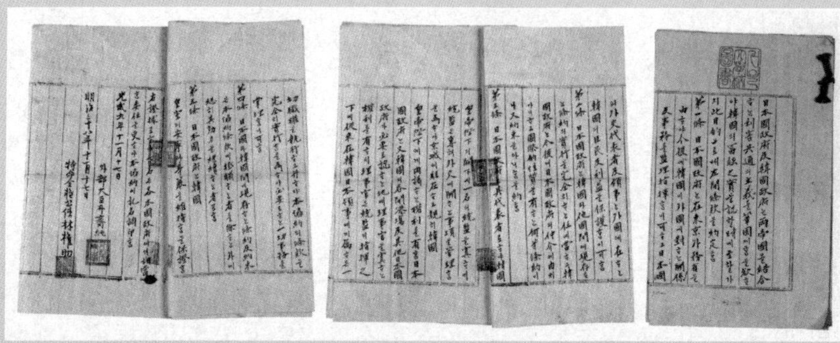

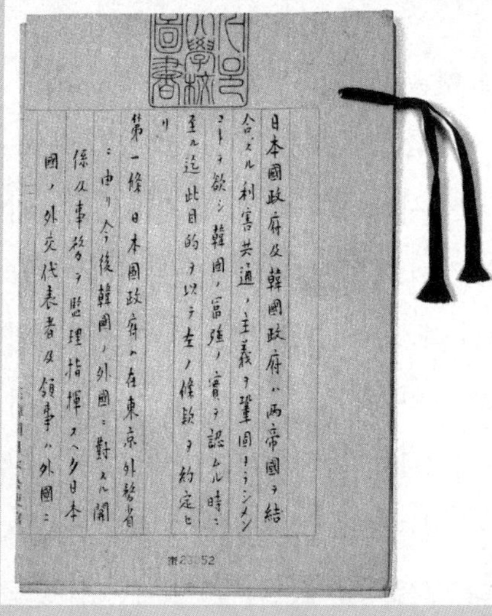

日本國政府及韓國政府ハ兩帝國ヲ結合スル利害共通ノ主義ヲ鞏固ナラシメンコトヲ欲シ韓國ノ富強ノ實ヲ認ムル時ニ至ル迄此目的ヲ以テ左ノ條款ヲ約定セリ

第一條 日本國政府ハ在東京外務省ニ由リ今後韓國ノ外國ニ對スル關係及事務ヲ監理指揮スヘク日本國ノ外交代表者及領事ハ外國ニ

**제목이 없는 을사조약**

을사조약 원본을 보면, 제목이 들어가야 할 첫줄이 비어 있음을 발견할 수 있다. 제목이 없는 조약인 것이다. 일본에서는 을사조약을 '일한협약'이라 부르지만, 올바른 명칭이 아니다. 한국에서는 '을사늑약' 혹은 '을사조약'이라고 불렸다.

오죽했으면 조약 체결 당시 찬성 의사를 표시했던 권중현마저 '조약을 체결하고자 하면 먼저 서울에 주재하는 일본 공사를 통해 대한제국 외부外部에 알리고, 문서를 보내 정부에서 회의를 거쳐 동의한 경우 총리대신과 해당 부서 대신이 서명하여 문서로써 황제의 재가를 받은 뒤 외부外部에 지시하여 관인을 찍는 것이 정식인데, 을사조약은 일본 공사가 정부 대신의 모임에 와서 구두로 말했을 뿐, 가부可否를 기록하거나 날인하지 않았는데 갑자기 다음 날 새벽 외부대신의 도장이 들어와서 체결되었다고 하니, 황제의 재가를 거치지 않은 조약은 성립되지 않는다'는 주장을 펼 정도였다. 을사오적 중 한 명으로 지목되는 권중현마저 한밤중의 의정부회의만으로 조약이 최종 체결되리라고는 생각지 않았다고 볼 수 있다.

고종도 당시 만국공법이라 불리던 국제법을 잘 알고 있었기 때문에 을사조약이 무효라고 확신하고 있었다. 만국공법상 국제조약은 그 나라의 군주가 인준해야만 성립되는데, 만약 상대국이 당사국을 협박했으면 비록 군주가 친필로 서명했다 하더라도 조약을 폐지할 수 있고, 또 정권을 잡고 있는 신하들이 나라를 배신하고 조약을 체결해서 나라에 해를 끼쳤다면 그 조약은 폐지될 수 있다는 조항을 믿었던 것이다.

결국 을사조약은 당시 주권자인 고종이 반대하자 물리적 협박에 의해 강제되었으며, 형식적으로도 외교권 위탁과 같은 중대한 사안과 관련된 정식 조약이 갖추어야 할 위임장, 비준서 등을 결여하고 있고, 조약의 명칭조차 붙이지 못한 원천적으로 성립하지 않은 조약이므로 '을사늑약'이라 불러야 마땅하다는 것이 한국 측 주장이다.

반면 일본 학자들 중 사카모토 시게키坂元茂樹는 당시 국제법에서 국가 대표 개인에 대한 강제만 무효 사유로 보는데 을사조약의 경우 대표 개인에 대한 강박인지 국가에 대한 강박인지 가리기 어려우며, 이러한 강제조약은 제국주의시대 열강은 다 일삼던 것인데 법적 문제를 따지는 것이 무슨 의미가 있느냐고 반문한다. 운노 후쿠주海野福壽도 제국주의시대 국제조약에서 전권 위임장이나 비준 유무는 국제 관례나 규정이 있는 것이 아니라 당사자 간의 합의에 따라 결정되는 것이므로 양자의 결여가 곧 협약의 무효를 입증하는 증거가 될 수 없다는 주장을 펼치고 있다. 일본이 행한 행위의 도덕적 부당성은 인정하지만 국제법적으로 협약의 효력은 인정할 수 있다는 이른바 '유효부당론'이다.

이에 대해 한국 측의 이태진은 1876년 조일수호조규 이래 거의 모든 조약들이 위임장 등 형식적 요건을 모두 갖추고 있음에 반해 국권 피탈의 결정적 계기가 된 을사늑약만이 유독 위임장, 비준 없이 약식 협약 형태로 체결된 점, 심지어 협약문 원본에 제목조차 없는 점 등을 들어 원천적으로 성립하지 않은 무효인 조약으로 보고 있다. 을사늑약이 당시의 국제법 관례에 비추어 무효라는 사실은 프랑스 국제법 학자 프란시스 레이Francis Ray가 즉시 지적했고, 1935년 하버드 법대 보고서에서도 상대국 대표를 강박하여 효력을 발생할 수 없는 조약의 사례로 을사조약을 들고 있다고 주장했다.

## 죽음으로 항거한 사람들과 조약 파기를 촉구한 상소운동

을사늑약 체결 소식이 알려지자 조병세, 이근명, 심상훈, 민영환, 조동윤, 민종묵, 조병식, 이종건, 이용태 등 원로대신들은 조약 체결에 반대하고 을사오적을 탄핵하는 집단 상소를 올리기 시작했다. 집단상소의 우두머리였던 민영환은 영국·미국·프랑스·독일·청국 5개국 공사에게 보내는 유서를 남기고 11월 30일 자결했다. 1896년과 1897년 러시아 황제 대관식과 영국 여왕 즉위식 참석을 계기로 두 번이나 세계여행을 하며 세계 정세를 파악했고 「천일책」이라는 외교 정책을 쓰기도 한 민영환은, 자신이 나랏일을 잘못해서 이 지경에 이르렀으니 죽음으로써 2천만 동포에게 사죄한다는 유서를 남겼다. 또한 각국 공사들에게는 일본의 행위를 본국 정부와 인민에게 알려 대한제국의 자유와 독립을 돕게 한다면 지하에서라도 기뻐 웃으며 감사하겠다는 편지를 남겼다.

다음 날인 12월 1일 원로대신인 조병세도 음독자살의 길을 택함으로써 전국적으로 여론이 크게 술렁였다. 지방 유생 최익현도 상경하여 상소를 올렸고, 유생들은 모여서 일본 측에 대한제국의 징세원부가 넘어가지 않도록 잘 감추라는 통문을 돌리기도 했다.

원로대신들은 집단 상소문에서 박제순 등 찬성파 대신들은 물론, 민영기·이하영 등 반대파 대신이나 참정 한규설의 행동에 대해서도 '춘추대의春秋大義'와 '난신적자亂臣賊子'의 논리에 입각해서 조목조목 비판했다. 나아가 조약 체결의 불법성에 대해 「의정부관제」에 명시된 "군국軍國 중대사는 중

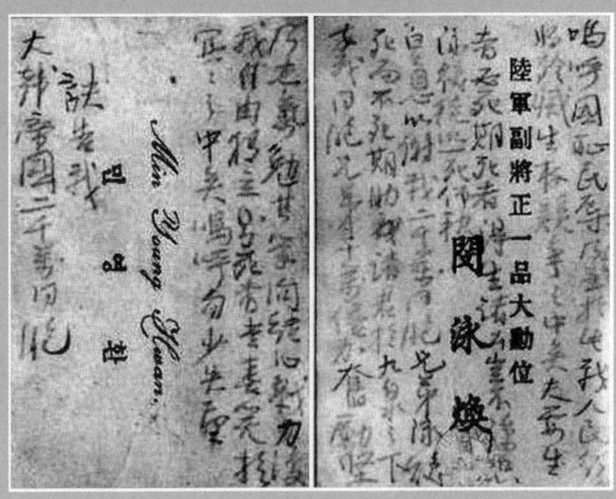

陸軍副將正一品大勳位
閔泳煥

Min Young Hwan.
민 영 환

**자결을 택한 민영환**
을사늑약 체결에 반대하고 을사오적을 탄핵하는 집단상소를 이끌었던 민영환은 끝내 나라를 빼앗긴 책임을 통감하며 자결했다. 아래 사진은 국한영문으로 된 명함 앞뒷면에 쓴 민영환의 유서이다. 유서는 일본의 침탈에 맞서 국민들의 분발과 단결로 자주독립을 쟁취할 것을 호소하고 있다.

추원에 자문을 구한 뒤 상주上奏하여 재가裁可를 받아야 한다"는 규정을 어겼다고 절차상 허점을 지적했다. 전통적으로 나라에 큰일이 있으면 군주가 독단적으로 처리하지 않고 전·현직 고위관리나 지방 유림들의 의견을 모은 뒤 결정하는 것이 관례인데, 을사조약 체결에는 이런 여론 수렴 과정이 없었다는 점도 지적했다.

여기서 중추원 자문 운운은 실제로 국정 운영에서 그 규정이 잘 지켜지지 않았음을 고려한다면 일본 측을 쉽게 설득할 수 있는 논리는 아니었다. 여론 수렴 과정의 미비점도 국제조약을 파기할 이유로는 한계가 있었다. 즉 원로대신들이 상소문에서 지적한 절차상의 문제점들은 국제조약 체결 시 필수적인 대표 위임이나 주권자의 비준과 같은 국제법적 요건이 아니라 일반적인 국내 의안議案의 반포 절차를 거론하고 있어서, 보호조약으로서 을사조약의 국제법적 지위에 대해 깊은 인식을 가지고 있다고 볼 수는 없는 것이었다.

이들이 제시한 해결 방안이라는 것도 대부분 매국노를 처벌한 뒤 '준엄한 말'로써 조약 무효를 '선언'하며 각국 공사관에 이를 '선포'하자는 제안이었다. 일방적인 조약 파기 선언으로 국가 간 조약이 취소될 수 있다고 믿는, 아직은 보호조약 체결의 효력이 국제사회에서 가지는 심각성에 대해 적실하게 인식하지 못한 수준이었다. 일본이 오랫동안 매우 치밀하게 세계의 보호국 사례 등을 연구하며 보호조약 체결을 준비해온 데 비하면, 대한제국 전·현직 관리들의 인식과 대응은 이처럼 무책임하다 싶을 정도로 순진했다.

하지만 상소운동자들은 끊임없이 을사오적의 사직을 주장하고 이를 관철시키지 못하는 고종에 대한 비판의 강도를 높여갔다. 특히 조약 체결에 책임이 있는 외부대신 박제순을 파면하기는커녕 의정대신 서리로 승진 임명한 데 대해 매국 행위를 추인해주는 처사라며 격렬히 비판했다.

정3품 윤두병은 상소에서 "나라를 팔아먹은 자에게 오히려 총애를 베풀어 의정議政을 내리시니 폐하는 무엇이 두려워 그렇게 하신 것입니까. 나라가 이미 망했으므로 위엄과 권세를 가지는 것이 두려워서입니까. 조약 체결 과정에서 지척에 (일본) 병력이 수풀처럼 늘어서 있었어도 심지어 나라를 위해 죽겠다는 말씀까지 했던 폐하가 지금은 무엇이 그렇게 고달프십니까. 폐하는 잊기를 좋아하니 깨달았다가도 곧 잊어버리십니다"라고 극언했다. 평리원 재판장 엄주익, 전 내부주사 노봉수, 비서감승 이명상 등도 상소에서 황제가 어디에 마음을 두고 계시기에 합당치 않은 처사로 선왕先王의 판도를 일본의 영역으로 양도하고 조종祖宗께서 주신 백성들을 일본인의 포로로 모조리 넘기려 하시느냐고 비난했다. 나중에 헤이그 밀사로 파견되는 이상설마저도 "강요로 맺은 조약에 대해 황제가 준엄한 말로 무효를 주장했다는 소식은 들리지 않고 도리어 매국노 박제순에게 의정대신 서리의 직을 맡기셨으니 그들을 비호하려는 생각입니까"라는 상소문을 올리기도 했다. 심지어 이근명과 기타 원로대신들이 고종에게 "조종대왕祖宗大王들이 물려준 삼천리 강토와 이천만 동포 신민을 지금 일본의 처분에 맡기게 되면 분개를 참을 수 없습니다. 신조약을 파기할 수 있으려면 폐하가 먼저 자진自盡해서 죄를 상하에 사죄하고 군신이 함께 죽어야 합니다. 폐하가 먼저 죽으면 우리들도 순사殉死하겠습니다"라고 극간極諫했다가 "자진을 강요하는 것은 그 죄가 진실로 가볍지 않다"고 고종이 진노했다는 기록도 있다.

그런데 이 시기에는 사실상 각료 임면권조차 일본 공사관 측이 제한하고 있었으므로, 엄밀히 말하면 고종이 을사오적을 주벌하지 않은 게 아니라 못한 것이었다. 조약 체결을 막지 못한 책임을 지고 참정 한규설이 사퇴했을 때 고종은 민영철을 후임으로 임명했지만, 일본 공사관 측의 반발로 무산된 일도 있었다. 또 고종은 보호조약이 본질적으로 국제사회에서 대한제국의 지위에 관한 문제인 만큼, 그 해결 방안도 열강의 공동 개입이나 국제사회의 여론 환기와 같은 국제적인 방법을 고려하고 있었다. 친일 내각을 완전히 갈아치워 일본과 전면전을 벌이기보다는 은밀히 밀지를 내려 의병 봉기를 부추기거나 해외 밀사를 파견하여 문제를 해결하려는 생각이었던 것이다.

## 만국공법 체제와 보호국에 대한 인식

고종이 을사늑약 무효를 주장하는 상소문에 대해 우비優批(좋은 말로 내린 국왕의 답)를 내린 경우는 만국공법상의 논거를 제시할 때였다. 정3품 홍우석은 상소에서 '강제로 체결된 조약은 무효라는 것이 만국공법에 실려 있고 황제가 재가하지 않았으니 당연히 무효'라고 주장했다. 하지만 '단지 강제로 체결된 조약이라는 성명만 내면 이미 날인해주고서 파기를 요구한다고 할 것이므로, 칙지를 받지 않고 날인한 정부 대신들을 미리 처단한 다음 조약 파기를 선언하자'고 제안했다. 만국공법상의 무효 조항을 적용하기 위해 갖추어야 할 조건까지 제시한 것이다. 그러면서 황제가 이들 정부 대신들의 사직 상소를 받아들이지 않고 오히려 승진시켜준 것은 그들의 조약 체결을 인준해준 것이나 마찬가지라고 비판하기도 했다.

규장각 학사 이용태는 각국 공사와 영사를 불러 경위를 설명하고 공개적으로 회의를 열어 처리하는 방안을 제시했다. 만국공법에 보면 조약은 그 나라의 군주가 인준해야만 성립되는데, 만약 조약 상대국이 그 당사국을 핍박했으면 비록 군주가 친필로 서명했더라도 조약을 폐지할 수 있고, 또 정권을 잡고 있는 신하가 나라를 배신하고 조약을 체결하여 나라에 해를 끼쳤다면 그 조약은 폐지될 수 있다고 주장했다. 상당히 정확하고 구체적인 국제법 지식을 보여주고 있지만, 동시에 "횡포한 나라가 자주권과 독립권을 침해했을 경우 각국이 모두 들고 일어나 바로잡고 구제해주는 것이 일반적인 규례"라고 함으로써 만국공법에 대한 이상주의적인 인식을 보이기도 했다.

을사조약 무효론을 편 상소문 중에서 가장 구체적으로 만국공법을 인용한 것은 시강원 시독 박제황의 상소문이었다. 그는 만국공법 제98장 "횡포한 나라가 다른 나라의 자주권과 독립권을 침해했을 경우 각국이 모두 들고 일어나 바로잡고 구제해준다", 제405장 "갑자기 조약을 의논해서 서둘러 서명한 경우에도 이를 꼭 준수해야 할 책임은 없으며 군주가 재가한 뒤에야 그 조약을 시행할 수 있다. 그 조약이 아직 비준되지 않았을 때는 특별한 제한이 없을 경우 모두 해당 국가의 편의에 따라 버릴 수도 있고 그대로 준수할 수도 있다", 제406장 "해당 국가는 후에 비준이 없을 경우 그 조약을 즉시 휴지로 만들 수 있다", 제409장 "비록 군주가 친필로 서명했더라도 핍박받는 등의 자유롭지 못한 상황이었다면 그 조약 역시 폐지할 수 있다", 제415장 "조약을 맺은 일이 만약 그 나라를 망하게 하는 것과 같거나 해당 국가를 압박하여 결국 쇠퇴하게 만드는 것이라면 폐기할 수 있다"와 같은 구체적인 조항을 조목조목 근거로 들며 을사조약 무효론을 주장했다.

이런 만국공법 조항들은 나중에 고종이 국제사회를 상대로 특사 외교를 펼치는 데 이론적 바탕이 되었다. 하지만 기본적으로 '만국공법萬國公法'이라는 포장 속에 숨겨진 제국주의시대 국제법의 본질을 정확히 인식하지 못하기는 고종이나 전·현직 관료들이나 마찬가지였다. 만국공법에 대해 법리적으로 잘 이해하고 있는 경우에도, 그 본질을 만국의 '공론公論'이나 '공의公議'와 같은 유교적 관념의 틀로 인식하는 것이 일반적이었다. '나라가 아무리 약소하더라도 정도正道를 잃지 않았을 경우 이웃 강대국도 함부로 포악을 부릴 수 없는 것이 만국공법이라'고 할 정도로 이상주의적으로 인식했다. 곽종석은 상소문에서 "지금 천하의 공법이 엄연히 있고 영국, 미국, 독일과 같은 대국이 반드시 함께 분노하여 일제히 성토할 것이니 박제순 등 역적을 효수하고 열국 공사관에 성명을 내 천하의 공법으로 단죄해야지 조금이라도 머뭇거리며 위축되거나 구차하게 기다린다면 폐하는 비록 보전하고자 하나 기껏해야 안남왕安南王(프랑스의 보호국이 된 베트남 왕을 고종에 빗댐) 이상은 되지 않을 것"이라고 호소하면서 역시 만국공법에 대한 비현실적인 기대를 보여주었다.

스페셜 테마

## 대한제국 지식인들의 만국공법 인식

을사늑약 무효론을 주장함에 있어서 전·현직 관료층뿐 아니라 재야 지식인들도 만국공법에 의거하는 경우가 많았다. 다만 좀 더 현실적인 행동 방침을 내세우며 직접적으로 집단행동을 개시한 점이 전·현직 관료들과 다른 점이었다.

먼저 유생 대표들이 모여 각 지방에 내려보낸 통문을 보면 "일본군이 무단으로 요지를 점거하고 묘와 집을 훼손하고 화폐를 고갈시키는 등 폐해가 영국이 이태리를 침략한 것과 같다. 이태리가 영국의 침략을 막아내고 나라를 지킬 수 있었던 것은 국신國臣이 한마음으로 죽기를 각오하고 강적을 막아 물산을 통하지 않고 외교를 하지 않았던 때문이다. 우리 신민도 이태리처럼 공법을 좇아 이웃나라에게 억울함을 호소하고자 8월 27일 대동공법大同公法에 따라 각국 공사관에 우리의 정당성과 일본의 침탈을 고발하자"라고 했다. 또한 각도 각군에 "화폐 교환을 한다면서 국고를 비게 하고 상업을 피폐하게 한 탁지부 고문 메가타를 해고하기 전까지는 결전을 거납(세금 내기를 거부함)할 것, 일본과 물건을 무역하지 말고 기차와 윤선은

타지 말 것, 전선과 우체는 이미 빼앗겼으니 사용하지 말 것, 외국의 각 교인과 상민, 유람인은 침해하지 말 것" 등을 지시하는 통문을 보내기도 했다.

이 유생들이 만국공법을 소위 '대동공법'으로 인식하고 있음은 특히 주목할 만하다. 대동大同, 즉 유교사회의 이상의 개념으로 공법을 받아들인 것이다. 국제사회가 공의公議에 의해 침략국을 응징한다는 춘추대의적 인식틀도 역시 유교적인 사고방식에서 벗어나지 못한 것이었다. 이런 인식에 따라 각도 유생 대표들은 서울에 올라와 각국 공사에게 대한제국의 독립을 보존해달라는 탄원 글을 보내거나 각국 공사관을 방문하기도 했다.

이처럼 대한제국의 지식인들은 만국공법을 유교적·관념적으로 이해했기 때문에 제국주의시대 국제열강 간의 냉혹한 이해타산과 이합집산에 대해서 깊은 인식을 가질 수 없었다. 국제사회의 공의가 정의를 수호하는 방향으로 중재에 나설 것이라는 막연한 기대를 품고 있었고, 횡포한 나라가 남의 나라의 자주권과 독립권을 침해할 경우 각국이 모두 들고 일어나 바로잡고 구제해줄 것이라고 생각했다. 하지만 만국공법은 대한제국이 생각하고 기대했던 국제사회의 공의가 결코 아니었고, 단지 열강의 쟁패 무대로 약소국들이 제 발로 걸어 나오게끔 하는 데 동원된 수사修辭에 불과했다. 그리고 정작 을사늑약으로 대한제국이 보호국이 되었을 때, 그들이 금과옥조처럼 믿어왔던 만국공법은 식민지로 가는 수순 외에 어떤 현실적인 타개책이 가능한지 가르쳐주지 않았다.

고종 역시 1897년 대한제국을 선포하면서 전통적인 중국 중심의 동아시아 질서에서 벗어나 만국공법이 지배하는 근대적 국제사회의 일원이 되고자 했다. 1899년 한청통상조약 체결로 중국과 근대적 외교 관계를 수립한 데 이어, 1901년 벨기에, 1902년 덴마크와 수교하고 영국, 프랑스, 독일 등 유럽 주요 국가에 상주 외교관을 파견한 것도 그러한 만국공법 체제에 서둘러 편입되기 위한 노력이었다. 뿐만 아니라 만국우편조약, 적십자조약, 1899년 헤이그에서 조인된 육전의 법규 관례에 관한 조약, 적십자조약의 원칙을 해전에 응용하는 조약, 1904년 헤이그에서 조인된 병원선에 관한 조약 등, 각종 국제조약에도 가입하며 근대적 국제사회의 일원이 되고자 노력했다. 이런 외교 노력들은 국제사회가 유사시에 한반도 문제에 개입해주기를 바라는 국제주의 전략에서 나온 것이기도 했다. 하지만 스스로 만국공법 체제의 일원으로 편입되었다고 생각한 순간, 대한제국은 그 만국공법에 의해 오히려 보호국으로 전락하고 말았다. 일제는 대한제국의 국제주의적 외교 전략을 봉쇄하기 위해 우선적으로 대한제국의 외교권을 박탈하는 보호조약을 서둘러 강제했던 것이다.

결국 외교는 국력이 바탕이 되어야 하는 것으로, 정작 을사조약을 강요당했을 때 도와주는 나라는 어디에도 없었다. 미국은 물론 러시아마저 약소국인 대한제국을 버렸다. 그럼에도 고종은 각국에 외교 밀사들을 파견하여 을사조약이 무효라는 사실을 알리면 국제사회의 여론이 일본을 비난하고 대한제국을 구해줄 것이라고 믿었다. 평소 신뢰해 마지않던 만국공법 체제를 유교적 '신의信義'의 개념으로 해석한 결과, 불법적인 을사조약을 국제사회의 '공론'으로 무효화시킬 수 있다고 판단했던 것이다.

하지만 이런 정세 인식으로는 현실로 다가온 보호국의 법적 지위를 분석할 수도, 향후 대처 방안을 준비할 수도 없었다. 일본에서는 세계 각국의 각종 보호국이 탄생한 경위와 배경을 유별類別로 분석한 와세다대학 교수 아리가 나가오有賀長雄의 국제법 저서 『보호국론』(1906)이 출간될 정도로 치밀한 준비가 있었지만, 막상 보호국이 된 대한제국은 보호국을 법리적으로 해석해보려는 준비조차 못한 상태였다.

보호국의 현실적 지위를 객관적으로 인식하고 그 대처 방안을 모색하기 시작한 것은, 헤이그 특사 파견이 실패로 돌아가고 고종 황제가 강제로 퇴위된 1907년 이후부터였다. 계몽운동기의 지식인들은 러일전쟁 당시에 보여주었던 동양평화론적 사고의 틀을 극복하고 보호국의 현실을 인정하게 되었으며, 만국공법에 대한 이해 수준에서 더 나아가 보호국의 법률적 지위 등을 공부하기 시작했다.

1908년 11월 『대한협회회보』 제8호에 실린 김희성의 「논외교상경험적역사論外交上經驗的歷史」는 "현재 세계에서 가장 두렵고 가장 슬픈 것은 '보호'라는 명사인데, 능보호국能保護國, 피보호국被保護國에 대해 구주歐洲의 학자들은 10여 년 전부터 연구한 결과 보호국은 제1종 보호국(국력이 미약한 나라를 강국이 병탄하고 싶지만 타국의 견제 때문에 그 주권을 옹호해주고 있는 아프가니스탄 같은 경우. 호위적 보호국, 단순보호국), 제2종 보호국(주권은 행사하되 외교권, 재정권, 군사권 기타 중요한 것을 능보호국이 조종하면서 통치의 형식만 남겨두는 후견적 보호국, 정치상 보호국, 국제보호국으로 안남 같은 경우), 제3종 보호국(전국이 병탄되고 겨우 군위君位만 남아서, 남은 권위에 의존하여 내부 행정만 하는 영국령 인도 같은 경우), 제4종 보호국(국가 성립 이전의 토인土人들이 강국에 정복된 경우) 등으로 유별할 수 있다"고 소개하면서, 보호하에 들어가 있는 각국의 독립 주권 사례와 아리가를 비롯한 일본 학자들의 견해를 소개하기도 했다.

이렇게 개명 지식인들은 을사조약 당시의 흥분을 가라앉히고 각국의 보호국 사례를 연구하는 한편, 을사조약의 책임을 일본의 제국주의적 침탈보다는 대한제국 정부의 무능에 돌렸다. 이런 인식 체계는 향후 전개될 계몽운동의 방향을 예고하는 것이었다. 즉 "근세의 국제 간 경쟁에서는 반드시 국민으로 절대 후원자를 삼기 때문에 정부는 마땅히 국민의 후원력을 양성하여 외교상의 곤란을 해결하는 것이 불문율이다. 반대로 외교를 정부의 권리라 인정하고 국민의 권리라 인정하지 않아 맹단하여 독재한 즉, 밖으로는 각국의 압박과 안으로는 국민의 원망을 받는다"라고 하여, 외교에 대한 국민 참여가 곧 근대 강국으로 가는 첩경이라고 주장했다. "무릇 각국과 체약 시에 시세를 모르고 학자들의 이론을 연구하지 않아서 결국 스스로 망한 경우가 부지기수"라고 하면서 정부의 우매함을 비판하고, 고종 황제와 근왕 세력에게 망국의 책임을 추궁했다. 을사조약 사태에서 얻은 교훈을 토대로 향후 입헌정체의 수립을 목표로 할 것임을 예고한 것이다.

## 보호국을 떠나가는 열강들, 해외로 망명한 대한제국 외교관들

한편 강제로 을사늑약을 체결한 뒤 일제에게 남은 과제는 하루속히 조약을 공표하고 대한제국에 대한 보호권을 대외적으로 승인받는 절차였다. 1905년 11월 19일 주한 영국 공사와 미국 공사로부터 조약 성립에 대한 축하 전문이 도착했다. 일본은 20일과 21일에 걸쳐 영국·미국·프랑스·독일 정부에 조약 체결 사실을 알리고, 대한제국과 각국 간에 현존하는 조약은 그대로 존중되며 정당한 상공업상의 이익도 손상되지 않을 것이라고 내밀히 통보했다.

그리고 11월 22일 통감부 및 이사청理事廳 설치에 관한 칙령이 결정되자, 일본은 11월 23일에야 조약 체결을 정식으로 공표하면서, 대한제국 정부에게 외부外部와 재외 공사관을 폐지하는 칙령을 내리라고 요구했다. 또한 영국, 미국, 청, 프랑스, 독일, 오스트리아·헝가리, 이탈리아, 벨기에, 덴마크 등 대한제국의 수교국 정부에 을사조약 전문(Convention) 및 일본 정부의 선언서(Memorandum)를 공식 통보했다. 향후 대한제국 외교는 도쿄의 일본 외무성이 직접 담당하고 통감은 각국 영사와의 교섭이나 기타 지방적 사무만을 실행하게 되므로, 서울 주재 각국 공사관은 조속히 철수해달라는 요청도 했다.

주한 공사관 철수와 관련하여 다카히라高平小五郎 주미 일본 공사에게는 미국 정부가 솔선하여 공사관을 철수시키도록 교섭하라는 훈령이 내려졌다. 그 결과 미 국무장관은 11월 24일자로 가장 먼저 공사관 철수 의사를 밝혔다. 미국은 루스벨트 대통령이 보호조약 체결 이전부터 공사관 철수가 필요한지 문의할 정도로 일본의 대한 정책에 협조적이었다. 11월 26일 주한 미국 공사는 본국 정부로부터 공식적으로 철수 명령을 받았고, 11월 29일 대한제국 정부에 통보한 뒤 12월 4, 5일경 귀국할 계획이라고 했다.

독일 역시 대한제국이 제2의 이집트가 되었다는 사실은 놀라운 일이 아니라는 반응과 함께 즉시 공사관을 철수시키겠다고 통보해왔다. 주한 이탈리아 공사는 이미 10월 17일자로 귀국한 상태에서 12월 27일자로 대한제국 정부에 공사관 철수를 통고했다. 일본 측에는 향후 대한제국에서 이탈리아의 광산 채굴권 실행과 관련하여 편의를 봐줄 것을 요구했다. 영국도 11월 30일 공사관 철수를 통고했다. 프랑스는 공사관 철수 요청에 별다른 반응을 보이지 않고 당분간 공사관을 존치시킬 듯하다가, 결국 12월 26일에 열강 중 가장 늦게 공사를 귀국시켰고, 부영사를 남겨 프랑스와 러시아의 영사 업무를 처리하게 했다. 각국이 공사관 철수에서 보여준 적극성의 정도는 일본과의 친소 관계, 대한 정책의 비중, 더 나아가 동아시아 정책 노선의 반영이었다.

열강들은 대부분 일본의 보호권을 승인하고 조만간 일본의 대한제국 병합까지 예견하는 분위기였다. 런던·베를린 등지의 신문은 보호조약 체결로 일본이 대한제국의 외교를 인수하고, 내정도 일본 '총독'이 지휘하게 되었다고 보도했다. 이로써 대한제국은 앞으로 그 명칭은 존재할지라도 실제로는 일본의 한 주州를 이루게 될 것이며, 이는 러일 강화에 분개한 일부 강경파 일본 국민들을 만족시킬 것이라고 내다보았다. 일본이 열강의 견제 없이 대한제국 병합을 추진할 수 있는 국제적 조건이 갖춰진 것이었다.

한편 조약 이후 일제는 대한제국 정부의 급격한 동요를 우려하여 일단 각국 공사관이 모두 철수할 때까지 외부外部를 존치시키기로 하고, 우선 대한제국의 해외 공관 철수 작업부터 추진했다. 외부 사무는 사실 외교고문 스티븐스 및 그 보좌관들이 모두 장악하고 있었으므로 외부가 당분간 존치되어도 큰 문제가 될 것은 없다는 판단이었다. 12월 10일 하야시 공사는 조만간 대한제국 정부로 하여금 재외 공사관 철퇴를 칙명으로 훈령하게 하겠다고 보고하면서, 이런 사실을 미리 각국 주재 일본 공사들을 통해 대한제국 재외 공관에 통지해달라고 본국 정부에 요청했다. 가쓰라 다로桂太郎 일본 외무대신은 영국·청·프랑스·독일·미국 주재 일본 공사에게 대한제국 대표를 만나 철퇴 시기를 협의하라는 훈령을 내렸다. 대한제국과 수교 관계에 있는 영국, 미국, 청, 프랑스, 독일, 오스트리아·헝가리, 이탈리아, 벨기에, 덴마크 정부에도 을사조약 체결로 대한제국 공사관 및 영사관 직무가 일본 대표에게 이전된다고 통지했다.

하지만 공사관 철퇴 요구를 접한 대한제국 외교관들은, 본국 정부로부터 철퇴 명령은커녕 조약 체결 사실도 통보받지 못했다는 이유로 철수를 거부했다. 주미 공사관 측은 본국 정부로부터 조약 성립과 철퇴 등에 대해 전혀 통보받지 못했다고 주장했고, 주독 공사 민철훈도 조약 성립에 대해 신문지상에서 보았을 뿐, 본국 정부로부터는 아무런 통지가 없었다고 했다. 또 자신은 황제의 칙명으로 임명되었으므로 황제 또는 정부로부터 훈령이 있기 전에는 스스로 진퇴를 결정할 수 없다고 답변했다. 따라서 외부대신 이완용은 12월 14일자로 프랑스·독일·미국·청·일본 주재 공사 및 영사에게 보유 기록 및 관유 재산을 그곳 일본 대표에게 모두 이전하고 철퇴하라는 훈령을 내렸다. 또 12월 16일 관보에 을사조약을 공식 발표했다. 해외 주재 외교관들은 하는 수 없이 귀국을 결심했지만, 외교 서류 일체의 인계를 거부하거나, 혹은 곧바로 귀국하지 않고 해외 망명객이 되어 고종 황제의 외교 밀사로 나서기도 했다.

주불 공사 민영찬은 고종의 밀명을 받고 도미하여 1905년 12월 11일 미국무장관 루트Elihu Root 와 면담했다. 루트의 반응은, 대한제국은 1904년 2월의 한일의정서와 8월의 고문협약 체결로 이미 사실상 일본의 보호국 상태가 되었으므로 미국은 어떤 협조도 할 수 없다는 것이었다. 민영찬은 결국 모든 해외 공관을 폐쇄한다는 외부 훈령을 받자 1906년 3월 17일, 파리를 출발하여 귀국 길에 올랐다. 하지만 6월 25일 잠시 인천에 기착하여 국내 사정을 알아보다가, 일본 측에 탐지되자 곧바로 다시 승선해 상하이로 망명했다. 이토 통감은 민영찬이 귀국해서 장래 일본의 대한 정책에 반항만 하지 않는다면 충분히 보호해주겠다고 제안했다. 하지만 민영찬은 자신은 이미 사표를 제출한 완전한 사인私人으로서 앞으로는 상업에 종사할 생각이라면서 이토의 호의를 정중히 사절한다고 했다. 친형인 민영환이 보호조약 체결에 반대하여 자결한 터에, 민영찬이 선뜻 귀국할 생각이 나지 않는 것은 너무도 당연한 일이었다.

주독 공사로 근무하다가 공사관 철퇴 훈령에 저항했던 민철훈도 결국 공사관을 폐쇄하고 상하이로 망명하여 민영찬과 함께 프랑스 조계지의 한 호텔에 투숙하고 있었다. 또 한 사람, 일찍이 한일의정서 체결에 찬성했던 민영철도 을사조약 이후에는 상하이로 망명했다. 민영철은 한때 일본 측이 주장하는 한일군사동맹안에 동의하여 이근택·이지용과 함께 동맹파 각료 3인으로 지목되기도 했지만 나중에 소극적인 자세로 돌아섰고, 일본의 공작을 피해 주청 공사로 부임했다. 그는 중국에서 주청 러시아 공사와 긴밀하게 접촉하는 등 친러적인 태도를 취하다가, 소환 요구를 받고 1905년 1월 귀국하여 친일 내각에도 참여했다. 하지만 보호조약 이후 다시 상하이로 망명하는 등 대일對日 태도에서 오락가락 동요하는 모습을 보였다.

이들 민씨 척족 출신 외교관들이 상하이로 집결한 것은, 무엇보다도 1886년 이래 상하이에 체류하고 있는 민영익의 존재 때문이었다. 주지하듯이 민영익은 명성황후의 가장 가까운 친족으로서 1880년대 개화 정책을 막후에서 지휘한 최고 세도가였다. 그러나 1883년 보빙사절로 미국에 다녀온 뒤에는 개화파와 의견 대립을 빚었고, 더구나 갑신정변 이후 청의 내정간섭이 강화되면서 왕실과 청의 갈등 사이에서 고심하다가 상하이로 망명했다.

민영익은 상하이에 체류하면서도 여전히 국내정치와 밀접한 관련을 맺고 있었는데, 특히 그의 여동생이 황태자비가 된 덕분에 명성황후 사망 이후에도 여전히 척족의 위상을 확보할 수 있었다. 고종 역시 여전히 민영익을 신임하면서 종종 관직을 제수했으며, 황실의 비자금 마련을 위한 중국 내 홍삼 판매도 그가 관장하게 했다. 그의 동생인 민영선은 1904년 3월 어명을 받고 상하이에 체류 중인 민영익을 귀국시키기 위해 중국에 가려다 일본 공사관 측의 제지로 좌절된 적도 있다. 한일의정서의 강압적 체결로 궁지에 몰린 고종이 그래도 가장 믿음직한 참모인 민영익을 불러들여 난국을 타개하려 했던 시도였다.

민영익을 중심으로 상하이에 집결한 민씨 일족들이 이후 어떤 활동을 했는지에 대해서는 잘 알려져 있지 않지만, 1906년 민영돈이 미국에 밀사로 파견되었다는 기록 등을 볼 때 내밀하게 황제 측과 연락하며 밀사 외교에 가담하고 있었던 것으로 추정된다.

하지만 공식적으로는 각국 공사관의 철수와 해외 공관 폐쇄로 대한제국은 이제 국제사회와 단절된 일본의 보호국이 되었다. 모든 대외 관계 업무는 일본 외무성이 총괄했고, 통감부와 이사청 설치 이후에는 통감부 산하 외무부와 각지 이사청 이사관들이 대한제국 내의 외국인 관계 업무를 수행하게 되었다. 일제는 대한제국이 가입했던 각종 국제조약 회원국들에게도 대한제국의 보호국화를 통지했으며, 대한제국이 새로 가입하게 되는 모든 국제조약에 대하여 일본 외무성이 이를 대행하고 일본 천황이 비준권을 행사했다.

## 국제사회를 향한 호소, 열강의 공동 개입 요청

일제의 강압으로 을사늑약이 체결된 직후부터 고종은 국제사회를 향해 늑약은 무효라고 주장했다. 1905년 11월 26일, 고종은 헐버트에게 늑약은 무효라는 긴급 전문을 보냈지만, 미 국무성은 헐버트의 전달을 묵살했다. 고종은 다시 전前 주한 미국 공사 알렌에게 운동자금 1만 달러를 주고 미국에서 유능한 법률가를 고용하여 미국 정부가 열강과 공동으로 진상 조사를 벌이도록 교섭해달라고 부탁했다. 그리고 미국·영국·일본 3국의 공동보호 방안을 제시했다. 일본의 보호국이 되는 것을 막기 위해 열강의 공동

THE OBLIGING HUSBAND

THE FUTURE IN THE ORIENT

MAPLE & Co

CHRISTMAS PRESENTS

ALL THE YEAR ROUND

USEFUL BEAUTIFUL INEXPENSIVE

CHANNEL TUNNEL!

DOVER–CALAIS

LONDON to PARIS

HOME TOPICS

FOR THE CHILDREN

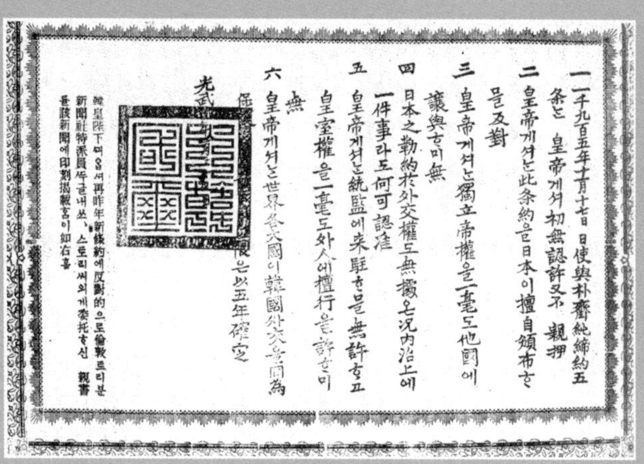

一 一千九百五年十一月十七日 日使與朴齊純締約五条ᄂᆞᆫ 皇帝게셔初無認許又不 親押

二 皇帝게셔ᄂᆞᆫ此条約을日本이擅自頒布ᄒᆞᆷ을反對

三 皇帝게셔ᄂᆞᆫ獨立帝權을一毫도他國에讓與ᄒᆞ미無

四 日本之勒約䒭外交權도無據온況內治上에一件事라도何可認准

五 皇帝게셔ᄂᆞᆫ統監에來駐ᄒᆞᆷ을無許ᄒᆞ고皇室權을一毫도外人에擅行ᄒᆞᆷ을許ᄒᆞ미無

六 皇帝게셔ᄂᆞᆫ世界各大國이韓國外交ᄅᆞᆯ同為保[illegible] 限은以五年確定

光武 [illegible]

韓皇陛下ㅣ옵서再昨年新條約에反對的으로倫敦트리뷴新聞社特派員ᄯᅳ글내쓰、스토리씨의게委托ᄒᆞ신 親書를該新聞에印刻揭載ᄒᆞᆷ이如右ᄒᆞᆷ

**고종 황제의 을사늑약 무효선언문을 보도한 영국 『런던 트리뷴』지**

고종 황제는 1906년 1월 29일 영국 『런던 트리뷴』지의 더글러스 스토리 기자에게 "을사늑약을 인허하지 않았으며, 이에 반대하고, 동시에 자주 독립권을 다른 나라에 넘겨준 적이 없다"는 내용의 밀서를 전달했다. 이 내용은 1906년 12월 6일에 『런던 트리뷴』지에 보도되었으며, 이듬해 1월 16일 『대한매일신보』가 인용 보도했다.

보호라는 방안을 제시한 것인데, 일단 일본의 식민지로 전락하는 것을 막고 미국의 관심을 더 끌어낼 수 있는 방안이라고 생각했던 것 같다. 또 열강 중에서 러시아가 빠지고 영국이 들어간 것은 이미 포츠머스조약이 체결되었기 때문에 일본이 러시아의 개입에는 반대할 것이고, 영국은 일본과 군사동맹 상태이므로 미·영·일 3국의 합의는 쉽게 이루어질 수 있을 것이라고 판단한 듯하다. 어쨌거나 일본의 보호국이 되는 것을 막고 열강의 공동 개입으로 대한제국 문제를 국제 이슈화하자는 전략이었을 것으로 생각된다.

이 계획을 미국의 알렌에게 전달하는 데는 황실과 거래가 있었던 미국 회사 콜브란·보스트윅 개발회사Collbran & Bostwick Development Co.의 서울지점 소속 변호사인 엘리어트, 상하이에 체류 중이던 콜브란, 샌프란시스코 본사의 보스트윅 등이 동원되었다. 알렌에게는 외부대신 박제순 명의로 미 국무장관 루트의 협조를 요청하는 서한, 황제의 밀사가 구술한 을사늑약 체결의 전말, 미국·러시아·프랑스·독일 공사관에 보내는 암호 훈령문, 황제의 어새만 압인된 백지 친서 등이 전달되었다.

하지만 미국은 앞서 보았듯이 을사조약 체결 사실을 알리는 일본 측 전문이 도착하자마자 다른 열강보다 먼저 이를 승인하고 공사관을 철수한 나라였다. 루스벨트 대통령은 포츠머스조약 체결 직후인 1905년 9월 9일, 일본 외무대신 고무라가 "러시아가 비록 공식적으로는 대한제국에서 일본의 완전한 자유 행동을 인정했을지라도 이면에서 어떤 음모를 획책할지도 모르니 이를 예방하기 위해 일본이 대한제국의 외교 관계를 완전히 접수해야 한다"고 주장한 데 동의했고, 미 국무장관 루트도 여기에 찬동했다.

루스벨트와 미국 정부의 입장이 이렇게 매우 친일적이었기 때문에, 대한제국에 주재할 때 고종으로부터 극진한 대우를 받았고 떠날 때도 은사금을 10만 원이나 하사받았던 알렌이지만 대한제국을 위한 로비를 펼치기 어려웠다. 알렌은 실패했을 경우 자신에게 돌아올 책임 추궁이 두려워서 1906년 2월경 모든 활동을 중단하고 로비자금도 반납했다.

미국의 냉담한 반응에 실망한 고종은 다시 세계열강을 상대로 을사조약의 불법성을 알림으로써 한반도 문제를 국제 문제화하는 전략을 택할 수밖에 없었다. 고종은 『런던 트리뷴London Tribune』지 기자인 스토리Douglus Story에게 의뢰해서 베이징 주재 영국 공사에게 1906년 1월 29일자로 국서를 전송하여 5년간 열강의 공동 보호를 요청했다. 이 밀서의 발송에는 이학균, 현상건 등 상하이에 체류 중이던 황제의 측근들이 관여한 것으로 알려졌다. 혹시라도 영국 정부가 공동 보호의 주체로 대한제국 문제에 개입해줄 수 있는지 타진해본 것이었다.

그 밖에도 고종은 대한제국과 수교를 맺고 있던 모든 체약국들을 상대로 친서 외교를 시도했다. 헐버트에게 1906년 6월 22일자로 내린 위임장을 보면, 미국, 영국, 프랑스, 독일, 러시아, 오스트리아·헝가리, 이탈리아, 벨기에, 청 등 9개국 국가원수에게 대한제국을 대표하여 친서를 전달하고, 나아가 헤이그의 상설중재재판소에 대한제국 문제를 제소하라는 사명을 부여했다. 헤이그 상설중재재판소는 1899년 제1차 만국평화회의에서 체결된 '국제분쟁의 평화적 처리 조약'에 의거해 1901년 개설된 것으로서, 약소국 문제를 해결하기 위한 것이 아니라 강대국 간 분쟁을 중재해보려는 것이었지만, 고종은 여기에도 상당한 기대를 걸고 있었다. 러일전쟁이 임

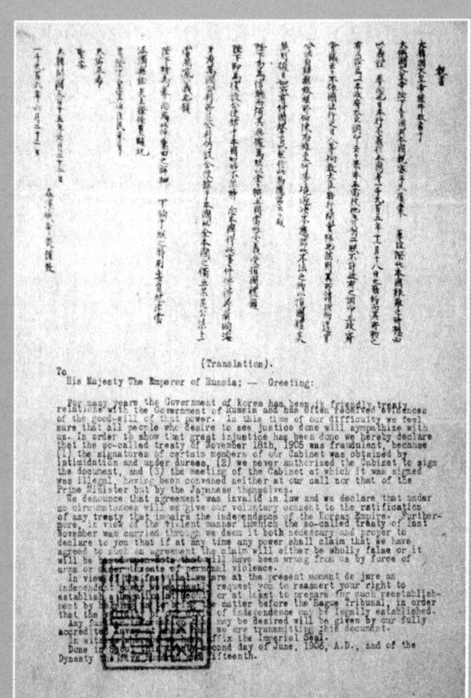

(Translation).

To
His Majesty The Emperor of Russia; — Greeting:

For many years the Government of Korea has been in friendly treaty relations with the Government of Russia and has often received evidences of the good-will of that power. In this time of our difficulty we feel sure that all people who desire to see justice done will sympathize with us. In order to show that great injustice has been done we hereby declare that the so-called treaty of November 18th, 1905 was fraudulent, because (1) the signatures of certain members of our Cabinet was obtained by intimidation and under duress, (2) we never authorised the Cabinet to sign the document, and (3) the meeting of the Cabinet at which it was signed was illegal, having been convened neither at our call nor that of the Prime Minister but by the Japanese themselves.

We denounce that agreement was invalid in law and we declare that under no circumstances will we give our voluntary consent to the ratification of any treaty that impairs the independence of the Korean Empire. Furthermore, in view of the violent manner inwhich the so-called treaty of last November was carried through we deem it both necessary and proper to declare to you that if at any time any power shall claim that we have agreed to such an agreement the claim will either be wholly false or it will be [illegible] will have been wrung from us by force of arms or under threats of personal violence.

In view of the fact that we are at the present moment de jure an independent [illegible] request you to reassert your right to establish [illegible] or at least to prepare for such reestablishment by [illegible] matter before the Hague Tribunal, in order that the [illegible] of independence may be legally established.

Any fu[illegible] may be desired will be given by our fully accredit[illegible] we are transmitting this document.

In wit[illegible] affix the Imperial Seal.

Done in [illegible] second day of June, 1906, A.D., and of the Dynasty [illegible] fifteenth.

**고종 황제가 러시아 황제에게 보낸 친서**

고종 황제는 1906년 6월 22일, 러시아 황제뿐만 아니라 조약 체결 국가인 영국·오스트리아·독일·이탈리아·프랑스 등의 국가원수에게 친서를 보내, 자신은 을사늑약을 인허한 적이 없으며 일본이 강제로 조인한 것이기 때문에 공법을 훼손했으니 '무효'라 선언하고, 앞으로 이 사건을 헤이그 만국공판소에 제소하겠다고 알렸다. 하지만 친서는 전달되지 못했다.

박했다는 소문이 돌던 1903년 여름, 궁내관 현상건을 유럽에 출장 보내 알아본 것도 그 때문이었다.

친서에서 고종은 '을사늑약은 정부 대신들이 위협을 받아 강제로 이루어진 것이요, 자신은 조인을 허가한 적이 없으므로 공법을 위배한 것이니 의당 무효'라는 주장과 함께, 장차 이 사건을 헤이그 만국공판소(중재재판소)에 제소할 계획이라고 알리고 있다. 고종의 특명을 받은 헐버트는 1907년 5월 8일 대한제국을 떠나 헤이그로 출발했고, 7월 10일경 헤이그에 나타나 이준, 이상설 등 헤이그 특사단의 활동을 지원한 것은 분명하지만 중재재판소에 대한제국 문제를 제소한 흔적은 없다. 각국 원수에게 보내는 고종의 친서도 전달되지 못한 채 헐버트의 활동은 중단되었다. 고종이 7월 20일자로 강제 퇴위되었으므로 친서 전달이 무의미해진 탓일 것이다. 고종이 9개국 원수에게 보낸 친서는 이로부터 87년이나 지난 1993년에 미국 콜럼비아대학 도서관에서 발견되었다.

이처럼 고종은 미국뿐만 아니라 세계열강을 향해 끊임없이 대한제국 문제에 개입해줄 것을 호소했고, 가능한 모든 방법을 동원해서 을사조약이 무효임을 알리려 노력했다. 마지막에는 헤이그 중재재판소에 제소라도 해서 을사조약이 국제법 위반이라는 사실을 증명하고자 했다. 고종은 을사조약의 불법성을 국제법에 의해 설명하면 열강들이 나서서 공동으로 진상조사를 하거나 무효화해줄 것으로 기대했던 것 같다. 제국주의시대 열강의 냉혹한 계산속을 이해하지 못하고 막연하게 국제사회가 정의와 원칙을 따른다고 순진하게 생각한 결과였다. 하지만 정작 국제법을 만든 당사자인 제국주의 열강은 철저하게 약소국 대한제국의 절규를 외면했다.

# 03

을사늑약의 결과 일제는 통감부를 설치했다. 대한제국 총감독관으로서 통감 이토 히로부미가 부임했다. 보호조약에 따라 대한제국의 외교권을 대행하기 위해 파견된다던 통감은 실제로는 대한제국의 내정 장악에 나섰으며, 고종 황제는

# 통감부, 대한제국을 장악하다

주권 침탈 행위라며 저항했다. 황제권의 저항으로 내정 장악이 용이하지 않다고 느낀 일제는 유약한 박제순 내각을 경질하고 이완용을 발탁하여 확실한 친일 내각을 구성했다. 친일 단체 일진회의 송병준도 농상공부대신으로 내각에 진입했다.

## 대한제국의 총감독관, 통감의 탄생

을사늑약으로 보호권을 확립한 일제는 이제 대한제국의 통치권을 실질적으로 장악하기 위한 작업에 들어갔다. 흔히 을사조약을 외교권 박탈 조약이라고 말하지만, 사실 대한제국의 외교권은 한일의정서 이후 외교고문의 파견으로 이미 일본 외무성에 넘어간 상태였다. 을사늑약은 단지 그런 현실을 국제사회에서 정식으로 승인받기 위한 절차에 불과했다고 볼 수 있다.

을사늑약의 보다 중요한 의미는 대한제국 주차관으로서 통감이 파견된 데 있었다. 물론 조약문에는 통감이 외교권 대행을 위해 파견된다고 했지만, 각국 공사관 철수로 열강의 견제가 사라진 상태에서 대한제국의 내정을 장악, 식민지화의 기초를 닦는 것이 통감의 진정한 임무였다. 조약 체결 당시부터 통감이 내정을 장악하리라는 것은 이미 예견된 일이었다. 『대한매일신보』는 1905년 11월 17일자로 11월 15일에 있었던 이토의 고종 알현 소식을 전하면서, 이토가 요구한 4개 조항 중에는 황제 밑에 전국을 통치하기 위한 일본인 통감 임명, 각 개항장에 일본인 행정관 임명 등의 조항도 있다고 보도했다. 이토가 누누이 자치 보장을 주장했음에도, 한국민들은 이미 통감이 내정을 장악하기 위해 파견된다고 인식하고 있었던 것이다. 일본 측도 애초부터 외교 사무만을 위해 통감을 파견하는 것이 아니었음은, 조약 체결을 위한 협상 과정에서 정부 대신들이 요구한 '내정 불간여' 조항을 결코 수용하지 않은 데서 이미 알 수 있다.

조약 직후인 11월 19일부터 통감부 설치를 위한 실제적인 작업에 들어

통감부 청사
서울 남산의 왜성대에 위치했으며, 1907년 2월에 준공되었다. 통감부 건물은 후일 조선총독부로 사용되기도 했다.

간 일본 내각은, 우선 하야시 공사 및 이토 특파대사에게 통감부 및 이사청 설치에 관한 칙령을 가능한 한 빨리 발표할 필요가 있는지 묻고, 관제 초안에 대한 의견을 요청했다. 이토는 내외 정세로 볼 때 각국 정부에 조약 체결 사실을 선언함과 동시에 통감부 및 이사청에 관한 칙령 발포 등 조약 내용을 조속히 실시하여 대내외적으로 일본의 대한 정책을 움직일 수 없는 공고한 것으로 확정지을 필요가 있다고 주장했다. 또한 관제 초안에 대해서는 아직 연구 중이지만, 조약 발표와 동시에 '① 조약 3조에 기초하여 통감부를 서울에, 이사청을 서울·인천·부산·목포·진남포·마산·원산·평양 및 성진에 설치하여 조약에 규정된 제반 사무를 관장한다, ② 통감부 및 이사청의 조직 및 권한은 별도로 정한다, ③ 통감부의 직무는 조직 권한이 별도로 정해질 때까지 우선 종래의 일본 공사관원이 집행하고 이사청 직무는 영사관이 집행한다' 등 3조를 내용으로 하는 칙령을 우선 발포하자는 의견을 제시했다.

이에 일본 정부는 이토가 제시한 칙령안을 그대로 수용하여 11월 22일 통감부 및 이사청 설치에 관한 일본 칙령 제240호를 발포했다. 통감부 설치를 기정사실로 만들기 위해 구체적인 관제 내용이 아직 확정되기도 전에 미리 통감부·이사청 설치에 관한 칙령을 공포한 것이다. 또 11월 25일에는 이 칙령을 각국 정부에 통고함으로써 조약 체결의 결과로 외교권 대행을 위해 통감부가 설치되었음을 공표했다.

곧 이어 일제는 통감부·이사청 관제의 확정을 위한 구체적인 논의에 착수했다. 그런데 문제는 조약문에 통감이 '오로지 외교에 관한 사항만' 관리한다고 명기한 데 있었다. 이 제한 규정과 일본 측의 내정 장악 의도가 상충되는 한, 통감의 직무 권한을 명시적으로 관제에 표현하기가 쉽지 않았다. 일본 외무성 내 최고의 지한파知韓派 중 한 사람으로 적극적인 대외 팽창 정책 추진의 장본인이었던 고무라 주타로는 통감의 직무 권한을 조약 규정만으로 한정지을 필요는 없다는 해석을 제시하며 통감의 직권 확장에 단초를 마련했다.

하야시 공사는 12월 4일 통감부 및 이사청 관제 초안에 통감의 지위에 대해 ① 대한제국 내각의 수반 혹은 각부 대신과 교섭할 수 있다, ② 황제를 직접 알현, 상주할 수 있다, ③ 치안 유지에 필요할 경우 헌병대장을 지휘할 수 있다, ④ 각 고문을 통리統理한다, ⑤ 대한제국의 대외 문제를 처리할 때 각부 대신과 상의 없이 임의로 처리할 수 있다는 점 등을 명기할 것을 제안했다. 통감에게 단지 외교만이 아니라 대한제국 내정 전반에 걸친 총감독관의 지위를 부여하고자 한 것이다.

한편 특파대사 이토가 귀국한 뒤 일본 내각과 원로대신들 간에는 통감부를 순전히 문치 조직으로 할 것인가 무관 조직으로 할 것인가를 두고 의견 대립이 있었다. 결론은 통감부를 외무성으로부터 분리해 천황 직속으로 두는 것으로 정해졌다. 초대 통감은 이토로 내정되었고, 통감은 천황 직속으로 일본 내각의 훈령을 받지 않지만 외교에 관해서는 외무대신을 경유하고 기타 사무에 관해서는 내각 총리대신을 통해 상주, 재가를 받는 것으로 결정되었다.

그리고 12월 19일 추밀원회의 자문을 거친 뒤 12월 20일 칙령 제267호로 「통감부 및 이사청 관제」가 공포되었다. 「관제」에 의하면, 통감은 원칙적으로 대한제국에서 일본 정부를 대표하여 각국 영사관 및 외국인에 관한 사무를 통할하고, 대한제국의 시정 사무 중 외국인에 관계된 것을 감독하는 외교 대행자로 규정되었다(제3조). 그러나 이런 규정은 단지 보호조약의 원칙을 형식적으로 따르는 것일 뿐, 보다 중요한 내용은 "조약에 기초하여 대한제국에 있어서 일본제국 관헌이 시행하는 제반 정무를 감독하고, 기타 종래 제국 관헌에 속하는 일체의 사무에 대해 감독을 시행한다"는 제3조 2항과 "통감은 대한제국 정부에 용빙된 일본제국 관리들을 감독한다"는 제6조를 통해 대한제국 내정에 대한 간섭권을 확보한 것이었다. 즉 일제는 한일의정서 제1조의 '시정개선' 조항을 빌미로 고문협약 등을 통해 다수의 고문관을 파견했고, 그들을 통해 시정개선 명목으로 대한제국 내정의 각 부분을 장악한 상태에서, 다시 통감에게 고문통치의 감독권을 부여함으로써 교묘하게 대한제국 내정에 간여할 수 있는 길을 열었던 것이다. 통감은 결국 고문관들을 감독하는 최고 고문의 자격으로 대한제국의 시정 사무에 간여할 수 있게 되었다. 또한 통감은 필요한 시정 사무에 대해 대한제국 정부의 집행을 요구할 수도 있고, 긴급한 경우 직접 해당 지방관에게 집행을 명령한 뒤 사후에 대한제국 정부에 통보할 수도 있었다(제5조). 소관 관청의 명령이나 처분이 조약 또는 법령에 위반하여 공익을 해치고 권한을 넘어선다고 인정될 때는 그 명령 또는 처분을 정지·취소할 수 있는 권리까지 확보함으로써 대한제국의 통치권을 상당 부분 잠식하게 되었다. 그 밖에도 이런 권리 행사를 뒷받침하기 위해 주차군 병력 사용권(제4조), 통감부령 발포와 금고禁錮 1년 이하, 벌금 2백 원 이내의 벌칙을 부과할 수 있는 사법권까지 보유하게 되었다(제7조).

통감의 직무 시행 지침을 보다 구체적으로 제시한 「통감직무심득心得」

은 ① 외국인의 권리와 의무에 관한 사무는 통감의 승인을 거치지 않으면 효력을 가질 수 없으므로 통감은 항상 대한제국 정부로 하여금 승인을 구하게 할 것, ② 대한제국 관헌의 처분 중 조약에 위반되고 외국인의 권리를 훼손하거나 기타 외국에 대해 분쟁을 일으킬 우려가 있는 경우에는 통감이 속히 황제에게 상주하거나 대한제국 정부에 이첩하여 그 처분을 취소하거나 고칠 것, ③ 긴급한 경우에는 통감이 직접 해당 관헌에게 이첩하여 필요한 처분을 하도록 하고, 사후에 그 사정을 황제에게 상주할 것, ④ 이사관이 직접 대한제국 지방 관헌에게 이첩하여 집행한 사항을 통감에게 보고할 경우에도 전항에 의거하여 통감이 황제에게 상주할 것, ⑤ 외국인이 황제를 알현할 때는 통감이 그 사무를 취급하고 반드시 시립侍立할 것, ⑥ 통감은 수시로 황제를 알현하여 정무 소통을 꾀하고 필요할 때는 대한제국 정부의 회의에 참석하여 정부 중요 관직에 후보자를 추천할 것이라고 규정하여, 대한제국의 내정 전반을 감독하는 것은 물론 황제가 외국인을 만나는 것을 감시할 권한까지 공식화했다.

그런데 이상의 통감 관제가 마련된 뒤에도 통감이 바로 부임하지는 않았다. 임시로 주한 일본 공사관 및 영사관원들이 남아서 통감부 및 이사청 직무를 시행하는 동안, 이토는 일본에서 통감 업무를 시작했다. 1906년 1월 19일 공식적으로 대한제국 외부外部가 폐지되고 외부 건물이 통감부에 차입되었다. 1월 31일자로 주한 일본 공사관 및 영사관이 폐쇄되고 2월 1일자로 서울에 통감부가, 영사관 및 분관 소재지에 이사청이 개청되어 공식적인 업무가 시작되었다.

스페셜 테마

## 일본 제국주의 통치에서 통감부의 위치

일제는 대한제국에 통감부를 설치하면서 그 조직의 성격과 소속, 지휘 계통을 어떻게 할 것인지 당국자 간에 논란을 벌였다. 결론은 통감부를 외무성 소속이 아니라 천황 직속으로 두면서도 「통감부 및 이사청 관제」에 관한 칙령을 발포할 때는 내각 총리대신 가쓰라와 함께 육군대신 데라우치 마사타케寺內正毅가 부서副署했다. 또한 「관제」 제4조에 의하면 문관인 통감이 주차군 병력 사용권까지 가지고, 통감 유고 시에는 일차로 주차군 사령관이 직무를 대신하게 되어 있는 등(제13조), 일본 군부가 통감부를 통해 대한제국 통치에 관여할 수 있게 했다. 을사늑약의 조약문상으로는 통감이 대한제국의 '외교'만을 관리한다고 했으면서도 정작 외무성 소속이 아닌 천황 직속으로 삼고 군부가 개입할 수 있는 길을 열어놓은 것이다. 1906년 7월 3일 칙령 205호 「주차군사령부조례」를 보아도 제3조에 군사령관은 대한제국의 안녕과 질서 유지를 위해 통감의 명령으로 병력을 사용할 수 있고, 긴급한 경우에는 재량으로 사용하고 사후에 통감에게 보고할 수 있게 되어 있다. 일제는 이미 러일전쟁 개시 이후부터 일부 지방에서 군정을 실시해왔는데, 통감의 군령권軍令權도 그 맥락을 계승한 것으로서, 통감부의 무단적 대한제국 지배의 근거가 되었다. 따라서 통감부가 문관 조직인지, 무관 조직인지에 대한 논란은 별 의미가 없다고 생각된다. 문관인 통감이 주차군에 대해 명령권을 갖는 특이한 체제였던 것이다.

한편 통감부 및 이사청 직원으로는 대부분 기존의 주한 일본 공사관원 및 영사관원들이 임명되었는데, 그 경비는 일본 대장성 소관이었다. 통감부와 본국 정부 간의 지휘 계통은 매우 특수했다. 통감이 천황 직속이므로 천황에 대해서만 책임을 질 뿐, 외무대신과 내각 총리대신을 경유하여 상주하고 재가를 받는다고 해서(제2조) 그것이 곧 지휘감독 체계로 규정된 것은 아니었다. 이러한 통감의 특수한 위치는 식민지 대만의 총독이 '분리주의' 원칙에 입각해서 메이지 헌법 체계의 적용을 받지 않고 독자적인 명령 제정권에 기초해 대만을 통치하고 있던 것과도 같은 맥락이었다.

일본 제국주의는 1895년 청일전쟁 승리로 갑자기 대만을 영유하게 되었을 때 식민지 정책에 대한 구상과 준비가 전혀 없었다. 그래서 처음에는 구미열강의 식민 정책을 모방하는 데 급급해서 프랑스의 알제리에 대한 동화주의 정책을 채택했으나 참담한 실패로 끝났다. 이후 영국의 식민지 정책을 채택해보는 등 여러 시행착오를 거치면서, 결국 대만은 역사와 풍속이 다르므로 현행 일본법을 그대로 적용할 수 없다는 결론을 내렸다. 그리고 대만 총독의 명령에 위임하는 방식으로, 대만 총독이 관할구역 내에서 법률의 효력을 지닌 '명령'을 내릴 수 있다는 1896년 3월 30일 법률 제63호(소위 '63법')와 「대만총독부조례」(1896년 3월 31일 칙령 제88호)를 통해 일본적 식민지 경영의 원형을 만들었다. 63법은 일본 제국의회에서 야당 의원들의 거센 반발로 3개년 한시법으로 만들어졌으나, 러일전쟁 이후에도 몇 차례 우여곡절을 겪으며 계속 연장되어, 1921년 하라原敬 내각이 내지법 연장주의를 채택할 때까지 지속되었다. 이는 식민지 통치 방식에서 일본화를 택할 것인가, 식민지화를 택할 것인가의 문제로서, 일본 정부는 식민지주의·분리주의를 택한 반면, 의회는 내지 연장주의를 주장했다. 일본 정부와 군벌은 대만을 의회의 견제로부터 자유롭게 하여 육군의 권한 내에 두려 한 것이고, 정당들은 이를 의회의 권한 제약이라고 생각했다(山本有造, 『일본식민지경제사연구』, 名古屋大出版會, 1992, 3~16쪽).

통감부 조직의 성격과 지휘 계통을 둘러싼 논란도 이런 맥락을 계승한 것이었으며, 기본적으로 대만 총독부에 적용된 원칙이 통감부에도 그대로 적용되었다. 그러나 한편으로 통감이 너무 독자적인 권한을 휘두르지 않도록 그 소관 사무에 대해 수시로 내각 총리대신에게 보고하게 하고, 총리대신과 각성各省 대신은 그 주관 사무에 관해 통감에게 조회·통첩 또는 협의를 구할 수 있게 했으며, 통감과 외무대신은 대한제국에 관한 중요 외교 사무에 관해 조치를 취하기 전에 미리 협의하게 하였다. 대만 총독이 그 독자성에도 불구하고 1898년 이후에는 내무성의 관할을 받게 되었듯이, 대한제국 통감에 대해서도 내각의 지휘권을 어느 정도 부여한 것이다. 통감의 위치가 일본 의회의 감시를 벗어나 대만 총독처럼 되는 것을 막기 위한 최소한의 견제 장치들이었다. 하지만 근본적으로 통감부에 대한 일본 내각의 지휘 관할권은 명확한 것이 아니었으므로, 일본 군부는 끊임없이 통감부 통치에 영향력을 행사하려 했다. 문치파인 이토 통감이 대한제국 통치 방식과 관련하여 일본 군부 강경파들의 견제를 받다가 결국 통감직에서 물러나게 된 것도 그런 이유 때문이었다. 이토가 물러난 뒤 잠시 부통감 소네가 직무를 대신하다가 육군대신 데라우치가 통감으로 부임해서 병합을 단행하게 된 것은, 일제의 식민지 정책에서 궁극적으로 무관파가 승리한 것을 의미했다.

## 통감 이토 히로부미, 대한제국에 부임하다

초대 통감 이토가 부임할 때까지 하세가와 요시미치 주차군 사령관이 임시로 직무를 대리했다. 이토는 1906년 3월 2일에야 서울에 도착하여 3월 9일 초대 통감으로서 고종을 알현하고 공식적으로 업무를 개시했다. 이 자리에서 이토는 앞으로 대한제국의 입법·행정 및 제반 사무 개량에 대한 계획안을 제출했다. 그중에서도 대한제국의 시정개선을 위한 급무로 차관 문제, 보통교육의 보급, 지방 경찰력의 확장 등을 들고, 각 대신들과 협의하여 구체안을 만든 뒤 재가를 받아 실행하겠다고 통고했다. 고종은 시정개선은 마땅히 '자신이' 정부 대신들과 협의하여 실행할 것이라고 대답했다. 그러나 이토는 권고대로 시정개선을 서두르지 않으면 대한제국은 영원히 절망에 빠지게 될 것이고, 또 일본의 대한제국 경영은 각국 정부가 모두 찬성하고 있으므로 앞으로 자신이 대한제국에서 할 행동에 대해 누구도 이의를 제기하거나 방해하는 경우는 없을 거라고 확언했다. 혹시 있을지 모를 고종의 반발과 열강에의 호소를 미리 차단하려는 발언이었다.

주목할 만한 사실은, 이토가 첫 번째 알현에서부터 통감 본연의 임무인 외교 업무에 대해서는 일절 언급하지 않고 내정에 대해서만 발언했다는 점이다. 1905년 11월 보호조약 체결을 강요하면서 외교권만 넘기면 내정은 완전히 자치할 수 있다고 고종에게 장담한 것이 불과 3개월 전의 일이었다.

이 자리에서 이토는 새로 부임한 통감부 관리들로 후루야古谷重綱 비서관, 다와라俵孫一·나베시마鍋島桂次郎·오기타荻田悅造 서기관 및 통역관 등을 고종에

영친왕과 이토 히로부미
초대 통감 이토 히로부미는 영친왕의 스승으로 임명되었다. 이 사진은 영친왕이 11세의 나이에 유학이라는 명목으로 일본에 끌려갈 때 찍은 기념사진이다.

게 소개했다. 주한 일본 공사관 통역관 출신의 고쿠분國分象太郎 서기관은 이미 1월 3일부터 업무를 시작했고, 총무장관 쓰루하라鶴原定吉, 농상공부총장 기우치木內重四郎, 경무부총장 오카요시岡喜七郎 등은 대부분 1월 하순에 부임했다.

통감부 산하 기구는 출범 당시 총무부(비서과, 서무과, 외사과, 내사과, 법제과, 회계과, 토목 및 철도과), 농상공부(상공과, 농무과, 광무과, 수산과, 산림과), 경무부(고등경찰과, 경무과, 보안과, 위생과)의 3부 16과였다가, 1907년 3월 5일 칙령 15호로 외무부(외무총장)가 신설되었다. 4월에는 「통감부사무분장규정」의 개정으로 총무부의 외사, 법제, 토목철도 3과를 폐지하고 대신 지방과를 두었다. 외무부에 한국과, 외국과 등 2과를 설치하고, 농상공부의 농무과와 산림과 등 2과를 폐합하여 농림과로 만들었다. 경무부의 고등경찰과를 폐지하는 한편, 별도로 법제심사회를 설치했다.

그 밖에 외청으로서 통감부 통신관리국이 통감부 개청과 동시에 설치되었다. 통신관리국은 1905년 4월 대한제국 정부와 맺은 통신 사무 위탁 계약에 따라 우편·전신·전화 사업을 관장했고, 1906년 5월 칙령 105호로 각 지방의 수세금을 취급하는 국고 역할까지 담당하게 되었다. 1906년 6월 수원에 설치된 권업모범장은 대한제국을 일본의 식량·원료 공급지로 건설하기 위해 농사 개량, 육지면 재배 사업 등을 관장했다. 통감부 법무원은 재한 일본인에 대한 이사청의 재판에서 상소심을 담당하는 재판부였다. 철도관리국은 1906년 6월 일본 정부가 경부철도를 매수하여 통감부에 귀속시키면서 서울에 신설되었다. 7월에 경의선 및 마산선 관리권 역시 일본 육군성으로부터 통감부로 이전되자, 대한제국의 철도는 모두 통감부 관리

아래 들어가게 되었다. 주차군 헌병대도 주차군 사령부 소속이지만 행정경찰과 사법경찰에 관한 한 통감의 지휘를 받고 있었다. 러일전쟁 중 함경도 일대의 군정과 서울 및 부근의 군사경찰을 담당했던 일본 주차군 헌병대는 종전 이후에도 일본 군사 시설 보호와 치안 유지를 이유로 군률을 유지했다. 통감부 설치 이후 경찰 업무는 주로 고문顧問경찰에게 넘겨졌지만 헌병들도 여전히 치안경찰을 협조한다는 미명하에 각지에서 지방 치안에 종사했다.

## 통감부의 내정간섭과 시정개선협의회

한편 통감이 부임하면서 기존의 고문관, 참여관, 보좌관, 고문경찰 등은 모두 신분 여하에 상관없이 통감의 지휘 통솔을 받게 되었다. 그 신분이 일본제국 관리이든 민간인이든, 혹은 고문협약 결과로 용빙되었든, 대한제국 정부 발의와 일본 정부 추천으로 개인적으로 취직했든, 대한제국에 근무하는 모든 일본 관리는 통감의 감독을 받았다. 1906년 3월 10일 발표된 「고문 및 참여관 감독규정」에 따르면, 고문 또는 참여관들은 대한제국 정부와 협상하는 경우 미리 통감의 승인을 받아야 하고, 매년 6월 말과 12월 말에 소속 직원 및 사무의 상황을 통감에게 정기적으로 보고해야 했으며, 중요 사항은 수시로 보고할 의무가 있었다. 아직 통감부가 대한제국의 통치권을 완전히 장악하지 못한 상태에서, 기존 고문顧問기구를 통한 간접적인 내정 간여가 통감부의 권력 행사 방식이었다.

그런데 고문관, 참여관들은 보좌관, 교관 등의 명의로 다수의 일본인 관리 혹은 민간인들을 자신의 부속으로 용빙하고 있었다. 그중에서도 재정고문부와 경무고문부에는 가장 많은 일본인들이 소속되어 있었다. 통감부가 설치된 뒤에는 그 숫자가 더욱 늘어났고, 종래 일본인을 용빙하지 않았던 각부, 특히 궁내부에도 다수의 일본인 고문 및 보좌관이 배치되었다. 1908년 말 당시 대한제국 정부에 용빙된 일본인 관리는 대장성 소속이 가장 많은 384명이었고, 통감부 및 부속 관서 소속 307명, 사법성 소속 74명 순이었다. 그 밖에도 일본 내무성, 육군성, 농상무성 등에서 용빙된 관리들을 포함하여 총 1,074명이 대한제국 정부에 근무하고 있었다.

이들 고문관들은 모두 통감의 지휘 감독을 받았지만, 일본 본국의 외무성, 대장성, 혹은 각 부현 소속으로 대한제국에 파견된 관리나 혹은 민간인으로서 임명된 경우는 통감부 관리와 명령 계통의 차이로 상호 간의 의사소통이나 업무 협조상 불협화음이 있는 경우가 많았다. 이는 본질적으로 통감부와 기존의 고문顧問 제도가 병존함으로 인해 생기는 구조적인 문제였다.

이런 문제점을 해결하기 위해 재정고문의 경우 1907년 3월 5일 칙령 19호로 설치된 통감부 재정감사청의 감사장관으로 취임하여 직접 통감의 지휘를 받아 대한제국의 재무를 관장하게 되었다. 재정이라는 중요 부문에서 통감부와 고문부의 통일적 지휘 계통을 마련한 것이다. 재정고문부와 통감부 재정감사청은 사실상 동일한 조직이 되었다.

이토 통감도 1906년 11월 16일 통감부, 통감부 소속관서, 주차군 헌병대, 대한제국 정부에 용빙된 각 고문 등에게 내린 「통감내훈」에서 "대한제국에 근무하고 있는 일본인 관리는 문관이든 무관이든, 혹은 그 소속이 대한제국 정부에 속하든 일본 정부에 속하든, 모두 대한제국 시정개선에 참여하는 이상 상호 간에 의사소통을 도모하고 협심일치하여 사무를 수행하라"고 지시하기도 했다.

일찍이 『오사카마이니치신문大阪每日新聞』 통신원으로 한반도에 건너와 고문부 관리로도 근무했던 지한파 인사 아오야기 쓰나타로青柳綱太郎는, 당시 대한제국에서 활동하던 일본인 관리들을 비난하면서 통감부 소속과 고문부 소속이 상호 소통이 없어 업무 집행이 명쾌하지 않고 혼란스럽다고 지적했다. 또 이들이 대한제국 관리 및 지방 인민들의 신뢰를 받지 못하는 문제점을 지적하면서, 일본 정부가 통감부 및 고문부의 관리 채용을 졸속으로 하지 말고, 구미 선진국처럼 철저한 선발과 교육을 거친 식민지 관료를 양성하여 파견해줄 것을 요청하기도 했다.

이에 통감은 고문부를 통하지 않고 보다 직접적으로 대한제국 정부에 통감부의 의사를 전달하기 위해 '시정개선협의회'를 이용했다. 시정개선협의회는 법적인 근거는 없지만 통감 부임 직후인 1906년 3월 13일 제1회 시정개선협의회를 개최한 이래, 통감이 직접 대한제국 정부 대신들을 통감 관사에 소집하여 정책의 방향을 제시하고 그 집행을 강요하는 자리로 이용되었다. 대한제국 정부 측에서 의정부(내각) 참정대신(총리대신) 이하 각부 대신 전원이 참여하고, 통감부 측에서는 주로 총무장관과 비서관(통역), 서기관(기록) 등이 참여했다. 안건에 따라 통감부 각부 장관과 소속 관서장, 대한제국 정부 고문관 등이 참석하는 경우도 있었다. 시정개선협의회에서 일단 제시된 정책은 정식으로 통감부에서 의정부 외사국에 공문을 띄워 시행을 요청하고, 의정부는 그 내용을 다시 각부에 통첩하는 방식으로 집행되었다.

또한 그 집행 과정에 참여하기 위해 통감부 관리를 직접 파견하거나 전문가를 용빙시키는 방법으로 다수의 고문관을 대한제국 정부에 배치했다. 토지 제도 조사와 법률 제정을 위해 도쿄제대 교수이자 법학박사인 우메 겐지로梅謙次郎가 용빙되었고, 일본 군의총감軍醫總監 의학박사 사토 스스무佐藤進는 정부 위생 사업에 용빙되었다. 통감부 통역관 구니이다 데쓰國分哲는 의정부 번역관으로, 통감부 법무원 검찰관 마쓰데라 다케오松寺竹雄는 제실유급국유帝室有及國有재산조사국 위원으로 위촉되었다. 또한 임시치도治道사무감독촉탁에 통감부 기사 나카하라 데이사부로中原貞三郎가 파견되고, 교육확장사무촉탁에 통감부 서기관 다와라 마고이치俵孫一, 지방제도조사위원촉탁에 통감부 경시 가메야마 리헤타로龜山理平太郎 등이 임명되었다.

## 황제권의 저항을 막아라

통감부는 고문부顧問部를 통한 시정 감독의 방식으로 정부 내각을 어느 정도 장악할 수 있었지만, 황제권을 배경으로 독자적인 위상을 확보하고 있던 궁내부宮內府의 권력 행사를 완전히 봉쇄할 수는 없었다. 황실 재산 정리에 대해 황제 측이 반발하고 의정부 각료에 대한 고종의 영향력도 건재해서, 위로는 정부 대신으로부터 군수 이하에 이르기까지 궁중에서 황제가 친재하는 상황이라고 일본 측은 불만이었다.

한복을 입은 이토 히로부미

1906년 12월 4일에 찍은 기념사진이다. 당시 내부대신 이지용이 특파대사로 일본 도쿄에 갔을 때 이토 히로부미 내외에게 한복을 지어 선물한 것을 기념하기 위해 촬영했다. 왼쪽이 특파대사의 수행원이던 한성부 판윤 박희병 내외, 가운데가 이토 통감 내외, 오른쪽이 특파대사 이지용 내외, 그리고 앞줄 맨 오른쪽은 이토의 딸이다.

재정상으로도 정부와 별도로 궁내부가 징세관을 파견하여 각종 잡세를 징수하고 영업 특허를 부여하는 관행이 계속되고 있었다. 궁내부가 훈령으로 영업 특권을 허락하고 관계 관헌에게는 하등 통첩도 하지 않는다는 통감부 측 항의가 이어졌다. 1906년 7월 11일 궁내부가 함흥 명태동 금광 채굴권을 개인에게 부여하고 납세증까지 발행한 사실이 발견되었다. 9월 1일에는 제주도 해초 매수 독점권 부여 사건, 10월 23일 충남 안면도의 전토田土 개간과 연해 각 포구의 양어養魚, 포어捕魚, 염업 특허권 허가 사건도 있었다. 궁내부는 그 밖에도 정부 행정에 간여하거나 의정부를 무시하고 직접 행정권을 행사하고 있었으므로, 여전히 '정부 이외의 정부', 혹은 '정부 이상의 정부'로서 위상을 유지하고 있었다.

대외 관계에서도 통감부·이사청과 협의 없이 외국인과 계약을 체결하거나 광산 채굴 특권을 부여하는 행위가 계속되었다. 예컨대 통감부는 궁내부가 인천 소재 영국 교회에 궁내부 소속 대지를 대여하면서 외국인과의 계약임에도 일본 이사관과 협의하지 않았다고 항의했다. 1906년 11월 6일 궁내부 소속 광산 중 갑산광산 채굴 특허권을 이탈리아 광업회사가 궁내부에 신청한 사건, 1907년 2월 25일 궁내부 소속 평안북도 구성·선천·초산·희천 광산 채굴 특허권을 프랑스인이 궁내부에 출원한 사건도 있었다. 통감부가 대한제국의 모든 외교 사무 및 외국인과의 계약을 담당하게 되었음에도, 외국인들이 여전히 관행대로 궁내부에 특허를 신청한 사건들이었다. 1907년 6월 3일에는 청국인 20여 명이 궁내부 경리원으로부터 평안북도 의주 외 9군의 벌채 수출권을 획득한 사건도 있었다.

더구나 1906년 1월 외부外部 폐지 이후 남은 업무는 의정부 외사국外事局이 담당하게 되었음에도, 중요한 대외 관계 문서나 조약 원본들은 대부분 궁중에서 보관하고 있었다. 통감부는 모든 외교 문서와 조약 원본을 외사국으로 이관하라고 여러 차례 요구했지만, 궁내부는 모두 궁중 화재 시에 분실했다면서 응하지 않았다. 나중에 밝혀진 바에 의하면, 고종은 모든 대외 관계 문서들을 조카인 조남승을 통해 프랑스인 주교 귀스타브 뮈텔Gustave Charles Marie Mutel의 성당에 맡겨 보관하고 있었다.

1910년 6월, 조남승은 고종 황제의 밀명으로 미국인 헐버트에게 고종이 상하이의 독일계 은행에 예치한 비자금을 인출해달라는 신임장을 전달한 혐의로 취조를 받았다. 취조 중에 통감부는 궁내부가 감추고 있던 대외 관계 비밀문서의 행방을 찾아내고 원본임을 확인했다. 여기에는 「조일수호조규」 등 각국과의 통상조약 문서, 해외 파견 외교관에 대한 임명장, 경인철도 부설 계약 문서 등 공식적인 외교 문서 외에도 황제가 이탈리아 황제에게 국외중립을 성명한 친서, 한일의정서 이후 러시아·프랑스·독일 황제 등에게 국권 회복을 청원한 친서, 러일전쟁 중 러시아 황제에게 보낸 친서와 밀칙 등 총 87건의 문서가 포함되어 있었다. 일제가 이를 압수하여 어떻게 처리했는지는 알 수 없지만, 한국 근대 대외 관계사의 중요한 사료들이 이때 일본의 수중에 들어간 것은 틀림없다.

고종은 또한 일본이 후견하는 친일 내각을 불신임하는 방법으로 정국의 불안을 조성하면서 끊임없이 주권 회복을 시도했다. 참정 박제순이 이끄는 친일 내각은 보호조약 반대운동자들의 시위로 매우 불안한 상태였다. 박제순은 보호조약 체결 당시 책임이 큰 외부대신이었다는 점에서 각계의 공격을 피할 수 없었다. 박제순 내각은 하세가와 주차군 사령관의 후원으로 겨우 명맥을 유지하고 있었다. 일본 헌병대는 친일 내각 반대 상소자들을 체포하고, 상소를 위해 상경한 지방 유생들도 무차별 체포하는 계엄 상태를 연출하고 있었다.

이토 통감이 부임한 뒤에도 이런 사태는 계속되어, 헌병대는 을사오적 암살 음모 및 이근택 저격 사건 교사범으로 표훈원 총재이자 황제의 이종사촌인 심상훈을 체포했다. 그 밖에도 의병의 배후 혹은 치안 방해라는 이유로 민형식과 중추원 찬의 민병한, 궁내부협판 민경식, 내부협판 이봉래 등 대관들을 무시로 체포했다. 이토는 만주 문제 등으로 인해 부임한 지 얼마 안 되어 다시 본국에 귀국했다가 몇 달 만에 복귀하는 등 자주 일본을 방문했고, 그때마다 하세가와 주차군 사령관이 통감을 대리했지만, 고종은 이토 부재 시에 친일 내각을 붕괴시키기 위한 공작을 추진하는 경우가 많았다.

이토는 돌아와서 고종을 알현한 자리에서 자신이 부재하는 동안에는 대신을 경질하지 않고 국정은 통감에게 물어보겠다고 한 약속을 지키지 않았다고 힐난했다. 또 전국 각지에서 치성한 의병 봉기와 내각 동요에 대해 고종의 책임을 물었다. 고종 황제가 자신을 '통감'이라 부르지 않고 단지 '후작'이라고 부르는 것은 통감의 지위를 인정하지 않아서인지 묻는 등 무려 3시간 동안이나 고종을 추궁했다. 헌병대에 붙잡힌 김승민이라는 유생에게서 압수한 "성상께서 이르기를 섬나라 적신 이토와 하세가와 운운(聖上曰 島夷敵臣伊藤長谷川云云)" 하는 문서를 내놓고서, 궁중이 의병에게 자금을 공급하고 있는 증거라고 주장하기도 했다. 궁중과 상하이·블라디보스토크 등과의 밀사 왕래와 비밀 전문도 모두 파악하고 있다면서 고종에게 철저한 궁금숙청宮禁肅清(대궐 안에 잡인의 출입을 금함)을 요구했다.

이토의 강요에 못 이긴 고종은 1906년 7월 3일 조칙 「궁궐을 숙청하는 건」을 발표했다. 조칙의 내용은 '비록 실직이 있는 관리라도 공사가 아니면 함부로 궁궐에 출입할 수 없고, 실직이 없는 관리는 대신 역임자라도 황제의 소명 없이는 궁궐을 출입할 수 없다'는 것이었다. 이어서 7월 6일에는 '궁금령宮禁令'이 발포되어 궁궐에 출입할 때는 누구나 문표門標를 소지해야 한다는 규정이 만들어졌다. 고종이 근왕 세력들과 접촉하는 것을 차단하고 황제를 거의 유폐된 상태로 압박하기 위한 조처였다.

이토는 다시 정부 대신들을 불러 모아 시정개선협의회를 열어 궁금숙청의 실천 방안과 궁내부관제 개정 등을 논의하고, 지방 제도 개정도 추진했다. 그러나 1906년 11월 21일 이토는 다시 일본으로 귀국했다가 1907년 3월 20일에야 귀임했다. 이토가 일본에 가 있는 사이 『대한매일신보』에 보호조약이 무효임을 알리는 고종의 친서가 게재되었다. 고종은 다시 통감 부재라는 상황을 이용하여 주권 회복을 위한 여러 시도들을 감행했다. 일본 측으로 돌아선 이근택과 이하영 등 친일파 대신들을 면직하고 보호조약을 반대했던 한규설을 중추원 의장에 임명했다. 이처럼 고종의 주권 회복 시도가 계속되자 일제는 대한 정책을 근본적으로 재고하게 되었다.

## 이완용 내각의 성립과 통감의 내정 장악

황제권의 의연한 행사로 실제적인 내정 장악이 이루어지지 않고 있다고 판단한 일본은, 기존의 고문부를 통해 간접적이고 우회적인 방법으로 행사해온 지휘 감독권에 한계를 느끼기 시작했다. 1907년 5월 22일, 이토는 마침내 유약한 박제순 내각을 경질하고 일찍부터 고종 폐위를 주장해온 이완용을 참정대신으로 발탁했다. 일본 측이 전하는 사료에 의하면, 이완용은 이미 1906년 12월경 하세가와 주차군 사령관을 찾아가 먼저 고종 황제 폐위를 제안했다고 한다. 고종 황제의 성격은 도저히 바꿀 수 없으니 마지막 수단은 역사에서 그 실례를 찾아볼 수 있는 폐위밖에 없다고 주장했다는 것이다. 또한 여론의 반발을 우려하여 자신을 포함한 3, 4명이 단행하고 조금도 일본에 누를 끼치지 않겠으니 일본 측은 다만 이면에서 동의만 해달라고 요구했다는 것이다. 하세가와는 '당신들이 실행해도 그 배후에는 일본이 있다고 세계 여론이 주목할 것'이라면서 일단 난색을 표명했다고 한다. 열강의 간섭을 우려하여 일단 고종 폐위에 대해서는 매우 신중한 태도를 보였던 것이다. 하지만 이완용의 고종 폐위 제안이 그를 내각 수반으로 발탁되게 한 주요 계기였다는 것은 쉽게 짐작할 수 있는 일이다.

1907년 3월 이토가 일본에서 귀임했을 때, 박제순 내각은 안팎의 거센 공격에 직면해 있었다. 특히 대한자강회, 서북학회 등 계몽운동 단체들과 『황성신문』, 『대한매일신보』 등이 친일 내각 타도를 목표로 맹렬히 정부를 공격하고 있었다. 지방에서도 국채보상운동을 중심으로 배일주의 사상이 고취되어, 한때 기승을 부리던 친일 단체 일진회도 의기소침한 정국이었다. 이토는 이미 1906년 10월경 박제순에게 일진회와 제휴하라고 설득했지만 박제순은 동의하지 않았다. 이에 일진회도 연설회, 논설, 건백서의 제출 등을 통해 박제순 내각 총사퇴를 요구하고 있었다.

일제는 사방의 공격에 직면한 박제순 내각을 경질하고 황제권에 대항할 수 있는 강력한 친일 내각을 결성하고자 이완용을 발탁했다. 이완용이 보호조약 체결 당시 단호한 찬성 태도를 보인 것, 또 황제 폐위 방안을 제시한 것 등이 발탁의 이유였다. 5월 22일 오후 4시 고종을 알현한 이토는 한일 관계 진전과 시정개선 추진에 적당한 인물이라면서 이완용을 참정에 추천했다. 고종은 나이와 경력, 일반 여론 등을 이유로 반대 의사를 표명했다. 그러나 이토는 일반의 여론은 하등 기준이 될 수 없다고 단언하면서, 역으로 황제를 공격했다. 지금까지 배일주의에 입각한 고종의 모든 행동, 즉 미국인 헐버트를 밀사로 파견한 것, 『런던 트리뷴』지 기자 스토리에게 보호조약을 부정하는 친서를 보도하게 한 것 등을 거론하면서, 이런 행위들은 모두 황제의 조약 위반 사실들이라고 협박하고 이완용 임명을 강요했다. 고종은 결국 오후 7시 반 이완용을 불러 내각 조직을 하명했다.

이완용은 내각 조직 방향으로 첫째, 시무에 통하고 '한일 제휴'를 현실로서 인정할 것, 둘째, 시정개선에 열심일 것, 셋째, 어떤 곤란을 만나도 이상의 목적을 달성하기까지는 중도하차 하지 않을 것, 이 3요소를 갖춘 인물로서 비록 황제의 의사에 반하더라도 능히 피할 수 있는 용기 있는 인물을 중심으로 내각을 조직하겠다는 뜻을 피력했다. 그 결과 인선된 인물은 내부대신 임선준, 군부대신 이병무, 학부대신 이재곤 등 모두 나이와 경력이 짧고 일반의 여론도 좋지 않은 인물들로서, 오로지 이완용을 따르는 이들로 내각을 구성한 것이었다. 또한 고종과 재야 정치 단체의 강력한 반발에도 불구하고 일진회장 송병준을 농상공부대신으로 임명했다. 오랜 일본 망명 생활에서 귀국한 조중응을 일약 법부대신에 임명한 것도 파격이었다. 조중응이 아관파천 시기에 이범진을 비롯한 황제 측근 세력에게 밀려나 일본으로 망명할 때 법부 형사국장의 지위에 있었던 점을 고려한 것이었다.

이렇게 성립된 이완용 내각은 기존의 친일 내각에서 그런대로 어느 정도 지위가 있었던 이지용, 이하영, 권중현, 성기운, 민영기마저 물러나고, 송병준의 경우에서 보듯 오로지 친일성 여부만을 기준으로 구성된 것이었다. 이완용은 고종에게 종래의 내각이 황제에 의해 임명된 것이라면 신내각은 처음부터 일본에 의지한 것이라고 주장하면서, 황제도 지금까지와 같은 은밀한 배일주의를 버리고 완전히 한일 제휴의 태도를 표해야 한다고 협박했다.

이완용은 원래 명문 양반 가문 출신으로 과거에 합격했지만 육영공원에서 영어를 공부한 덕에 주미 공사관의 참찬관으로 근무한 경력도 있는 개명 관료였다. 아관파천에 가담했던 사실 때문에 친러파라 부르는 경우도 있지만, 대한제국 시기에 이완용이 친러적 입장을 보인 적은 한 번도 없었다. 정동파로서 독립협회 초창기에 참여한 경력을 보면 오히려 친미 그룹에 속하고, 아관파천 이후 친러 세력의 득세와 함께 정계에서 소외되었다가 을사조약 전후 일본의 진출과 함께 본격적으로 친일파로 변신했다.

이완용이 주장했던 한일 제휴의 논리적 근거는 첫째, 한일 양국의 지리적 근접성과 이해관계의 밀접성, 둘째, 중국의 속국이었을 때 아무런 이득도 얻을 수 없었던 데 비하면 시종일관하는 일본과의 제휴는 대한제국에 유익하다는 논리, 셋째, 일본이 대한제국을 병합하려 했으면 국력으로나 시기적으로나 모두 가능했는데도 이를 단행하지 않은 걸 보면 대한제국이 일본과 제휴하고 있는 한 '합병당할 우려는 없고' 그동안 실력을 양성하면 된다는 근거 없는 낙관론 등이었다. 물론 실제로 그가 이렇게 생각한 것인지, 아니면 친일 내각의 수반으로 발탁되기 위해 견강부회한 것인지는 알 수 없다.

관료사회에서 이완용 내각은 이례적으로 지위가 낮은 3품관들이 일약 대신의 지위에 올랐다는 이유로 '3품 내각'이라 불렸다. 대한자강회, 서북학회 등 재야 단체들과 천도교 세력들은 송병준이 입각한 신내각에 대해 더욱 반대했다. 일반의 여론은 거의 냉담했다. 그럼에도 통감부와 이완용 내각은 6월 14일 그동안 관제 개혁에서 최고의 숙제로 오랫동안 추진해왔음에도 황제권의 반발로 실시하지 못했던 「내각 관제」를 전격적으로 발포했다.

일본의 내각 관제를 모델로 한 신관제에서, 내각 총리대신은 명실공히 정부 수반으로서 내부, 탁지부, 군부, 법부, 학부, 농상공부 등 각부를 통할하게 되었다. 필요한 경우 각령閣令을 발포하거나 각부의 처분 또는 명령을 중지시키는 칙재勅裁를 청할 수 있고(제4, 5조), 군부대신이 군기軍器, 군령軍令에 관해 상주할 때 미리 보고받을 권리(제8조) 등을 확보하여 이전의 의정부 참정參政에 비해 권한을 대폭 강화했다. 궁내부와 황제권의 저항으로 통감부의 내정 장악에 차질을 빚어왔다고 판단한 일제는 법적·제도적으로 내각의 위상을 강화함으로써 황제권의 위상을 축소시키고자 한 것이다.

한편 고종은 이토와 이완용 내각에 대한 불만으로 이완용이 궁중에 들어와도 병을 칭하고 만나주지 않거나, 매일 눈물을 흘리며 비탄에 잠겨 있었다. 그러면서도 일본에 망명 중인 박영효에게 밀지를 내려 급거 귀국시키는 등, 이토와 이완용 내각에 맞서 정국 주도권을 회복할 방안을 모색하고 있었다. 반면 통감부는 친일 내각을 통해 황제권을 견제하면서 대한제국 내정에 대한 장악력을 확대해나갔다. 대한제국 수립 이후 강화된 황제전제 체제 아래서 미천한 신분 출신의 근왕주의 세력에게 권력의 핵심을 빼앗겼던 구래의 대관 세력 중에는, 통감부의 황제정 해체를 전통적 관료세력 부활의 호조건으로 받아들이는 이들도 있었다. 이완용 내각 역시 전통적인 양반 지배 체제의 부활을 꿈꾸며 일제의 후원으로 이를 달성하겠다고 공언했다. 일제는 이러한 대한제국 지배 집단 내부의 갈등을 이용하여 과거 황제권과 길항 관계에 있던 세력들을 토대로 친일적 정치 기반을 확대해나갔다.

**〈표 3〉 통감부 시기 친일 내각의 구성**

| 내각의 구성 | 박제순 내각(1905) | 이완용 내각(1907) | 이완용 내각(1909) |
|---|---|---|---|
| 참정대신(총리대신) | 박제순 | 이완용 | 이완용 |
| 내부대신 | 이지용 | 임선준 | 박제순 |
| 탁지부대신 | 민영기 | 고영희 | 고영희 |
| 농상공부대신 | 성기운 | 송병준 | 조중응 |
| 학부대신 | 이완용 | 이재곤 | 이용직 |
| 법부대신 | 이하영 | 조중응 | (폐지) |
| 군부대신 | 권중현 | 이병무 | (폐지) |

# 04

헤이그 만국평화회의에 파견된 특사단은 비록 회의장 안에는 들어가지 못했지만, 세계 여론을 향해 일제의 불법적인 국권 침탈의 실상을 알렸다. 그들의 외침은 이상주의적으로는 세계 평화를 목표로 하는 평화회의가 강대국 간의 이해타산과 밀실 홍정에 의해 움직이고 있지 않은지에 대한 문제제기였

# 국권 회복을 향한 여러 갈래 길

다. 군대 해산 이후 전국적으로 타오른 의병 항쟁의 불길이나 실력양성만이 국권 회복의 방법이라고 생각하는 계몽운동론자들을 뒤로 한 채, 안중근은 만주의 하얼빈에서 이토 히로부미를 향해 총을 쏘았다. 그의 동양평화론은 단지 대한제국의 독립 문제에 국한하지 않고 동북아의 영원한 평화 체제에 대해 21세기 오늘날까지도 유효한 핵심 의제를 던져주었다.

## 헤이그 특사단의 피맺힌 절규

통감부 설치 이후 통치권이 시시각각 일제로 넘어가고 있다는 절박감 속에서, 고종 황제는 1907년 제2차 만국평화회의 특사단 파견을 통해 다시 한 번 국제사회의 여론에 대한제국 지지를 호소했다. 특사단이 회의에 참석하지 못했을뿐더러 결과적으로 고종의 폐위를 불러왔으므로 실패한 거사였다고 평가하는 경우도 있지만, 평화회의에 집중된 국제사회의 관심과 언론을 충분히 이용하여 을사조약의 부당성을 알리고 대한제국의 독립 지지를 호소했다는 점에서 의의를 인정할 수 있다. 특사단원 중 한 명인 이준의 순국 역시 현지 언론에 대서특필되면서 대한제국 문제의 심각성을 알리는 데 일조했다.

원래 1906년 8월에 열릴 예정이었던 제2차 평화회의는 위기에 처한 고종 황제에게는 일본의 불법적인 국권 침탈을 국제 문제화할 수 있는 절호의 기회라고 생각되었다. 기대했던 미국으로부터 외면당하고 러시아로부터도 미온적인 반응을 접한 뒤 국제사회에 직접 호소하는 방법밖에 없다고 생각한 고종에게, 세계 47개국이 모일 예정이던 평화회의는 최고의 기회로 다가왔을 것이다. 대한제국은 러시아가 주도하여 개최한 1899년의 제1차 평화회의에는 참여하지 못했지만, 이미 1902년 2월 16일자로 네덜란드 외무장관에게 평화회의 가입을 신청해놓고 제2차 회의가 열리기만을 고대하고 있던 참이었다.

제2차 평화회의는 1904년 10월 미국의 루스벨트 대통령이 먼저 제안했으나 러일전쟁으로 논의가 일시 중단되었다가 포츠머스 강화조약 직후에 러시아가 주관하기로 미국 측과 합의가 되었다. 이때 러시아가 평화회의를 주최하기로 한 데는 포츠머스 강화조약에서 일본에 넘겨준 대한제국 보호권을 국제회의 석상에서 재논의해볼 속셈도 있었다고 이야기된다.

이를 알게 된 고종이 1905년 10월 말 불어학교 교사 마르텔을 베이징 주재 러시아 공사에게 파견하자, 러시아 외무성은 11월 1일자로 베이징 주재 러시아 공사에게 내린 전문을 통해, "러시아는 대한제국의 주권 불가침을 인정하며 국제회의에서 그 견해를 밝힐 수 있도록 헤이그 국제회의에 대한제국 대표를 초청한다"는 의사를 전달했다. 또한 러시아 정부는 이범진 주러시아 공사를 여전히 합법적인 공사로 인정하고 있으며, 그에게 10월 3일자로 평화회의 초청장을 전달했다는 사실도 통지했다. 이때는 아직 을사조약 체결 전이었지만, 한일의정서와 고문협약 이후 일본이 강압적으로 대한제국의 재외 공관 철수를 강요하고 있던 상황에서, 러시아는 고종에게 제2차 평화회의 초청이라는 한 가닥 희망을 던져준 것이다. 포츠머스 강화조약에도 불구하고 러시아가 아직 대한제국의 독립주권 지지를 포기하지 않았고, 국제 여론을 이용해 문제 해결을 시도할지도 모른다는 일본 측 우려는 이렇게 사실로 드러났다. 일본이 서둘러 대한제국의 외교권을 박탈하는 을사늑약을 강행한 데는 대한제국 문제를 제2차 평화회의 안건으로 올려 국제적 중재를 이끌어내려 한 러시아 측 의도를 무력화하기 위한 목적도 있었다.

그럼에도 러시아 측 태도에 고무된 고종은 1906년 4월부터 8월 사이에 블라디보스토크에 있는 이용익에게 헤이그 평화회의 참석을 지시했다. 이용익을 대한제국 독립 문제에 관한 임무의 수석 전권으로 임명하고 페테르부르크에 가서 니콜라이 2세에게 도움을 청하라고 여행비용 3천 루블까지 보냈다는 일본 측 첩보도 있었다.

그런데 문제는, 원래 1906년에 열릴 예정이었던 제2차 평화회의가 강대국들의 사정으로 1년 연기되는 바람에 1907년 6월에 열리게 되었고, 그동안 러시아의 입장이 바뀐 것이었다. 1906년 4월 3일자로 헤이그 주재 러시아 대사 차리코프Tcharykow가 네덜란드 외무성에 보낸 서한을 보면, 대한제국은 분명히 초청장을 발송한 47개국 중 12번째로 명단에 있었다. 그러나 1906년 5월 새로이 러시아 외상으로 취임한 이즈볼스키A. P. Izvolskii는 러시아의 동아시아 전략을 일본과 타협하는 쪽으로 반전시켰다. 그에 따라 6월 7일 주일 러시아 공사 바흐메쩨예프는 일본 외무대신에게 평화회의에 대한제국을 초청한 사실을 알리면서 일본 측 의사를 타진했다. 일본은 당연히 대한제국의 평화회의 참석을 반대했다. 특히 제1차 평화회의 불참국이 네덜란드 정부에 가입 의사만 표시하면 '국제분쟁의 평화적 처리조약' 가맹국이 되게 하자는 러시아 측 제안에 문제를 제기했다. 원元체약국들의 가입 동의를 얻지 않아도 가입 의사 통지만으로 가맹할 수 있게 하자는 러시아 측 제안에 따르면 대한제국은 이미 '국제분쟁의 평화적 처리조약' 가맹국이고, 그 자격으로 평화회의에 참석하면 대한제국 문제를 중재재판소에 제소할 수 있기 때문이었다.

한편 러시아로서는 당면 현안으로 대한제국에 총영사 파견 문제로 일본 측과 갈등하고 있었으므로, 영사 파견과 평화회의 초청 문제를 연계시켜 논의하려 했다. 1905년 12월 26일자로 대한제국에 총영사 파견을 신청한 러시아는 일본의 강요에 의해 이루어진 한러 관계 단절을 인정할 수 없다는 논리로 일본 천황이 아닌 대한제국 황제로부터 인가장을 받겠다고 고집하다가, 1906년 8월 11일 결국 일본 외무대신의 가假승인을 받아 총영사를 부임시켰다. 이어서 10월 9일에는 주일 러시아 공사가 일본 외무대신에게 헤이그 평화회의에 대한제국을 불참시키겠다는 의사를 최종 통보했다. 그리고 11월 21일 공식적으로 일본 천황의 인가장을 부여받았다. 삼국간섭 이래 한반도를 두고 일본과 경쟁하며 전쟁까지 불사했던 러시아가 마침내 일본의 대한제국 보호권을 최종 승인하는 순간이었다.

앞서도 지적했듯이 러시아에게 대한제국은 일본과의 협상을 유리하게 이끄는 데 사용될 수 있는 여러 협상 카드 중 하나일 뿐이었다. 이러한 러시아의 태도 변화에도 불구하고 고종에게는 여전히 평화회의 특사 파견만이 유일한 희망이었으므로, 1907년 4월 법률에 밝은 이준을 특사로 선발하여 이미 1906년부터 블라디보스토크에 가 있던 이상설과 함께 페테르부르크에 파견했다.

이준과 이상설은 6월 4일 러시아에 도착하여 주러 공사 이범진의 아들로서 프랑스 유학 경험이 있던 이위종과 합류했다. 특사단에 내린 고종 황제의 위임장에는 "대한제국의 자주독립은 세계 각국이 인정한 바이고 각국과 조약을 체결했으니 열국列國회의에 사절을 파견하는 것이 도리이다. 1905년 11월 18일 일본이 공법公法을 위반하여 외교대권을 강탈하여 열국과의 우의를 단절시켜놓았다. 특사단은 헤이그 평화회의에 가서 우리의 고난을 피력하고 외교대권을 회복하기 바란다"라고 적혀 있었다.

고종은 특사단을 통해 러시아 황제에게도 친서를 보냈다. 그 내용은 "대한제국은 러일전쟁 이전에 이미 중립을 선언하여 세계가 중립국임을 다

A PLEA FOR KOREA

大韓帝國特派委員前議政府參贊李相卨前平理院檢事李儁前駐俄公使館參書官李瑋鍾委任狀

大皇帝勅曰我國之自主獨立乃天下列邦之所共認也朕向與列邦締約修好使盖相望凡屬列邦會議理應派員往參在一千九百五年十一月十八日日本對我國違背公法擅行非理脅勒立約攘奪我外交大權斷絕我列邦友誼不寧維是日本之欺凌侵侮人無所不至其乖戾公理違悖人道者有不可勝記朕念及此實屬痛恨茲特派從二品前議政府參贊李相卨前平理院檢事李儁前駐俄公使館參書官李瑋鍾前往荷蘭海牙府平和會議備將本國諸般苦狀事情一陳于議席用復我外交大權復修我列邦友誼朕念此臣等素性忠實可堪是任宜其幹辦妥適無負朕命欽哉

大韓光武十一年四月二十日於漢陽京城慶運宮親署押鈐寶

[TRANSLATION.]

*His Majesty the Emperor of Korea, to whom it may concern:*

As the independence of Korea has been known to all the Powers with which she has ever been in friendly relation, we have, for this reason, the right to send delegates to all international conferences which can be convoked for any purpose. But by the terms of the treaty of November 18th, 1905, which was extorted from us by force, the Japanese by menace and by a violation of all international equity deprived us of the right of direct communication with the friendly Powers.

Not recognizing this act on the part of Japanese, we desire hereby to appoint the official of the second rank, Ye Sang Sul, and Ye Choon, ex-Judge of the Supreme Court of Korea, and Prince Ye We Chong, former Secretary of Legation at St. Petersburg, as Delegates Extraordinary and Plenipotentiary to the International Peace Conference at The Hague, for the purpose of making clear to the representatives of the Powers the violation of our rights by the Japanese and the dangers which presently threaten our country; and also to re-establish between my country and the foreign Powers the direct diplomatic relations to which we are entitled by the fact of our independence.

Considering the three gentlemen above named to be men of high ability and of proved fidelity, we appoint them as our full representatives to the conference at The Hague, in the conviction that they will faithfully serve us and the interests of the nation.

Done at the Palace of Kyung-Oun, in Seoul, this 20th day of the fourth month in the eleventh year of Kwang-Mou.

YE HYENG.

**헤이그 특사단 위임장**

1907년 네덜란드 헤이그에서 열린 제2차 만국평화회의에 전 의정부 참찬 이상설, 전 평리원 검사 이준, 전 주러시아 공사관 참서관 이위종을 대한제국 특파위원으로 파견한다는 위임장이다. 고종 황제의 수결과 함께 어새가 찍혀 있다.

알고 있는데 (…) 일본이 1905년 11월 18일 늑약 이후 우리나라에 가한 모욕과 기만에 대해 심히 민망하던 차에 헤이그에서 평화회의가 열린다는 말을 듣고 전前 의정부참찬 이상설과 평리원 판사 이준, 주러시아 공사관 참서관 이위종을 위원으로 특파하여 일본의 불법 행위를 각국 위원에게 알리고자 하니, 세계가 모두 대한제국의 고난을 알고 공법公法에 의거하여 공의公議로써 다시 대한제국의 국권을 찾을 수 있도록 도와달라"는 것이었다. 또한 "자격이 없는 특사단이므로 차르가 헤이그의 러시아 위원에게 칙명을 내려 대한제국 특사단이 회의석상에서 한 번 호소할 수 있도록 도와달라"고 간절히 부탁했다. 보호조약으로 대한제국의 외교권이 박탈되었으므로 대한제국 대표가 국제회의에 참여할 자격이 없다는 점을 충분히 인지하고 있었지만, 평화회의 의장을 맡은 러시아 넬리도프Nelidof의 지원으로 회의 참석이 가능해진다면 을사조약이 불법적으로 체결된 사실을 공표하고 공법(국제법)에 의거하여 국권 회복을 도모하겠다는 생각이었다.

특사단은 러시아 측 지원을 얻기 위해 15일간이나 페테르부르크에 체류하면서 교섭을 벌였지만 결국 니콜라이 2세를 알현하지 못했다. 러시아는 당시 1907년 7월 30일에 타결된 러일협약을 앞두고 있던 시점으로, 일본과 비밀협상을 통해 몽골에서 특수 이해를 보장받는 대신 대한제국에서 일본의 자유 행동을 인정하기로 합의한 만큼, 당연히 대한제국 특사단의 지원 요구를 들어줄 수 없었다. 오히려 외상 이즈볼스키가 헤이그의 넬리도프에게 전문을 보내 대한제국 특사단에 협조하지 말라고 지시한 상태였다.

특사단은 할 수 없이 6월 19일 페테르부르크를 출발하여 베를린에 들러 공고사控告詞를 인쇄하고 평화회의가 시작된 지 열흘이나 지난 6월 25일에 헤이그에 도착했다. 하지만 잘 알려져 있듯이 평화회의 참석은 불가능했고, 평화회의 의장인 러시아 대표 넬리도프 백작을 비롯하여 미국, 프랑스, 영국, 독일 등 주요국 위원들과의 면담 신청은 모두 거절당했다. 평화회의 부회장이자 네덜란드 수석대표인 드 보포르는 특사단을 방문하여 "러시아는 대한제국의 운명을 전적으로 일본에 위임했으며 대한제국의 저항은 쓸모없는 것"이라는 러시아 측 입장을 전달했다.

그러나 특사단은 6월 27일자로 준비해 온 공고사, 즉 각국 대표에게 보내는 탄원서를 발표하고 윌리엄 스테드William Stead가 발행하는 『만국평화회의보(Courrier de la Conférence de la paix)』 지면을 통해 일본의 국제법 위반 행위를 폭로했다. 공고사의 내용은, 열강에 의해 보장되고 승인된 대한제국의 독립을 일본이 국제법을 무시하고 무력을 사용하여 침해한 점을 고발하고, 을사늑약은 황제의 동의 없이 체결되었으며 이 과정에서 일본이 무력을 행사하고 대한제국의 관습과 법을 위반했음을 지적한 것이었다. 또한 이런 일본의 국제법 위반 행위에 대해 각국 대표단이 공명정대하게 판단해줄 것을 호소하면서, 대한제국과 열강의 외교 관계 단절은 대한제국의 뜻이 아닌 일본의 음모와 독단의 결과라는 점도 분명히 했다. 평화회의에 참석하지 못한 것에 유감을 표명하면서 각국 대표가 중재하여 일본을 탄핵함으로써 대한제국의 권리를 회복할 수 있도록 도와달라고 호소했다.

이 공고사의 내용은 『만국평화회의보』뿐만 아니라 『런던 타임즈』, 『뉴욕 헤럴드』 등에도 전재되었으며, 특사단 중 이위종이 7월 8일 각국 신문기자단 국제협회에 참석하여 행한 연설 '대한제국 특사단의 호소(L'Appel des

No. 18. — VENDREDI 5 JUILLET 1907

# Courrier de la Conférence

## DE LA PAIX

Rédigé par WILLIAM T. STEAD

Publié sous les auspices de la FONDATION POUR L'INTERNATIONALISME à La Haye.

Directeurs-Editeurs: MAAS & VAN SUCHTELEN

BUREAUX: Princessegracht 6A, La Haye — Telephone No. 287. — Adr. Telegr. MAASSUCHTELEN

AVIS.

Qu'est-ce que la Contrebande de Guerre?

특사단의 동정을 다룬 네덜란드 『만국평화회의보』

헤이그 특사단은 『만국평화회의보』 지면을 통해 일본의 국제법 위반 행위를 폭로했다. 열강이 보장하고 승인한 대한제국의 독립을 일본이 무력으로 침해하여 국제법을 무시한 점을 고발하고, 평화회의에 참석한 각국 대표가 중재하여 일본을 탄핵함으로써 대한제국의 권리를 회복할 수 있도록 도와달라고 호소했다.

delegues Coreens)'도 언론에 대서특필되었다. 7월 14일 갑작스러운 이준의 순국 이후에도 이상설, 이위종은 헐버트와 함께 영국, 미국의 여러 도시들을 순방하며 대한제국의 독립 지지를 호소했다. 10월 18일에 폐막된 제2차 만국평화회의에서 '의무적인' 중재 원칙이 만장일치로 결의된 사실을 볼 때, 대한제국 특사단이 평화회의에 참석만 했더라면 대한제국 문제가 당연히 국제적인 중재재판의 대상이 되고 이로써 대한제국의 운명이 달라졌을 수도 있다. 그런 면에서 헤이그 특사 파견은 전혀 가능성이 없는 헛된 노력은 아니었고, 평화회의가 연기되지 않고 1906년 8월에 그대로 열리기만 했어도 일정한 성과를 기대할 수 있는 외교 전략이었다고 볼 수 있다.

## 헤이그 특사단 파견의 의의와 한계

대한제국은 한일의정서 체결 직후부터 러시아와 미국을 향해 끊임없이 대한제국 문제에 개입해줄 것을 요청했고, 보호조약 이후에는 가능한 모든 방법을 동원하여 열강에 사정을 알리고 그들의 관심을 이끌어내려 고심했다. 마지막에는 헤이그 중재재판소에 제소하는 법률적 차원의 해결까지 모색했다. '보호조약'은 강압에 의한 것이었고, 황제의 서명이나 비준이 없었으므로 국제법상 무효라는 법리적 판단에 따른 것이었다.

이런 노력들은 기본적으로 만국공법적 인식에 의거한 것이었지만, 제국주의시대 국제 관계의 본질을 꿰뚫어보지 못한 현실 인식의 한계를 노정한 것 또한 사실이다. 1880년대에 조선에 들어온 『만국공법』, 『공법회통』

# A Plea for Korea

BY PRINCE YE WE CHONG

[Prince Ye We-Chong is the son of Chin Pom Ye, who was Korean Minister to the United States, [illegible]-1900. The recently deposed Korean Emperor, Ye Hyeng, is his grand uncle. The Prince's name indicates his royal birth. We is his given name; Chong indicates his "generation name" and Ye is the imperial family name. He lived in Washington, D. C., for four years, attended the College of Janson de Lailly and for two years was a student at the special military school at St. Cyr in Paris. He has received the Russian order of St. Stanislaus from Tsar Nicholas II. He is married to a Russian lady and has a daughter; his family resides in Russia. His credentials were sent to him thru secret agents of his Emperor. For presenting himself at The Hague Peace Conference the Korean courts (at the command of the Japanese officials, so it is generally believed) passed sentence of death against Ye We-Chong and of life imprisonment against his colleagues, Ye Sang Sul and Ye Choon. The latter died of heart failure while at The Hague. We publish a facsimile and translation of the credentials which he bears to The Hague, signed by the Emperor's own hand and sealed with the imperial seal at the palace in Seoul, April 20, 1907. The Japanese have denied the existence or authenticity of this document and claim to have obtained a disavowal of it from the ex-Emperor.—EDITOR.]

AT the beginning of the Russo-Japan war, the Japanese Government announced that it had two main objects in view—the maintenance of the independence and territorial integrity of Korea, and the continuance of the "open door" for trade in the Far East. The Japanese publicists proclaimed, time after time, that Japan was not fighting for herself alone, but also for all civilization and for the commercial benefit of all trading nations. So every American and English merchant, missionary and other men in the Far East, fully expected that Japan would keep her words. In Korea, both the people and Government, placing full confidence in Japan's solemn promises—of the maintenance of independence and territorial integrity, made alliance with Japan. By virtue of this treaty the country was open to Japan as a basis of her military operations and the Korean Government and people assisted the Japanese in every possible manner in their struggle with Russia. We, the people of Korea, who had been tired of the corruption, exaction and cruel administration of the old Government, received the Japanese with sympathy and hope. We believed at that time that Japan, while dealing possibly stern measures against the corrupt officials, would give justice to the common people and would give honest advice in the administrative work. We believed that Japan would seize the occasion and lead the Koreans in their efforts to bring about the necessary reforms.

The Japanese were loud in their emphasis of the fact that they were in Korea, not alone for their own benefit, but as a nation doing the work of all civilized races, and securing the maintenance of the "open door" and of equal opportunity for all.

Then came the succession of remarkable Japanese victories and the tone of the statesmen and administrators altered. To our amazement and great resentment Japan has been and is playing the ugly, unjust, nihuman, selfish and brutal role instead of a fair and equal opportunities for all role.

The first demand, after Japanese wormed their way among us under the guise of friendship, with fair words and with solemn promises to maintain our

**『더 인디펜던트』지에 실린 특사단의 호소문**

『더 인디펜던트(The Independent)』 1907년 8월호에 실린 헤이그 특사단의 호소문. 기사 속 사진은 이위종이다.

등 서양의 국제법 저서들은 이 땅의 지식인들로 하여금 기존의 화이론적 세계관에서 벗어나 제국주의시대의 국제 질서를 인식하게 해주었지만, 한편으로 그것을 너무 이상주의적으로 맹신하고 오해하게 한 문제점도 있었다. 고종과 그 측근들도 기본적으로 이러한 만국공법류의 인식에 의거하여 끝까지 국제 여론에 대한 호소와 같은 외교적 방법으로 일제의 주권 침탈을 막을 수 있다고 생각했던 것 같다.

하지만 만국공법의 조항에 의거하여 을사조약 체결의 불법성을 논리적으로 설득하려 했던 고종의 특사 외교는 성과를 거두지 못했다. 고종이 조약 체결 과정의 불법성에 대한 열강의 공동 진상 조사 및 무효 승인을 요구하고, 나아가 한시적인 열강의 공동 보호를 요청하거나 국제 중재재판소에 제소하는 법률적 해결까지 모색한 것은 더 없이 '국제적인' 룰을 따르는 것이었으나, 정작 국제사회는 자신들이 만든 그 '룰'을 철저히 외면했다. 고종과 그 측근들이 제국주의시대의 냉혹한 국제 현실에 둔감했다고 비판받지만, 사실 시시각각 변해가는 강대국 간의 밀실 흥정에 대해 더 많은 정보를 가지고 있었다고 할지라도, 절대적으로 약소국인 대한제국이 택할 수 있는 선택지는 많지 않았다. 따라서 만국평화회의 특사 파견은 국제 정세에 무지한 고종이 즉흥적으로 시도한 무모한 사건이 아니라, 을사늑약 이전부터 대한제국이 열강을 상대로 펼쳐온 외교 전략의 연장선상에 놓여 있었다. 즉 1907년 만국평화회의 특사 파견은 그간 대한제국 외교가 추구해온 두 갈래 외교 전략이 하나로 통합되어 나타난 결과물이기도 했다. 대한제국은 국제열강 공동 보증하의 중립국화를 가장 이상적으로 생각하고 추구했지만, 한반도에 위기가 고조될 때마다 러시아에 의존하여 일본의 주권 침탈에 저항하려는 나름대로의 생존 전략을 구사했다. 일견 모순적으로 보이는 두 전략은 한반도 주변 정세와 위기의 강도에 따라 선택적으로 혹은 동시적으로 추진되었다. 하지만 러일전쟁과 을사조약의 결과로 양자가 모두 좌절된 시점에서, 마지막으로 러시아가 주선하는 국제회의에 대한제국 문제를 상정함으로써 외교적인 해결을 모색했다. 중립국화 전략 역시 한반도 문제를 국제사회의 '공의'에 의해 해결해보려는 방안이었다면, 이는 곧 만국평화회의 특사 파견의 의도와 일맥상통한다. 또한 보호국으로서 외교권이 박탈된 처지에 평화회의 참석을 위해 러시아에 주선을 의뢰한 것은 그간 친러동맹안이 추진되어왔기에 가능한 일이었다.

그런 점에서 만국평화회의 특사 파견은 그동안 대한제국이 취해온 외교 전략의 통합이자 고종이 취할 수 있는 마지막 선택이었지만, 동시에 이상주의적으로 생각해온 국제사회의 '공의'와 만국 '공법'의 실체를 처절하게 깨닫는 계기가 되기도 했다. 근본적으로 고종과 근왕 세력의 만국공법 인식은 약육강식의 제국주의시대에 맞는 것이라기보다는 국제사회의 '신의'와 '공론'을 중시하는 전근대적, 유교적 사고방식의 틀에 입각해 있었다. 따라서 영일동맹, 가쓰라－태프트 밀약, 러일협상 등에 대한 정보를 충분히 가지고 있었음에도, 고종은 공법에 입각한 '정당한' 대한제국의 호소가 국제사회의 '공의'를 움직일 수 있으리라 확신했다. 을사늑약의 절차적 하자를 지적하며 국제중재재판소 제소를 추진한 것도 국제법을 이상주의적으로 해석한 데서 나온 처사였다. 하지만 두 차례나 평화회의를 개최한 국제사회는 '정의'가 아닌 '힘'에 의해 움직이는 세계였고, 정작 보호국으로 전락한 대한제국이 그로부터 벗어나는 데 만국공법은 아무런 도움도 되지 못했다.

그럼에도 약소국으로서 대한제국이 일본의 주권 침탈의 불법성을 국제사회에 당당히 폭로한 만국평화회의 특사 파견은 몇 가지 측면에서 의의를 지니고 있다. 첫째, 19세기 말 20세기 초 이제 막 태동한 국제사회에 약소국이 참여하는 방법과 절차에 대한 문제제기였고, 둘째, 이상주의적으로는 세계 평화를 목표로 하는 평화회의가 실제로는 강대국 간의 이해타산과 밀실흥정에 의해 작동되는 것에 불과하지 않은지 근본적인 질문을 제기했으며, 마지막으로 국가 간에 발생하는 갈등을 과연 국제법이 중재하여 해결할 수 있는지에 대해 매우 현실적인 한계를 지적했다. 20세기 초 이제 막 시작된 국제사회에 대해 매우 근본적인 문제를 제기한 것이 바로 대한제국이었고, 그런 면에서 대한제국보다 더 비난받아야 할 대상은 자신들이 만들어놓은 공법의 룰조차 지키지 않은 열강들의 태도였다.

**헤이그 특사단**

고종 황제의 밀명을 받고 대한제국의 독립을 국제사회에 호소하고자 헤이그로 갔던 특사단은 결국 냉엄한 열강의 이해타산 앞에서 제대로 된 발언의 기회조차 얻지 못했다. 그러나 이들의 좌절은 그 자체로 20세기 초의 국제사회에 근본적인 문제제기를 던지며 열강들의 위선을 만천하에 폭로하는 것이었다.

스페셜 테마

## 일제의 고종 황제 비자금 탈취

보호국화를 전후하여 고종이 해외로 망명한 근왕 세력, 민씨 척족, 혹은 헐버트나 알렌 등 외국인들을 동원해 끈질기게 시도한 밀사 외교에는 막대한 자금이 소요되었다. 고종이 궁내부 내장원을 통해 황실 재산을 관리하면서 비자금을 축적한 사실은 잘 알려져 있지만, 그 자금의 지출 용도에 대해서는 지금까지 의문으로 남아 있었다.

고종의 비자금은 원래 이용익이 관리하고 있었지만, 제일은행 지점에 예치했던 이용익 명의의 예금 20만 원은 1904년 2월 한일의정서 체결 직후 이용익이 일본에 납치되면서 이미 일본 측에 압수당했다. 따라서 이학균·현상건 등 궁내관 세력들은 상하이로 망명하기 직전 콜브란·보스트윅 개발회사에 광산 특허와 서울의 전차·전기·전화 부설권 등 이권을 내주고 대신 상당한 비자금을 마련했다. 그러나 이 자금은 금방 바닥난 듯, 1905년 12월 9일자로 다시 상하이의 프랑스 회사로부터 고종 황제의 서명과 계자啓字 도장이 찍힌 보증서를 담보로 1년 만기의 단기 차관 2만 원을 얻어야 했다.

따라서 밀사 외교에 쓰인 자금은 이미 오래 전부터 홍콩 또는 상하이의 외국계 은행에 예치해온 고종 황제의 비자금이었을 가능성이 크다. 이와 관련하여 황실의 내탕금 약 60만 원과 현상건 명의의 약 40만 원이 로청露清은행에 예치되어 있다는 소문도 있었다. 상하이의 덕화德華은행Deutsche Asiatische Bank에 예치된 비자금은 고종이 1903년 12월 주한 독일 공사 잘데른Saldern 남작에게 의뢰하여 덕화은행을 경유, 베를린 할인은행Disconto Gesellschaft에 예치한 내탕금이었다. 최초의 예치금은 15만 엔 상당의 금괴 23개와 일본 지폐 18만 엔이었고, 다음에 18,500원과 5만 원을 두 번에 걸쳐 예치했는데, 할인은행은 이 돈으로 증권 등을 매입하고 매년 6월과 12월 두 차례 이자를 계산, 원금에 가산하여 1906년 12월 31일 당시 원리금 합계 약 51만 8,800마르크(증권 액면가)였다고 한다.

그러나 이런 황제의 비자금은 결국 일제에 의해 철저히 탈취당했다. 통감부는 막대한 황실 내탕금을 해외 은행에 예치한 이유가 무엇인지 추궁하면서 황제의 해외 비자금에 집요한 관심을 보이더니, 1907년부터 1908년에 걸쳐 고종 황제의 예금 인출 명령서를 위조하여 전액 인출해버렸다. 고종의 비자금이 밀사 외교의 자금으로 쓰이는 것을 원천적으로 봉쇄하겠다는 의도에서였지만 그것은 명백한 절도 행위였다.

1908년 4월 1일 통감부는 대한제국 정부에게 "1907년 11월 22일자 고종의 명령서에 따라 독일 총영사를 통해 예금 인출을 요구했으나, 독일 총영사가 명령서에 수취인이 명시되지 않았으므로 인출이 불가하다고 했다"는 사실을 통보했다. 동시에 황제의 추가 명령서안을 만들어 보내면서 급히 그 형식대로 공문을 보내달라고 요구했다. 이후 4월 24일자 통감부 공문에 의하면, 추가 명령서를 첨부하여 은행에 보관금 인출을 청구한 결과, 당시 유럽 금융시장의 사정으로 보관 중인 채권의 2/3만을 매각하여 우선 32만 4,650마르크(약 15만 4,888원 28전)에서 은행수수료 387원 22전, 독일 총영사관 수수료 553원 25전, 상하이까지 전보료 8원 28전을 제한 잔액 15만 3,939원 53전을 은행이 1907년 11월 12일자로 발행한 자세한 원리금 계산서와 함께 독일 총영사가 통감부에 전달했고, 통감부는 현금을 직접 궁내부대신 이윤용에게 교부했다고 했다. 또 1908년 7월 20일에는 나머지 잔액 39만 5,836원 75전을 역시 통감부가 수령해서 궁내부대신에게 교부할 방침이라고 통첩했다.

하지만 고종은 이런 예금 인출 사실을 몰랐는지, 1909년 10월 20일 조카 조남승을 통해 미국인 헐버트에게 은행에 맡긴 비자금을 인출해달라는 신임장을 내렸다. 이에 헐버트가 은행에 예금 인출을 요구하자, 은행 측은 이미 예금이 인출된 상태라고 대답했다. 그렇다면 1908년 통감부가 은행에 제출한 예금 인출 명령서는 고종이 알지 못하는 사이에 위조된 것이고, 따라서 인출된 현금도 고종에게 전달되지 않았다고 볼 수 있다. 이 경우 궁내부대신 이윤용이 중간에서 착복했다고 보기는 어렵고, 통감부가 비록 전달했다는 공문을 띄웠지만 실제로는 교부를 하지 않은 것으로 보는 편이 타당하다고 생각된다. 고종 황제와 대한제국 황실의 막대한 비자금(현재 시가로 250억 원 추정)이 결국 일본의 수중에 들어가고 만 것이다. 이런 사실은 해방 이후 다시 한국에 온 헐버트가 이승만 정부에게 독일 채권 문제를 제기하면서 세상에 알려졌다.

그런데 일본뿐 아니라 미국인 콜브란 등도 대한제국 황실과 공동으로

투자하여 이익을 분배하기로 한 한미전기주식회사의 순이익을 축소 보고하는 방법으로 부당하게 이익을 착복했다. 나중에 고종이 75만 엔 상당의 주식 5천 주 매각을 위임하자, 콜브란은 1909년 6월 24일 일한가스전기회사에 60만 엔을 받고 매각했으면서도 7만 5천 엔에 매각했다고 속이고 잔액 52만 5천 엔을 착복하는 등 비열한 행위로 물의를 빚었다. 결국 1911년 7월 3일 경성지방재판소에서 열린 재판에서, 콜브란은 이에 대한 이자까지 변제하라는 판결을 받았다.

심지어 고종의 해외 비자금을 관리해온 민영익도 돈 문제로 황실 측과 갈등을 빚었다. 민영익은 일찍부터 황실에서 중국에 내다 파는 홍삼, 사금砂金, 은자銀子 등의 판매와 대금 수취를 책임지고 있었고, 그 대금은 홍콩 및 상하이은행에 민영익 명의로 예치하고 있었다. 그런데 1905년 이후 일제의 황실 재정 장악으로 자금이 곤궁해진 고종이 측근인 현흥택을 보내 지급을 요구하자, 민영익은 현흥택이 중간에서 대금을 횡령했다고 주장하면서 변제를 거부했다. 이 문제는 민영익과 현흥택 간의 채무 소송인지, 아니면 민영익에게 맡긴 황실 비자금을 압수하기 위해 일본 측이 현흥택을 사주한 것인지 확실치 않지만, 어쨌든 이 소송은 민영익이 사망한 뒤 1918년까지도 재판이 계속되었다.

고종의 해외 비자금은 결국 대부분 불법적으로 탈취되었다. 동시에 해외 망명 세력들의 밀사 외교 활동도 1907년 고종의 강제 양위를 계기로 대부분 중단되었다. 1907년 상하이에서 결성된 대한인대동보국회에 민영익과 현상건, 민영찬 등이 참석했다는 기록도 있지만, 민영익과 민영찬은 1908년 프랑스 국적을 신청하고 프랑스 조계지 내에 거류하다가 1909년 민영찬만 귀국했다. 고종의 측근으로 궁내관 출신인 이학균은 1909년 병사했고, 현상건 등은 나중에 상하이 임시정부에 참여했다고 전해진다.

## 고종 황제의 강제 퇴위

한편 헤이그 만국평화회의에 밀사를 파견했다는 사실이 알려지면서 고종 황제의 운명도 마지막을 향해 치닫기 시작했다. 일제는 이 기회를 놓치지 않고 황제 폐위를 단행하기 위해 고종을 무섭게 몰아붙였다. 7월 3일 이토는 마침 인천항에 입항한 일본 해군중장 일행을 대동하고 고종을 알현했다. 그 자리에서 이토는 일본에 대항하려면 공공연한 방법으로 하라고 고종을 힐난했다. 7월 6일 어전회의에서 친일파 대신 송병준도 고종이 스스로 일본 천황에게 가서 사과하든지 아니면 대한문 앞에서 하세가와 주차군 사령관에게 사죄하라고 2시간 동안이나 핍박했다.

이토는 7월 7일 일본 총리대신 사이온지 긴모치西園寺公望에게 보낸 전보에서, 황제의 밀사 파견은 대한제국이 일본에 대해 공공연히 적의를 표현한 조약 위반 사실이므로, 일본은 대한제국에 선전포고를 할 권리가 있다고 주장했다. 또 향후 일본 정부가 취할 방책에 대해 원로대신들과 숙의해 줄 것을 요청하면서, 대한제국 정부의 총리대신 이완용과는 이미 고종의 양위 문제를 거론했다고 보고했다.

이토의 보고를 접한 일본 정부는 7월 10일 원로대신회의를 열고 이토 통감의 청훈請訓에 대해 논의했다. 그 결과 이번 기회에 대한제국 내정의 전권을 장악하고, 그것이 여의치 않을 경우 최소한 내각 대신 이하 중요 관헌의 임명에 통감이 동의할 권리, 통감이 추천하는 일본인을 내각 대신 이하 중요 관헌에 임명할 권리 등을 확보하기로 결정했다. 이때 각의閣議에 제출된 「대한對韓처리요강」의 최초안은 첫째, 대한제국 황제로 하여금 대권에 속하는 내치 정무의 실행을 통감에게 위임하게 할 것, 둘째, 대한제국 정부로 하여금 내정에 관한 중요 사항은 모두 통감의 동의를 얻어 시행하게 하고, 또 시정개선에 대해 통감의 지도를 받겠다고 약속하게 할 것, 셋째 군부대신·탁지부대신은 일본인으로 임명할 것 등이었다. 또한 제2안으로 첫째, 대한제국 황제가 황태자에게 양위하여 장래의 화근을 두절케 할 것, 둘째, 본 건의 실행은 대한제국 정부가 스스로 실행케 함이 득책이며, 황제와 정부는 통감의 부서副署 없이는 정무를 실행할 수 없게 하여 통감이 부왕副王 혹은 섭정의 권리를 가지게 할 것, 셋째, 대한제국 정부의 중요 각부에 일본 정부가 파견한 관료가 대신大臣 혹은 차관의 직무를 행하게 할 것 등이 제출되었다.

그 밖에 토론에서 대한제국 황제가 일본 황제에게 양위하는 문제에 대해서는 아직 시기상조라는 의견이 대부분이었고, 대한제국 황태자에게 양위하는 안에 대해서도 다수가 반대했지만 육군대신 데라우치 마사타케가 적극 주장하여 요강안에 반영시켰다. 고문顧問 제도를 폐지하고 통감부는 막료幕僚 기능에 한정시키며 나머지 기구는 모두 대한제국 정부 조직에 합병한다는 통감부 기구 개편안도 논의되었다. 또한 그 실행은 대한제국 황제의 결정에 맡기지 않고 양국 정부 간 협약의 형태로 추진하되, 황제가 동의하지 않을 경우 즉시 병합을 단행해야 한다는 데 대부분의 원로들이 동의했다.

결국 사안의 중대성을 감안하여 외무대신 하야시 다다스林董가 직접 대한제국에 파견되고, 일본 내의 대외 강경론자들은 병합도 불사할 만큼 강경한 대한對韓 정책을 추진해야 한다고 목소리를 높이기 시작했다. 도야마 미

쓰루頭山滿 등 흑룡회黑龍會 인사들이 일본 의회에 제출한 대한 정책 의견이나 대동구락부大同俱樂部, 유흥회猶興會, 동지기자구락부同志記者俱樂部, 헌정본당외교조사회憲政本黨外交調査會, 일한동지회日韓同志會 등의 의견서들은 대부분 강경론의 입장에서 적어도 영국의 인도 정책, 프랑스의 안남(베트남) 정책과 같은 것을 실시해야 한다는 주장을 담고 있었고, 대한제국에 시찰단을 파견하여 실정을 조사함과 동시에 이토 통감의 책임을 추궁하자는 제안도 있었다.

이런 와중에 대한제국 내각에서는 이완용과 송병준이 앞장서서 황제 폐위를 추진하고 있었다. 일본 측이 정권 위임이나 합병을 요구하기 전에 황제가 알아서 양위로써 사죄하는 것만이 대한제국이 살길이라는 주장이었다. 7월 16일에 열린 내각회의에서 마침내 황제 폐위가 결정되었고, 이완용이 입궐하여 고종에게 그 사실을 알렸다. 고종은 '짐은 죽어도 양위할 수 없다'고 거절하면서, 오히려 박영효를 궁내부대신으로 임명했다. 그래도 왕실의 부마였던 박영효가 나서서 이 위기를 타개해줄 수 있으리라 기대한 것이다.

그러나 이토의 사주를 받은 송병준이 수백 명의 일진회원들을 동원하여 궁궐을 에워싸는 등 살벌한 분위기를 연출하면서 사태는 점점 고종에게 불리하게 진행되었다. 7월 18일 이완용의 집에서 열린 내각회의에서, 송병준은 황제가 거부하면 강제로라도 도장을 찍게 하는 수밖에 없다면서 옥새를 확보하라고 요구했다. 그것도 어려우면 우선 황태자 대리代理를 실행하기 위해 대리의 조칙안과 양위의 조칙안 두 가지를 마련하자고 제안했다. 이들은 오후 5시 입궐하여 이토의 고종 알현이 끝난 뒤 어전에 나아가 양위를 상주했다. 고종은 단연코 거절하면서 궁내부대신 박영효를 불러오라고 했지만, 박영효는 병을 칭하며 오지 않았다. 어쩔 수 없이 고종은 새벽 5시에 이르러 비로소 황태자 대리의 조칙에 도장을 찍고 말았다. 이날 중명전 알현에 대신들은 만약의 사태에 대비해 권총을 품에 숨기고 들어갔고, 황제도 황태자를 비롯한 다수의 궁내관들과 시신侍臣들을 불러 배석케 했다. 하지만 송병준은 이들을 모두 물리치고, 법부대신 조중응은 궁중과 외부의 연락이 가능한 전화선들을 모두 절단한 뒤 양위를 압박했다고 한다.

7월 19일 마침내 황태자 대리의 조칙이 발표되었다. 고종은 어디까지나 황태자 대리를 선언한 것이지 양위하겠다고 한 것은 아니었지만, 일제는 7월 20일 오전 9시 서둘러 양위식을 거행했다. 대한제국의 마지막 황제인 순종(李坧)의 즉위였다. 경운궁 중화전에서 거행된 양위식은 고종과 순종 황제가 직접 참석하지 않고 내관이 이를 대신하는 권정례權停例로 치러졌다. 일제는 세계 각국에 이 사실을 알리고 고종의 퇴위를 기정사실화했다. 12세의 나이로 왕위에 오른 지 44년 만에 고종은 마침내 파란만장한 역사의 무대에서 내려섰다.

이 사실이 알려지자, 서울 시내 여기저기서 시민들의 통곡이 이어지고 수천 명이 모여 일본인들을 공격하는 폭동 사태가 연출되었다. 이완용의 집이 불태워지고 통감이 저격 목표가 되는 등 폭동이 계속되자, 정부 대신들은 신변의 위협 때문에 통감 관저에서 가까운 송병준의 집을 임시 내각회의 장소로 사용할 정도였다. 대한자강회, 동우회, 기독교청년회 회원들이 주도하는 시위 군중 2천여 명은 종로에 모여 연설회를 개최한 뒤 일진

LA TRIBUNA illustrata

ABBONAMENTI

Nel Regno, anno L. 5 — All'Estero Fr. 7,50

Il numero Cent. 10 — Arretrato Cent. 20

Si pubblica una volta la settimana — Direzione e Amministrazione, Via Milano, 37.

Non si restituiscono i manoscritti

Le inserzioni a pagamento si ricevono esclusivamente dalla Ditta Haasenstein e Vogler: Roma, Piazza S. Silvestro, 74, Bologna, Firenze, Genova, Milano, Napoli, Palermo, Torino, Venezia. - Prezzo per ogni linea corpo 6: in 3ª pagina (3 colonne) L. 2 - nelle altre pagine d'annunzi (7 colonne) L. 1,50

N. 31 - Anno XV　Roma - Domenica 4 agosto 1907　Anno XV - N. 31

대리로 치러진 양위식

1907년 8월 4일자 이탈리아의 사진 잡지 표지에 실린 양위식 광경이다. 순종 황제의 대역을 맡은 젊은 환관이 고종 황제 대역의 환관으로부터 양위를 받고 용상에 올라 있다. 그림 왼쪽에서는 일본 장교 복장을 한 인물들이 모든 광경을 지켜보고 있다.

회 기관지인 국민신보사를 습격하고, 그중 일부는 경운궁 대한문 앞 십자로에 수백 명이 꿇어앉아 황제에게 결코 양위하지 말라고 애원하기도 했다. 일제는 이런 군중 시위를 경찰과 주차군을 동원해 무자비하게 진압했다. 특히 시위대 제2연대 제3대대가 박영효 등과 연계해 양위 반대 쿠데타를 일으킨다는 첩보를 입수했다는 명분으로, 주차군 보병 제51연대 1개 대대를 7월 19일 밤 돌연 경운궁에 입궐시켜 왕궁의 일부를 점령했다. 또 서대문 밖에 있던 포병 제17연대 1개 중대는 야포 6문을 이끌고 입성하여 남산 왜성대 위에 포열을 갖추고 서울 시내를 감시했다. 시내에 주둔하고 있는 대한제국 군인들이 저항에 나설 것에 대비한 조처였다. 기관포 2문을 가진 일본 군대가 군부軍部 화약고를 점령하고 용산의 육군 화약고까지 접수하여 탄약 보급을 차단한 것도 같은 우려에서였다. 이처럼 막강한 물리력을 동원한 일제의 제압으로 양위 반대 시위는 점차 수그러들고 말았다.

## 군대 해산과 의병 항쟁의 불길

일제는 여세를 몰아 7월 31일 새로 즉위한 순종 황제로부터 군대 해산의 조칙을 얻어냈다. 명분은 재정 부족이었지만, 그보다는 고종을 강제로 퇴위시킬 때 일부 시위대 병사들이 양위 반대 쿠데타를 계획한 것이 직접적인 계기가 되었다. 대한제국 수립 이래 정부 재정의 40% 이상을 써가면서 근대식 군대 양성에 심혈을 기울여왔지만, 일세는 한일의정서 체결 이후 군부고문 노즈 쓰네다케를 앞세워 갖가지 명목으로 대한제국 군대를 축소시켰다. 1904년 5월 일본 측이 파악한 대한제국 군인 수는 16,000여 명이었는데, 1905년 4월과 1907년 4월 두 번에 걸쳐 대대적으로 감축한 결과, 군대 해산 당시 병력은 만 명도 채 되지 않은 숫자였다. 시위보병 2개 연대 약 3,600명, 기병·포병·공병·치중병 약 400명, 지방군대 8개 대대(수원·청주·대구·광주·원주·해주·안주·북청 8개소) 약 4,800명을 다 합쳐봐야 8,800여 명에 불과했다. 이런 숫자로 막강한 일본 주차군과 대적할래야 할 수도 없는 상황이었던 것이다.

주차군 사령관 하세가와의 지휘 아래 치밀한 해산 계획을 세운 일제는 8월 1일 이른 아침 중앙군인 시위대 해산부터 시작했다. 훈련원 주위에 일본 군대를 배치하여 완벽한 전투 준비를 갖춘 가운데, 오전 7시 군부대신 이병무가 일본군 사령관 관저인 대관정에 시위대 각 대장들을 소집하고 해산 조칙을 전달했다. 각 대장들에게는 8시까지 각 대원들을 훈련원에 소집하면 10시에 해산식을 거행한다고 통보했다. 시위대 제1연대 제1대대, 제2연대 제1대대는 미리 이 사실을 알고 현장에 오지 않았지만, 나머지 부대 군인들에 대해서는 모자와 견장을 회수하고 고향에 돌아가라는 명령을 내렸다. 대신 하사에게는 80원, 병사 1년 이상자에게는 50원, 1년 미만자에게는 25원의 은사금을 지급했다.

이날 훈련원 해산식에 참가한 인원은 제1연대 제2대대 575명, 제1연대 제3대대 488명, 제2연대 제3대대 405명, 기병대 88명, 포병대 106명, 공병대 150명 등 총 1,812명에 불과했다. 제2연대 제2대대는 궁궐 호위를 위해 근위대로 개칭하여 존속시켰으므로 참석하지 않았다 해도, 절반에 가까운 병사들이 일제에 의한 강제 해산에 응하지 않고 저항에 나선 것으로 추산

된다. 나머지 잔존 부대인 여단사령부, 연성학교, 헌병대, 치중대, 홍릉수비대, 군악대는 8월 28일 해산되었다. 갑작스런 해산 명령에 군인들은 비분강개했지만, 이미 무장 해제된 상태로 일본군의 총검 앞에서 아무런 저항도 할 수 없었다. 일부 해산 군인과 장교들은 서로 껴안고 땅바닥에 주저앉아 울분을 토했다.

해산식에 불참한 시위 제1연대 제1대대와 제2연대 제1대대 병사들은 무장한 상태로 탈영하여 서울 시내 곳곳에서 일본군과 치열한 전투를 벌였다. 특히 시위 제1연대 제1대대장 참령 박성환이 군대 해산에 반대하여 자결하는 모습을 보고 병사들은 더욱 충격을 받았다. 병영 내에 있던 일본인 교관에 대한 총격을 시작으로, 인근의 제2연대 병사들과 합세하여 병영 밖으로 뛰쳐나와서는 남대문 부근에서 일본군과 맹렬한 총격전을 벌였다.

한편 시위대 해산을 마친 일본은 지방군인 진위대에 대해서도 해산 작업을 시작했다. 8월 1일부로 각 지방 진위대 대대장이 배속된 일본군 교관과 함께 군부軍部에 출두해 해산 지시를 받고, 각 대대 인근 일본군 수비대의 지원을 받아 병사를 무장 해제하라는 지시가 내려졌다. 8월 3일 개성과 청주를 시작으로 9월 3일 북청 진위대까지, 약 1개월에 걸친 해산 계획이 세워졌다. 그러나 8월 6일 강원도 원주 진위대의 저항을 시작으로 강화도 분견대가 무장 봉기하고 충주·제천 등 각지 진위대 군인들의 저항이 이어졌다. 그 와중에 진압에 나선 일본군의 사상자도 68인에 이르렀지만, 해산 진위대 군인을 포함하여 대한제국 측 피해는 1,850명으로 집계되었다.

군대 해산 이후 친위 보병 1대대, 기병 1중대 등만 남아서 무관학교 업무 등을 관장하며 명목만 유지해오던 군부도 1909년 7월 30일 칙령 제68호로

**군대 해산에 맞선 시가전**

서울 서소문과 남대문 일대에 주둔하던 시위 1연대 1대대와 시위 2연대 1대대가 중심이 되어 군대 해산에 맞서 일본군과 시가전을 벌였다. 시위 1연대 1대대장은 자결한 참령 박성환이었다. 이 전투에서 한국군 2백 명 내외가 사상당했고, 5백여 명이 포로가 되었다. 일본군은 60여 명이 사상당했다. 프랑스 신문에 실린 삽화이다.

완전히 폐지되었다. 남은 병력은 신설된 궁중 친위부에 부속되었지만, 친위부의 감독은 고문顧問으로 배치된 일본 장교들이 담당했고, 병기 탄약 관리 및 처분은 일본 주차군 사령관이, 군인 군속의 범죄에 대한 사법 처분은 주차군 군법회의가 맡게 되었다. 폐지된 무관학교의 생도들은 전원 일본에 유학시켜 사관 양성을 위탁함으로써, 병합 이전에 대한제국 군대는 실질적으로 거의 해체되었다.

해산 군인들의 저항은 8월 이후 전국적인 의병 봉기의 열기로 연결되었다. 서울에서 내려간 시위대 병사나 각 지방 진위대 병사들이 무기를 지닌 채 경기도, 강원도 등지에서 차츰 충청도, 호남 일대로 내려가면서 의병 부대에 합류했다. 을사조약 체결 이후 전국에서 일어난 의병 부대들은 애초에 양반 유생 출신 의병장이 많았는데, 민종식, 최익현 등 충청도 및 전라도의 양반 유생층이나 전직 관리들이 이끄는 의병 부대는 천 명이 넘는 대규모였다. 하지만 양반 유생층은 일단 전투 지휘 능력이 떨어지고 아직도 척사론적 입장에서 일본에 맞서 유교의 가르침을 보존해야 한다고 주장하는 경우도 있었다. 전국의 양반 의병장들을 중심으로 조직된 13도 연합부대는 1907년 11월 경기도 양주에서 집결하여 서울로 진격할 계획이었으나, 총대장인 이인영이 부친 사망이라는 개인적인 이유로 귀가해버려 제대로 싸워보지도 못하고 지도부가 붕괴된 적도 있었다. 반면 동학 잔당이나 화적떼 등 민중 세력이 주도하는 의병 부대도 있었는데, 대표적으로 신돌석 부대는 강원도 및 경상북도 영해, 영덕 지방에서 맹활약을 펼쳤다.

해산 군인들이 참여하면서 의병 부대의 분위기는 주로 평민들이 주도하는 흐름으로 바뀌었다. 민긍호, 지홍윤, 연기우 등이 대표적인 군인 출신

의병장이었다. 해산 군인들은 일단 정식으로 군사 훈련을 받은 사람들이었기 때문에 이때부터 의병 부대는 실제로 전투력과 기동성을 갖추게 되었다. 따라서 의병 부대들은 군대 해산 이후인 1908년부터 1909년까지 2년간 가장 격렬한 전투를 치렀다. 또 전국적으로 서울·경기 지역 외에도 충청도, 경상도, 전라도, 강원도, 평안도, 함경도 등 한반도 전 지역에 의병 부대가 확산되었다. 총을 잘 쏘는 사냥꾼 포수들도 일본이 모두 총을 반납하라는 지시를 내리자 반발해서 의병 부대에 참여했다. 유명한 의병장으로서 나중에 독립군 대장이 되는 홍범도가 바로 포수 출신이다. 전라도 지역에서는 전해산, 심남일, 강무경, 안계홍 등 의병장이 유명했다. 이들은 일본인 농장이나 우편취급소, 금융조합, 헌병보조원, 순사, 세무관 등을 공격함으로써 일본 통치를 중단시키고자 했다.

하지만 1909년 하반기부터 병합 단행을 위한 사전 정지 작업으로 일본군이 대대적인 남한 대토벌 작전을 펼치면서, 호남 일대의 막강한 의병 부대들이 점차 궤멸되기 시작했다. 이때 사망한 의병이 1만 6천 명, 부상자는 3만 6천 명에 달했다. 살아남은 의병들은 할 수 없이 두만강, 압록강을 건너 만주나 연해주 등지로 이동할 수밖에 없었다. 이들이 곧 일제 식민지 시기의 독립군으로 전환된 것이다.

## 계몽운동 – 실력양성만이 살길이다

양반 유생층과 평민, 해산 군인들이 의병 투쟁에 나선 반면, 개화 지식인

계열 사람들은 무장 투쟁은 무모한 모험이라 보고, 학교 설립이나 신문·잡지 발간을 통한 국민계몽, 산업 진흥 등으로 실력을 양성한 뒤에야 점진적으로 국권을 회복할 수 있다고 생각했다. 이들은 일본이 통감부를 설치한 이후 대한제국의 내정을 장악하기 위해 펼친 시정개선 사업이 문명개화를 배울 수 있는 좋은 기회라고 생각하는 경우도 있었다. 대한제국이 일본의 보호국이 된 것은 실력이 부족해서이고, 강대국이 약소국을 지배하는 것은 당연한 일이므로, 하루빨리 우리도 실력을 기르는 수밖에 없다는 생각이었다.

당시 지식인들의 생각을 지배했던 이런 사상은 소위 '사회진화론'에서 유래한 것으로, 말하자면 자연세계에서 통하는 약육강식의 진화론을 제국주의 열강이 지배하는 인간세계에 그대로 적용한 제국주의 논리였다. 제국주의시대 백인들의 식민지 지배 논리를 배운 일본이 대한제국에 그대로 적용한 것에 당시 우리나라 지식인들도 동조하는 경우가 많았던 것이다. 즉 대한제국이 문명개화에 뒤떨어져 있으니 일본의 보호국이 되는 것은 당연하고, 거기에서 벗어나려면 우선 실력을 양성해야 한다는 것이 계몽운동가들의 생각이었다.

이런 생각을 가지고 있던 계몽 지식인들은 학회를 결성하여 잡지를 발간하는 등 대중적으로 문명개화운동을 펼쳤다. 서북학회, 호남학회, 기호흥학회 등 학회들은 기관지를 발행하고 교육계몽운동을 펼쳤다. 학회 활동을 주도한 이들은 전·현직 관료나 일본 유학생 출신 등 개명 지식인, 혹은 개신 유학자 그룹이었다. 이 학회들은 사립학교의 교육을 지도하거나 학회 산하에 학교를 설립하여 신교육운동을 펼쳤는데, 그 결과 1908년에 이미 5천여 개의 사립학교가 설립되었다.

언론을 통한 계몽운동으로는 『대한매일신보』, 『황성신문』, 『제국신문』, 『만세보』 등 신문과 『소년』을 비롯한 각종 잡지들이 애국심을 고취하는 각종 기사들을 실었다. 특히 『대한매일신보』에는 양기탁, 신채호, 박은식 등 대표적인 계몽운동가들이 참여했다. 신채호는 우리나라 고대사에 대한 저술은 물론 『을지문덕전』, 『이순신전』 등 위인전을 펴내 역사적으로 애국심을 고취했다. 그 밖에 우리나라 국어와 지리에 관한 책들이 다수 출판되어 국민계몽에 앞장섰다. 종교계에서는 1909년 나철, 오기호 등이 대종교를 창립했고, 유교의 폐단을 양명학을 통해 시정하려 한 박은식은 대동교를 창설했다.

경제적으로 실력을 양성해서 보호국 상태에서 벗어나자는 운동도 있었다. 우선 1907년 대구에서 시작된 국채보상운동은 그동안 일본에서 얻어 쓴 빚 1천 3백만 원을 우리 힘으로 갚자는 국민적 성금 모금운동으로, 사람들이 앞다투어 담배를 끊고 금비녀를 내놓는 방법으로 600만 원 상당의 돈을 모으기도 했다.

다른 한편, 계몽운동 단체 중에는 직접 정치에 참여하여 개혁을 앞당기고자 하는 모임도 있었다. 헌정연구회(1905), 대한자강회(1906), 대한협회(1907) 등은 입헌정치 수립을 목표로 한 단체로서, 일본의 보호국 체제하에서도 자신들이 정치에 참여하여 문명개화를 이룰 수 있다고 생각했다. 일본의 보호국화가 황제권을 제한해서 입헌정체 수립의 계기가 될 줄 생각했던 것이다.

1905년 5월 이준·양한묵·윤효정 등이 중심이 되어 조직한 헌정연구회

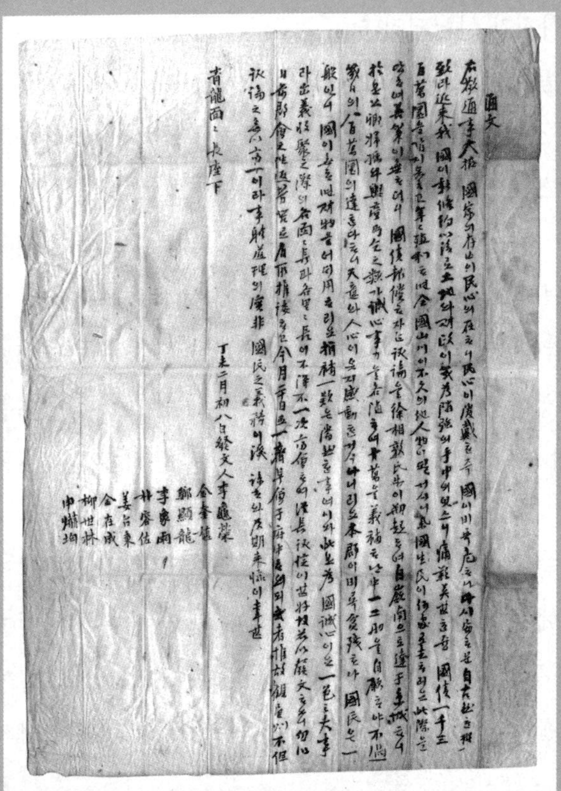

**국채보상운동 통문**

유지 9명의 명의로 작성된 것으로, "지난 2월 대구 서상돈이 발의한 국채보상운동으로 영남에서 서울까지 불과 수일 만에 8백만 원을 모았다고 하니 우리 지역 각 면장과 이장도 3월 20일에 모이자"는 내용이다.

는 예전에 독립협회에 참여했던 개화 계열 사람들과 개명된 유학자 그룹이 모여서 만들었다. 회원 중에는 1904년 공진회라는 단체를 만들었던 보부상들도 많이 있었다. 개명 유학자 그룹으로는 이기·홍필주·윤병 등 일본의 황무지 개간권 요구에 반대하여 조직적인 상소운동을 벌였던 사람들이 참여했다. 그 밖에 국민계몽을 목적으로 활동하고 있던 국민교육회 관여자들이 대거 참여했다. 국민교육회는 이준, 김정식, 이원긍 등이 1904년 8월 국민교육을 목적으로 결성한 계몽 단체였고, 그 중심은 서울에 있는 연동교회 신자들이었다. 헌정연구회의 목표는 입헌정체의 연구로서, 전제 군주국인 대한제국도 국가 발전을 위해서는 헌법을 제정하여 입헌정치를 실시해야 한다는 입장이었다.

나중에 고종 황제의 헤이그 특사로 활약하는 이준이 당시 황제권을 제한해서 입헌정체를 실현하자는 운동에 참여한 것은 흥미로운 사실이다. 이들은 입헌정치의 실현을 약 10년 뒤로 잡고 있었으며, 자신들의 생각으로 국민을 계몽하기 위해 『헌정요의憲政要義』라는 책자 등을 발간했다. 하지만 활동을 시작한 지 불과 한두 달 뒤부터 활동은 지지부진해졌고, 11월에 일제에 의해 보호조약이 강요되면서 활동은 정지되었다. 그 후 1906년 3월 윤효정 등이 설립한 대한자강회에 대부분의 회원들이 합류하게 된다.

대한자강회는 사실상 헌정연구회를 확대 개편한 단체로서, 헌정연구회 회원 외에 장지연, 류근 등 『황성신문』 계열 사람들도 참여함으로써 헌정연구회에 비해 더 많은 지식인들이 폭넓게 참여했다고 볼 수 있다. 대한자강회는 최소 33개 이상의 지방 지부를 갖춘 전국적인 조직으로서 총 회원수는 1,345명까지 확인된다. 1906년 4월 선출된 임원으로는 회장에 윤치호, 고문에 일본인 오가키 다케오大垣丈夫가 추대되었다.

주요 활동으로는 매월 1회 회의를 열었고 일반 대중들도 참여할 수 있는 연설회를 개최했다. 또 연설회 결과를 일반인들에게 알리기 위해 『대한자강회월보』를 발간했다. 활동 방식은 예전에 독립협회가 활동하던 때와 매우 비슷했다. 대한자강회의 목적은 교육 확장, 산업 발달과 같이 정치적인 성격을 배제한 것으로서, 헌정연구회에 비하면 국민계몽에 더 치중하는 입장이었다. 헌정연구회가 을사조약 이전에 활동했으므로 정치 개혁, 즉 입헌정체의 수립으로 대한제국의 독립을 확고히 할 수 있다고 본 반면, 대한자강회는 이미 보호국이 된 뒤에 활동했기에 정치적 목표보다는 국민의 실력양성이 독립의 기초가 된다고 본 것이 차이점이다. 사실 대한자강회가 일제 통감부 치하에서 합법적으로 활동하기 위해서는 정치적인 주장을 할 수 없었을 것이고, 더구나 일본인이 고문으로 참여하고 있었던 만큼 직접적으로 정치적인 발언을 하기는 어려웠다. 하지만 국민계몽운동에 주력하던 대한자강회도 1907년 국채보상운동 이후에는 현실 참여적인 운동을 전개하면서 일제의 탄압을 받게 되어 8월 19일 해산되었다.

대한자강회가 강제로 해산당한 뒤 그 고문이었던 오가키가 이토의 내락을 얻어 탄생시킨 단체가 대한협회이다. 1907년 11월 10일 설립된 대한협회에는 윤효정·장지연 등 대한자강회 간부들과 『황성신문』 계열 사람들, 권동진·오세창 등 천도교 세력들이 참여했다. 회원은 약 5천 명이었고 평양·대구·진주 등지에 87개의 지방 지회가 있었다. 초대 회장에는 남궁억, 부회장 오세창, 총무 윤효정이 선출되었고, 평의원으로 장지연·권동진·류근·정교·이종일 등이 참여했다. 하지만 1908년 7월 남궁억이 사임한 뒤 개화파였던 김가진이 회장에 선출되면서 『황성신문』 계열 사람들은 후퇴하고 협회의 성격도 크게 변하기 시작했다. 1909년 10월 대한협회는 서북학회와 함께 친일 단체 일진회와 제휴를 추진하면서 단순히 교육 진흥과 산업 개발을 통한 실력양성운동이 아니라 직접적으로 정권 획득을 목표로 한 정치운동을 추구하게 된다. 친일적인 이완용 내각이 권력을 독점하는 것을 보고 대한협회, 서북학회 등 계몽운동 단체와 친일 단체인 일진회도 정권을 차지하겠다는 목표하에 연합하여 이완용 내각 타도운동을 벌인 것이다. 하지만 이완용 내각은 일본이 지지하는 내각으로서 일본이 동의하지 않는 한 이들의 정권 획득운동은 성공할 수 없었다.

게다가 일진회는 이완용 내각 타도를 앞세우면서도 이 연합을 합방 촉진운동으로 발전시키려는 의도를 가지고 있었기 때문에, 사실상 서로 동상이몽하는 관계였다고 볼 수 있다. 일진회가 합방 청원서를 제출하려 하자 서북학회가 먼저 탈퇴를 선언했고, 대한협회도 12월에 제휴는 결렬되었다고 선언했다. 결국 대한협회는 대한자강회와 같은 국민계몽운동보다는 회원들의 정권 진출에 주력하다가 친일 단체 일진회와 제휴하는 데까지 나아갔다. 정권에 참여하려는 의지가 너무 강하다 보니 자칫하면 일진회처럼 일본의 병합에 찬성하는 친일 단체가 될 뻔했던 것이다. 대한협회는 기관지로 『대한협회회보』와 『대한공보』, 『대한민보』 등을 발간했다.

반면 이 무렵 『대한매일신보』를 중심으로 모인 일부 계몽운동가들은 실력양성이 먼저가 아니라 독립이 우선 보장되어야 한다는 데 생각이 미치기 시작했다. 사실 실력을 양성하자면 어느 세월에 그것이 끝날 것이며, 실력이 모자란다고 해서 반드시 이민족의 지배를 받아야 한다는 법도 없다.

이들은 독립국이 될 실력이 없다고 하는 것은 식민지 지배를 위한 명분에 불과하다고 생각했다. 민족주의 역사학자 신채호는 같은 황인종이라는 미명하에 일본이 중심이 되어 아시아의 평화를 지킨다는 동양평화론에서 벗어나, 우리 민족의 개별 특성을 중시하는 민족주의 사상을 주창했다.

또 1907년 안창호, 양기탁, 이동휘 등이 중심이 되어 설립한 신민회는 처음에는 민족의식과 독립 사상 고취를 위해 교육 기관을 설치하고 민족 자본 형성을 위한 상공업 운영에 노력했지만, 곧 이동휘 등이 주장하여 직접적인 무장 투쟁의 방법으로 독립을 우선 달성하기로 방향을 전환했다. 이들은 만주로 이동하여 무관학교를 세우고 일제 강점기에 독립군 활동에 투신하게 된다. 실력양성운동을 주로 하던 계몽운동론자들 중 일부가 결국 의병 항쟁과 같은 무장 투쟁 노선을 채택하게 된 것이다.

## 하얼빈 역에 울린 총소리

1909년 10월 26일, 만주의 하얼빈역에서 이토 히로부미를 암살한 안중근도 한때 서북학회 회원으로서 문명개화론자에 속했으며 독실한 천주교 신자였다. 러일전쟁에 대해서도 일본이 선전하는 대로 동양평화를 위해 황인종 대표 일본이 백인 제국주의 러시아와 싸우는 전쟁이라고 믿었다. 동양의 위기는 서양 제국주의 열강의 동아시아 침략으로 촉발된 것이며, 서양열강 중에서도 제정 러시아가 가장 심하다고 비판하면서, 삼국간섭이나 의화단 사건 이후 러시아의 중국 진출에 대해서도 조목조목 반대했다.

당시의 개명 지식인들에게는 반反러시아 의식이 널리 퍼져 있어서, 독립협회운동 이래 봉건적 차르 체제인 러시아에 대한 멸시와 경계의 시선이 지배적이었다. 고종 황제나 측근 근왕 세력들의 러시아에 대한 기대와는 달리, 러일전쟁 당시 많은 대한제국 지식인들은 일본의 승리를 기대했다.

그러면 안중근은 어떻게 이런 국제 정세 인식을 전면 수정해서 이토 히로부미를 저격하기에 이르렀을까? 안중근은 뤼순 감옥에서 지은 「동양평화론」에서 러일전쟁 이후 일본이 을사조약, 고종 황제 폐위, 정미조약, 군부와 법부 폐지 등 침략 행위를 자행함으로써 오히려 동양의 평화를 깨트렸기 때문이라고 주장했다. 동양평화와 대한제국 독립을 위해 러일전쟁을 치른다고 주장했던 일본이 전쟁 이후 도리어 대한제국을 보호국으로 만들며 압박했고, 특히 이토 통감의 정책이 동양평화를 교란하는 주원인이었기 때문에 이토를 처단할 수밖에 없었다는 주장이었다.

이런 생각에 이른 안중근은 을사조약 이후 삼흥학교, 돈의학교 등을 운영하던 실력양성운동을 접고 1907년 의병 활동에 참여하기 위해 연해주로 망명했다. 당시 계몽운동에 참여한 대부분의 지식인들이 사회진화론적 사상의 틀 속에서 일본의 침략을 좌시하고 일제의 보호통치에 여전히 기대를 걸면서 이토의 병합 점진책, 자치육성 정책만 믿었던 반면, 안중근은 직접 무장 투쟁에 나섰던 것이다.

1908년 6월 말, 안중근은 대한의군 참모중장으로서 3백여 명의 의병을 이끌고 국내 진공 작전을 펼쳐, 두만강 너머 일본군 부대를 공격하기도 했다. 1909년 2월에 동지 11명과 단지동맹을 맺고 스스로 손가락 한 마디를 끊어 독립 의지를 다지기도 한 안중근은, 1909년 10월 만주의 하얼빈에 이토가 온다는 사실을 알고 동지들이 세운 암살 계획에 자원했다. 당시 하얼빈은 러시아 관할로서, 이토가 만주 철도 부설권 등 만주 문제와 한반도 병합 문제를 의논하기 위해 러시아 재무상 코코프초프V. N. Kokovtsev와 만나기로 되어 있었다. 이런 정보를 입수한 독립운동 진영은 이토와 같은 거물 정치인을 암살함으로써 세계 만방에 대한제국의 독립 의지를 알리고, 전 세계의 이목을 집중시킨 가운데 재판 과정에서 일본이 대한제국에 저지른 죄상들을 폭로할 계획을 세우게 되었다. 안중근 역시 헤이그 특사단 중 한 명인 이상설이 구미열강을 순방하고 돌아왔을 때 그를 만나 큰 영향을 받았다고 고백한 것으로 볼 때, 개별적인 의병 항쟁보다 세계열강의 이목을 한 번에 집중시킬 수 있는 이토 암살이 효과적인 투쟁 방식이라고 생각한 것으로 보인다.

우덕순, 조도선 등 동지들과 함께 거사일 며칠 전 하얼빈에 도착한 안중근은, 마침내 10월 26일 아침 9시 30분경 하얼빈 철도역에 내려 러시아 의장대를 사열하는 이토 히로부미를 향해 3발의 총을 쏘았다. 이어서 2~3발의 총성이 더 울렸지만, 첫 3발이 이토의 복부에 명중하여 열차 안으로 옮겨진 이토는 30여 분 뒤 숨을 거두었다. 메이지유신과 일본 근대화의 주역이자 대한제국 보호국화의 주범인 이토를 약관 31세의 대한국인 안중근이 쓰러뜨린 순간이었다.

안중근은 현장에서 "꼬레아 우라('대한국 만세'의 러시아 말)"를 세 번 외치고 러시아 헌병에게 체포되었다가 일본 총영사관으로 인계되었다. 대한제국이 외교권을 잃고 일본의 보호국이 되었다고 해서 대한제국 국민인 안중근이 일본 영사관에 넘겨진 것이다. 안중근은 다시 11월 1일 일본이 관할하는 뤼순 감옥에 옮겨져 수감되었고, 여기서 11차례 일본 측 심문을 받았다. 재판은 이듬해인 1910년 2월 7일부터 4일간 뤼순에 있는 일본의 관동도독부 지방법원에서 열렸고, 2월 14일에 사형을 언도받아 3월 26일 오전 10시에 사형이 집행되었다.

안중근은 144일 동안 뤼순 감옥에 있으면서 자서전인 「안응칠역사」(안응칠은 안중근의 아명)와 「동양평화론」(미완성)을 남겼고, 재판 과정 중에도 당당하게 자신의 주장을 펼쳤다. 이토 암살은 일본이 강제로 고종 황제를 폐위시킨 3년 전부터 생각해온 것이라면서, 자신은 결코 한 개인이 아니라 대한제국 의병 참모중장의 자격으로 암살을 결행한 것이라고 주장했다. 따라서 자신을 일개 살인 피고인으로 다루지 말고 의병 참모중장으로서 독립전쟁을 수행하다가 적군의 전쟁포로가 된 경우로 취급해달라고 요구했다. 1899년 제1차 만국평화회의에서 채택된 포로에 관한 법에 따라 대한제국, 청국, 일본 어느 나라의 법도 아닌 만국공법, 즉 국제법에 의해 재판해달라는 주장이었다.

이에 일본 검찰관도 소송법상 관동도독부 법원이 안중근의 하얼빈 사건에 대해 정당한 관할권을 지니고 있는가를 고민했다. 사건은 청국 영토 내에서 일어났고 피고들은 러시아 관헌에 의해 체포되고 신문 받았으나, 일단 피고들의 국적이 대한제국이므로 러시아의 재판을 받는 것은 온당치 않다고 판단했다. 대한제국이 청과 1899년 9월 1일 체결한 한청통상조약 제5조에 의하면 치외법권이 있고, 또한 1905년 11월 17일 을사조약 제1조에 의하면 "외국에 있어서의 대한제국 신민은 일본국에서 보호하기로 되어 있으므로" 재하얼빈 일본제국 영사관은 이 건을 관할할 수 있다는 논리

마지막 면회
사형이 집행되기 전, 마지막으로 동생 정근, 공근, 그리고 빌렘 신부와 면회하고 있는 안중근.

가 만들어졌다. 여기에 일본 외무대신 고무라 주타로가 일본 법률 제52호 제3조에 의해 관동도독부 법원에 사건을 이관한다는 명령을 내렸다. 안중근에게 적용될 법은 대한제국 법령이어야 한다는 논의도 있었지만, 보호조약의 해석상 일본제국 형법 제199조를 적용한다고 주장하면서 안중근에게 사형을 언도했다.

여기서 문제가 되는 것은 역시 을사조약의 적법성 여부로서, 부당하게 강요된 을사조약이 원천적으로 무효라면 을사조약을 전제로 한 관동도독부 재판의 논리는 모두 성립할 수 없는 것이다. 하지만 일본 측은 안중근의 배후에 대한제국 의병 조직이 있다는 사실을 철저히 무시하고, 일부러 안중근 한 개인에 의한 테러 사건으로 의미를 축소하기 위해 국제법이 아닌 일본 국내법을 적용했다. 대한제국 의병에 의한 반일 저항운동이 세계에 알려지는 것을 두려워했기 때문이다.

안중근이 밝힌 이토를 처단할 수밖에 없는 이유 15개조

1. 지금으로부터 십여 년 전 이토의 지휘로 왕비를 살해한 것
2. 지금으로부터 오 년 전 무력으로 대한제국에 불리한 5개조의 조약(을사조약)을 체결한 것
3. 지금으로부터 삼 년 전 7개조의 조약(정미조약)은 대한제국에 군사상 대단히 불이익한 체결인 것
4. 대한제국의 황제를 폐위한 것
5. 대한제국 군대를 해산한 것
6. 조약 체결에 대하여 한국민이 분노하여 의병이 일어났는데 이토가 이들 대

한제국 양민을 다수 살해한 것

7. 대한제국의 정치 및 기타 권리를 박탈한 것
8. 대한제국의 학교에서 사용하던 좋은 교과서를 이토의 지시로 소각한 것
9. 대한제국 인민에게 신문 구독을 금한 것
10. 하등 충당시킬 돈이 없는데도 불구하고 성질이 좋지 못한 대한제국 관리에게 돈을 주어 한국민에게 아무것도 알리지 않고 제일은행권을 발행한 것
11. 한국민의 부담이 될 국채 이천삼백만 원을 모집하여 관리들에게 마음대로 분배하거나 토지 약탈에 사용한 것
12. 동양의 평화를 교란한 것, 즉 이토는 러일전쟁 당시부터 동양평화 유지를 주장했으면서 당초의 선언과는 모조리 반대되는 행위를 해온 것
13. 대한제국이 원하지 않음에도 불구하고 이토가 대한제국 보호를 명분으로 대한제국에 불리한 시정을 펴온 것
14. 지금으로부터 42년 전 현 일본 황제의 아버지를 이토가 없애버린 것은 한국민이 다 알고 있음
15. 이토는 한국민이 분개하고 있음에도 불구하고 일본 황제나 기타 세계 각국에 대한제국은 무사하다고 하여 속이고 있음

(『독립운동사자료』 6, 제1회 피고인 신문조서)

위 15개조는 1909년 10월 30일 하얼빈 일본 총영사관에서 이루어진 검찰관 마조부치溝淵孝雄의 신문에 대한 답변으로 제출된 것이다. 대부분 을사조약 이후 대한제국에 강요된 각종 조약의 불법성과 통감부 통치의 부당

성을 지적하는 내용이었다.

## 안중근의 동양평화론과 동북아 평화 체제 구상

안중근은 공판 과정에서 일본 검찰과 치열한 논전을 벌이면서 통감부 설치 이후 일본 측이 주장해온 문명개화론과 동양평화론의 허구성을 지적했다. 일본 측이 통감부 통치 이후 기차가 개통되고, 수도·위생 시설·병원 등이 설치되었으며, 공업이 왕성해지는 등 문명개화가 진전되고 있다고 주장한 데 대해, 안중근은 그 시설들이 모두 일본인을 위한 것일 뿐 한국민에게는 결코 진보가 아니라고 답변함으로써 일본이 추진해온 소위 '시정개선' 사업의 침략적 본질을 폭로했다.

대한제국이 문명개화에 이르지 못해 다른 나라에 예속될 경우 일본의 안전과 동양평화에 화근이 된다는 일본 측 주장에 대해서도, 통감부 통치는 오히려 대한제국의 독립에 도움이 되지 않고 동양의 분란을 초래하고 있다고 반박했다. 즉 동양평화란 청, 일본, 대한제국, 샴, 버마 등 모든 아시아국이 대등한 독립 상태에서 공존하는 것으로 어느 한 나라라도 독립하지 않은 상태로는 동양평화라고 말할 수 없는데, 이토의 보호통치에 반발하는 대한제국에서 의병이 일어나고 있고, 청·미국·러시아 등 열강도 앞으로 5년 내에 장차 신무기를 개발하여 일본과 교전을 준비하고 있으므로 이토가 생존한다면 대한제국뿐 아니라 일본도 드디어 멸망할 것이라는 판단하에 3년 전부터 이토 처단을 결심했다고 주장했다.

사실 이토도 일찍이 1904년 3월 특파대사로 대한제국에 건너와 고종에게 '한일 제휴'를 강조하면서 동양평화론을 개진한 적이 있었다. 그런데 당시 이토의 동양평화론은 러시아에 대항하기 위한 '한일동맹'만이 동양평화와 대한제국의 국권 보전을 기약한다는 주장이었다. 또한 대한제국의 문명을 증진시켜 구미 각국과 어깨를 나란히 해야 한다면서 시정개선 요구를 늘어놓은 것이었다. 러일전쟁 승리로 군사적 강점 요인이 사라진 뒤에는 다시 대한제국이 문명개화를 달성할 때까지 동양평화는 완성되지 않는다는 논리로 보호조약을 강요했다. 즉 동양평화를 위해 대한제국은 일본이 러시아와 치르는 전쟁을 군사적으로 지원해야 하고, 나아가 일본이 지도하는 '시정개선'에 관한 충고를 수용하여 문명개화에 도달해야만 동양평화가 확립된다는 논리 틀을 만든 것이다. 결국 대한제국이 문명개화에 이르지 못하여 다른 나라에 예속될 경우 일본의 안전과 동양평화에 화근이 된다는 소위 '동양화근론'은 보호국화의 명분이 되었고, 통감 이토가 실시했다는 '문화 정책' 혹은 '자치육성 정책'도 실상은 그 성과가 보이지 않아서 병합을 단행할 수밖에 없었다는 명분 쌓기용에 불과했다.

그런데 일진회 등 합방론자들은 이런 일본 측 주장에 동조하여 동양화근론의 논리를 그대로 답습하고 있었다. 일진회 기관지 『국민신보』에 나타난 동양평화론을 보면, "청일전쟁, 러일전쟁 두 차례 전쟁이 모두 동양의 화근을 없애기 위한 전쟁이었고, 대한제국의 위치가 동양평화에 위해가 되므로 차라리 일한 합방으로 동양의 오래된 화근을 없애는 게 영구히 동양의 평화를 달성하는 방안"이라는 주장이었다. 또한 보호국 체제하에서도 "정치는 몽매하고 지식과 공예의 발달이 미비하여 자주 독립할 실력이 없으니 차라리 합방을 단행해야 한다"고 주장했다.

반면 안중근은 이토 통감이 입으로는 평화를 위한다고 말했지만 실제로는 그에 반하여 통감으로 부임한 이래 한국민들을 죽이고 황제를 폐위시키는 등 동양평화와 대한제국의 독립을 해쳐왔다고 비난했다. 안중근은 한·청·일 3국이 동맹하여 화합하고 개화, 진보해야만 서양이 평화를 가장하여 동양을 엿보고 있는 사태에 제대로 대처할 수 있다고 주장했다.

따라서 안중근의 동양평화론은 대한제국 보호국화를 전제로 한 일본 맹주의 아시아 연대론이 아니었다. 동양 3국이 대등한 연대로 제휴하는 소위 삼국제휴론의 계보를 잇는 것이었다. 동양주의를 고수하면서도 일본의 침략주의적 동양론이 아닌 수평적 연대 체제를 구상한 안중근의 동양평화론은 그런 면에서 일부 계몽운동 계열 지식인이나 일진회 등 합방론자들의 동양평화론과도 구분된다.

애초에 안중근도 러일전쟁을 황·백인종 간의 대결로 보고 서양열강 중에서도 특히 러시아에 반대한 것은 당시 계몽주의 계열의 지식인들과 동일했다. 하지만 안중근은 일본에게 같은 인종으로서 이웃나라를 해쳐서 따돌림을 당하는 환란을 만들지 말라고 경고하면서, 동양이 서양에 맞서 살길은 일본이 침략 야욕을 버리고 한·청·일 3국이 동맹하여 동양평화를 실현하는 길이라고 주장했다.

이런 안중근의 국제 정세 인식은 이미 동양주의를 극복하고 민족 개체성을 강조하는 민족주의, 국가주의를 주창했던 신채호의 경우와는 차이가 있다. 하지만 병합 직전까지도 개명 지식인 상당수가 여전히 일본의 문명개화론에 의거한 보호통치론에 의존하며 기약 없는 실력양성만을 전망하

東洋平和論

安應七歷史

**「동양평화론」과 「안응칠역사」**

「동양평화론」은 대한제국과 청, 그리고 일본 3국이 각기 서로 침략하지 말고 독립을 견지하면서 단결하여 서세동점의 서구 제국주의를 막을 때 동양평화가 이룩될 수 있다는 주장을 담고 있다. 「안응칠역사」는 이토를 암살하고 체포된 뒤 자신의 출생과 성장 과정, 그리고 자신의 사상을 진술한 자서전이다. 안응칠은 안중근의 아명이다.

고, 순망치한론脣亡齒寒論, 한일제휴론, 일본이 맹주가 되는 동양평화론에서 헤어나지 못하고 있었던 사실과 비교한다면, 일본의 침략성에 대해 보다 현실적인 위기의식을 지닌 것이었다.

또한 안중근은 동양평화를 실현하기 위한 구체적인 방략으로서 동양평화회의 건설을 제안하고 이를 실질적으로 운영하기 위한 몇 가지 구체안들을 제시했다. 1910년 2월 17일 관동도독부 지방법원의 판결에 대한 항소를 결정하기 전에 고등법원장 면담을 신청한 안중근은, 일본을 상대로 의병 참모중장으로서 전쟁 행위를 하다가 포로로 잡힌 자신을 국제공법이 아닌 보통 살인범 취급하며 뤼순 지방법원에서 심리하는 일본의 치졸함에 대해 항의하면서 동양평화를 위한 자신의 방안을 진술했다.

우선 그는 일본이 점령하고 있는 뤼순항을 청에 돌려준 뒤, 일본·청·대한제국 3국이 공동으로 관리하는 군항軍港으로 만들어 세 나라에서 대표를 파견하고 평화회의를 조직하자고 제안했다. 이를 운영할 재정으로 3국의 수억 국민에게 회비로 1원씩 모금하며, 회비로 은행을 설립하고 공용 화폐를 발행하면 자연히 금융이 원활해질 것이라는 제안도 했다. 또한 중요한 곳에 평화회의 지부를 두고 은행 지점을 병설하면 금융과 재정은 더욱 완전해질 것이라고 주장했다. 21세기에 들어 현재 유럽연합에서 사용하고 있는 공용 통화 개념을 안중근이 이미 제안했다는 것은 매우 놀랄 만한 일이다.

다음으로 열강의 침략으로부터 동양평화를 지키기 위해서는 무장이 중요한데, 한·청·일 3국에서 각각 대표를 파견하되 세 나라 청년으로 군단을 편성하고, 이들은 2개 국어 이상을 배우게 해 우방 혹은 형제 관념을 고취시키자고 제안했다. 동양 3국의 영원한 평화 체제 구축을 위해서는 미래 세대인 청년들의 연대가 관건임을 이미 파악한 것이다. 이렇게 동양 3국이 평화 체제를 구성하면 일본은 수출 증대로 재정 안정 효과를 볼 것이고, 대한제국과 청도 일본의 지도하에 상공업이 발전하여 인도, 태국, 베트남 등 아시아 각국도 이 평화회의에 가맹을 서두르게 될 것이라고 전망했다.

기존의 만국평화회의가 강대국 간의 국제분쟁을 평화적으로 처리하기 위한 거중 조정에 주력하고 상설중재재판소를 설치한 데 비하면, 안중근이 구상한 동양평화회의는 금융 기관과 무장력까지 갖춘 집행부의 성격을 지닌다는 점에서 판이하다. 따라서 안중근의 동양평화회의는 당시까지 있었던 강대국 간의 허울뿐인 회의체가 아닌, 전혀 발상을 달리하는 창조적인 공동체 구상으로서 의의를 지닌다.

사실 안중근은 서양 제국주의 열강들이 만들어놓은 기존의 만국공법 체제, 즉 국제법을 크게 신뢰하지 않았고, 강자가 약자를 잡아먹는 험난한 제국주의시대에 국제조약은 아무런 도움이 되지 않음을 잘 알고 있었다. 그래서 일본이 국제협약에 가입되어 있고 만국이 감시하고 있으므로 대한제국을 멸망시키거나 병합할 수 없을 것이라는 일본 검찰관의 주장에 대해, 안중근은 제국주의 열강을 신뢰할 수 없고 이른바 만국공법이나 엄정중립이라는 말도 모두 외교가의 교활한 속임수에 불과하다고 불신을 표출했다. 그러면서도 자신은 의병 투쟁 중에 잡힌 일본인 포로를 국제법에 의거해 풀어주었기에, 일본을 향해서도 법정에서 국제공법을 준수하라고 당당히 요구할 수 있었다. 강박에 의해 체결된 을사조약의 불법성을 국제법에 의거하여 조목조목 지적했을 뿐 아니라, 자신은 개인적으로 이토를 살해한 형사피고인이 아니므로 만국공법과 국제공법에 의해 판결해달라고 요구할 수 있었다. 이처럼 안중근이 마지막까지 국제공법 준수를 주장했던 것은 현실적으로 강대국들이 국제법을 준수하지 않더라도 약소국인 한국민으로서는 여전히 도덕과 국제공론에 호소할 수밖에 없기 때문이었다.

안중근이 동아시아 평화와 공영을 위해 제안한 평화회의 구상은 지금까지도 여전히 동아시아인의 이상으로 살아 있다. 그것이 비록 당시 제국주의시대에는 한 이상주의자의 공허한 몽상처럼 들렸을지라도, 21세기를 사는 지금 우리들도 바로 한·중·일 3국이 대등하게 평화를 지향하는 동아시아 공동체를 희망하고 있다. 그런 면에서 안중근은 백 년 이상 시대를 앞서간 선각자이면서, 동시에 계몽운동부터 의병 항쟁, 요인 암살 의거 투쟁에 이르기까지 모든 국권 회복의 방법들을 실행해본 탁월한 실천가였다.

# 05

일제는 통감부 통치의 실패를 자인하고 마침내 병합 단행을 결정했다. 일제의 대한제국 병합을 모든 열강이 승인했기 때문이 아니라, 만주 문제를 둘러싼 열강의 견제가 보호국 단계인 대한제국에까지 미칠까 두려워 서둘러 병합을 단행한 것이다. 보호국 체제가 유지될 줄 알았던 대한제국의 일부 정치 세

# 대한제국의 종말
## — 일제의 대한제국 병합

력들은 병합을 목전에 두고도 각자의 정치적 셈법에 따라 이합집산을 계속하며 우왕좌왕했다. 일시적으로 일진회와 연합한 권력 지향적 계몽운동 단체들도 예외는 아니었다. 하지만 일제가 병합과 동시에 모든 정치 단체 해산을 명령함으로써 이들의 내정자치 희망은 물거품처럼 사라졌다.

## 일본 관리들, 직접 대한제국 정부에 진출하다

일제는 고종 황제를 강제로 퇴위시킨 뒤 그 여세를 몰아 1907년 7월 24일 제3차 한일협약(한일신협약 혹은 정미조약) 체결을 강요했다. 서울의 치안 유지를 명목으로 일본 혼성 1여단 병력이 급히 파견되고, 외무대신 하야시가 서울에 도착하는 등 강압적인 분위기 속에서 일본 측 요구는 별다른 수정 없이 가결되었다. 조약 체결 사실은 바로 다음 날 관보 호외를 통해 공표되었고, 각국 주재 일본 대표들을 통해 열강에도 통보되었다. 협약의 내용은 다음과 같았다.

제1조 대한제국 정부는 시정개선에 관해 통감의 지도를 받는다.

제2조 대한제국 정부는 법령의 제정 및 중요한 행정상의 처분은 미리 통감의 승인을 거친다.

제3조 대한제국의 사법 사무는 보통 행정 사무와 구별한다.

제4조 대한제국 고등관리의 임면은 통감의 동의를 얻어 행한다.

제5조 대한제국 정부는 통감이 추천하는 일본인을 대한제국 관리에 임명한다.

제6조 대한제국 정부는 통감의 동의 없이 외국인을 용빙할 수 없다.

제7조 1904년 8월 22일 조인한 일한협약 제1항은 폐지한다.

신협약을 통해 일제는 '시정개선'에 관한 통감의 지도권이라는 명목으로 대한제국 내정에 대한 간여를 공식화했다. 물론 그동안에도 '시정개선'

이라는 명목으로 사실상의 내정간섭을 하고 있었지만, 원래 '보호조약'에 의거한 통감의 임무는 대한제국의 외교권만을 대행하는 것이었다. 따라서 통감부 설치 이후 통감은 실제로 각부 고문에 대한 지휘감독권을 통해 내정에 간섭하더라도 형식상 대한제국 정부에 협조를 요청하거나 권고하는 절차를 밟아야만 했다. 이런 간접적이고 우회적인 방법을 폐기하고 법령 제정 및 중요한 행정상 처분에 대한 승인권, 고등관리 임면에 대한 동의권 등을 확보함으로써, 통감은 명실공히 대한제국의 최고 감독권자가 되었다. 또한 1904년 고문협약의 조항을 폐지하는 대신 일본인을 직접 대한제국 관리로 임명할 수 있는 권리를 확보함으로써, 조언이나 권고 수준에서 더 나아가 직접 행정 실무까지 장악할 수 있는 기틀을 마련했다. 애초에 이토가 생각한 요구 사항에는 대한제국 황제가 조칙을 발표하기 전에 미리 통감의 자문을 받게 한다는 항목까지 있었지만, 이는 협의 과정에서 제외되었다.

그런데 신협약에서 보다 중요한 사실은, 조약 체결 당시 이토와 이완용 사이에 교환된 이면 각서의 존재였다. 각서에서는 한일 양국인으로 구성된 재판소(대심원, 공소원, 지방재판소, 구재판소)를 신설하고(제1조), 간수장 이하 반수를 일본인으로 하는 감옥을 설치하며(제2조), 황궁 수비를 위한 육군 1대대 외의 모든 군대를 해산할 것 등이 약속되었다(제3조). 가장 기본적인 국가기구들인 감옥, 군대, 재판소 등을 일제가 장악함으로써 철저하게 대한제국을 해체하는 과정에 들어간 것이다.

우선 신협약에 따라 일본인들이 각 부서의 차관에 임명되어 실권을 장악하고(이른바 차관정치), 내부 경무국장이나 경무사 등의 자리에도 진출하여 치안경찰권을 장악했다. 반면 대한제국의 정부 조직은 대폭 정리하고, 특히 왕실 관련 궁내부는 모두 정리하면서 황실 재산도 모두 빼앗아갔다. 통감은 통감 관저에 앉아서 대한제국 정부 대신들을 불러오거나 각부의 일본인 차관들을 소집하여 모든 국정 운영을 직접 지휘했다. 황제에게 결재를 청하는 문안이 있더라도 통감이 먼저 승인해야 하므로 대한제국의 최고권자는 이미 통감이나 마찬가지인 상황이었다.

일본인 관리의 대한제국 정부 진출은 그간 고문 또는 참여관 명의로 대한제국 정부에 용빙된 사람들을 모두 해고하고, 중앙 및 지방 관리에 직접 일본인을 임명함으로써 시작되었다. 구체적으로 각부 차관, 내부 경무국장, 경무사 또는 부경무사, 내각 서기관 및 서기랑 중 약간 명, 각부 서기관 및 서기랑 중 약간 명, 각도 사무관 1명, 각도 경무관, 각도 주사 중 약간 명과 재무·경무 및 기술 관련 관리 등이 그 대상이었다. 중앙 각부의 차관, 내각 서기관 등을 일본인으로 임명함으로써 중요 정책의 결정과 집행 과정을 장악하게 하고, 내부 경무국장 임명을 통해 치안권을 확보하며, 각 지방 일선 대민행정 분야에까지 공식적으로 일본인을 진출시키려는 것이었다.

이런 방침에 따라 1907년 8월 2일 경무고문이던 마루야마 시게토시가 경시총감에 임명된 것을 시작으로, 8월 8일 궁내부 차관 쓰루하라 사다키치(전 통감부 총무장관), 내부 차관 기우치 주시로(전 통감부 농상공부총장), 학부 차관 다와라 마고이치(전 통감부 서기관)가 임명되었고, 8월 13일 내부 경무국장에 마쓰이 시게루松井茂가 임명되었다. 8월 15일에는 각도 사무관 및 경시, 9월 7일에는 탁지부 차관 아라이 겐타로荒井賢太郞(전 재정고문부 소속), 9월

19일에는 농상공부 차관 오카요시, 법부 차관 구라토미 유자부로倉富勇三郎 등이 임명되었다. 이들은 대부분 통감부에서 자리를 옮기거나, 그간 고문직으로 간접적으로 대한제국 정부에 참여하다가 직접 대한제국 내각에 들어서게 된 경우였다.

일본인들이 직접 대한제국 정부에 진출함으로써, 통감부 입장에서는 그간 효율성에 문제가 있었던 '대한제국 정부 집행 – 통감부·고문부 감독'이라는 이중구조가 필요 없어졌다. 시정개선 사업에서 막강한 권한을 휘둘러오던 재정고문부는 폐지되어 탁지부 재무감독국에 귀속되었고, 고문경찰의 폐지로 각도 경무고문지부 보좌관은 각도 경시에, 나머지 경무고문부 직원들은 경부, 순사에 임용되는 등 다수의 일본 경찰이 대한제국 정부에 임용되어 내부 경무국장의 지휘를 받게 되었다. 이제 일본 경찰이 직접 한국민들을 체포하는 시대가 온 것이다. 일제시대 악명 높던 그 무서운 '일본 순사'가 이때부터 등장했다. 그리고 이미 일제가 치안경찰권을 모두 장악한 마당에 여러 종의 경찰이 존재할 필요가 없었으므로 대한제국 경찰과 고문경찰, 통감부·이사청 경찰 3종이 모두 통일되었다.

대한제국 정부 조직에 대해서는 대대적인 통폐합 정리가 시작되었다. 먼저 1907년 11월 27일 궁내부 신관제를 발포하여 경리원 등 궁내부 소속 다수 부서를 폐지하고 관리도 대폭 감축하는 한편, 일본인을 궁내부 수뇌부에 배치했다. 황제를 보좌하던 궁내관 중에서 폐관 또는 퇴관된 사람은 1908년 상반기까지 칙임관 이하 166명, 하급관원 2,400여 명, 궁중 제사관 300여 명 등이었다. 또한 메가타 재정고문이 부임 당시부터 추진했으나 황제 측의 심한 반발로 완전한 효과를 보지 못하고 있던 황실 재산 정리

〈표 4〉 통감부 시기 대한제국 관료의 국적 및 인원 현황(1909년 말 현재)

| 부명 \ 관원 | 칙·주임관 | | 판임관 | | 합계 | | 총계 |
|---|---|---|---|---|---|---|---|
| | 일본인 | 한국인 | 일본인 | 한국인 | 일본인 | 한국인 | |
| 궁내부 | 18 | 165 | 31 | 226 | 49 | 391 | 440 |
| 내각 | 6 | 42 | 8 | 38 | 14 | 80 | 94 |
| 내부 | 107 | 350 | 470 | 844 | 577 | 1,194 | 1,771 |
| 탁지부 | 142 | 76 | 1,180 | 860 | 1,322 | 936 | 2,258 |
| 학부 | 28 | 27 | 137 | 386 | 165 | 413 | 578 |
| 농상공부 | 58 | 14 | 214 | 109 | 272 | 123 | 395 |
| 합계 | 359 | 674 | 2,040 | 2,463 | 2,399 | 3,137 | 5,536 |

도 본격적으로 추진되었다. 일제에 대한 저항의 물적·인적 기반이었던 궁내부와 황실 재산을 철저하게 해체하는 작업이었다.

1908년 1월 각부 신관제 실시 이후 일본인 관리의 임명은 더욱 현저히 증가했다. 종래 고문, 보좌관, 참여관 혹은 그 부속원으로서 대한제국 정부에 용빙되었던 이들은 대부분 대한제국 정부 관리로 임명되었다. 1908년 6월에 이르면 대한제국 정부 관료 5,096명 중 일본인이 1,797명, 통감부 소속 일본인 관료는 4,403명에 이르렀다. 12월에는 다시 2,080명으로 일본인 관리 수가 늘어났는데, 나라의 살림살이를 관장하는 탁지부 관리가 962명(46.3%)으로 가장 많았다. 일본이 무엇보다도 대한제국의 재정 장악을 우선으로 생각했기 때문이었다. 그 밖에 법부 393명(18.9%), 내부 373명(17.9%)의 순서로 일본인 관리가 진출했고, 1909년 말에는 일본인 관리 수가 한국 관리 수에 육박할 정도로 대한제국 정부는 급속도로 일제에 의해 장악되었다(<표 4> 참고).

이처럼 일본인들이 대한제국 내각에 직접 진입함에 따라 통감부 조직은 대폭 축소되었다. 일본인들이 직접 대한제국의 내정을 완전히 장악했으므로 대한제국 정부와 통감부 사이에 중복되는 부분은 과감히 정리, 조직을 간소화한 것이다. 1907년 9월 9일 칙령 제295호 「통감부 및 이사청 관제」 개정의 내용을 보면, 일단 통감의 직권은 확장되었다. 통감은 대한제국에서 일본 정부를 대표하여 조약 및 법령에 기초하여 제반 정무를 통할한다고 규정되어(제3조), 외교 업무 대행 외에 대한제국의 일반 내정까지 관장하는 대한제국 국정 운영의 실질적인 최고 통치권자가 되었다. 이전에도 실제로는 그런 위치였지만 황제권의 반발로 명문화되지 못했던 것이 이제 법적·공식적으로도 명실상부한 권한을 확보하게 된 셈이었다. 그러나 통감부 관리의 수는 부통감의 신설(제10조 2항) 외에는 상당히 축소되었다. 총무장관 1명, 참여관 2명(감사부장, 외무부장), 비서관 2명, 서기관 6명, 기사 4명, 통역관 9명, 속屬·기수·통역생 43명 등이 전부였다. 경시 및 경부는 폐지되었다. 그러나 대한제국 각부의 일본인 차관 9명을 참여관 자격으로 통감부에 소속시키고, 또 대한제국 내각에 진출한 일본인 관리들이 실제로 통감의 지휘를 받게 되었으므로, 통감부는 변함없이 최고의 권력 기관이었다.

1907년 10월 9일에는 통감부 훈령 제21호 「통감부사무분장규정」의 개정으로 총무부·경무부·농상공부를 폐지한 대신, 통감관방·감사부·지방부를 신설하고 관방장관에 총무장관, 각 부장에는 총무장관 혹은 전임 참여관을 임명했다. 통감관방에는 문서·인사·회계과를 두고, 외무부 각 분과는 폐합하여 영사관 및 외국인에 관한 사항, 이민에 관한 사항, 조약 및 약정서에 관한 사항, 의식 및 서훈에 관한 사항 등을 관장했다. 감사부는 통감부 법령과 함께 대한제국 정부가 제정한 제 법령 및 처분을 심사하는 업무를 관장하고, 지방부는 지방 행정에 관한 사항, 식산 및 금융에 관한 사항, 종교 및 교육에 관한 사항, 사법 및 경찰에 관한 사항 등을 관장했다.

이런 통감부 개정 관제의 특징은 통감부가 집행 기능을 축소하고 대한제국 내각의 통치 행정을 감독하는 상위기구의 성격을 분명히 한 점이었다. 종래 통감부와 대한제국의 정부 조직이 이중적으로 존재하고 또 고문부가 중간에 개재해 있던 병렬적 구조에서, 고문부가 해체되고 통감부와 고문부의 일본인 관리들이 직접 대한제국 내각에 진입함으로써, 통감부의 집행기구적 측면은 최소화되고 대한제국 정부를 감독하는 상위기구적 성격이 강화된 것이다.

통감은 여전히 통감 관저에서 대한제국 정부 대신들을 소집하여 시정개선협의회를 계속하되, 실행의 세부 사항에 대해서는 통감부 총무장관 및 각 참여관과 대한제국 정부 각부의 일본인 차관들을 참여관회의에 소집하여 직접 집행을 지휘했다. 특히 통감이 대한제국 정부의 법령 제정에 대한 동의·승인권을 행사하게 됨으로써, 대한제국 정부가 칙령·법률을 제정하려면 먼저 내각 또는 각부의 초안을 내각회의에서 논의한 뒤, 황제에게 결재를 품청하는 문안을 만들어 통감부에 넘기고, 통감의 승인이 나면 황제에게 상주하여 칙재를 받아 반포할 수 있었다. 각령·부령은 법률·칙령의 범위 안에서 내각 총리대신 및 각부 대신이 통감의 승인을 받아 관보에 공포했다. 이로써 대한제국 황제권은 완전히 해체되었고, 통감이 실질적인 최고 통치권자가 되었다.

## 사법권, 경찰 사무까지 빼앗기다

일본인 관리의 대한제국 정부 진출로 내정을 완전히 장악한 일제는 신협약 제3조 "사법 사무는 보통 행정 사무와 구별한다"에서 예고되었듯이 다음 단계로 사법권 탈취 작업을 시작했다. 이전에도 이미 법부고문, 참여관, 보좌관의 배치를 통해 대한제국의 사법 사무에 광범하게 관여하고 있었지만, 대한제국 재판 제도상 한성재판소 및 평리원을 제외하고는 대부분 지방재판소에서 전담재판관 없이 관찰사, 목사牧使 등이 사법 사무를 겸해온 현실을 비판하면서 사법권 독립이라는 명목으로 각 재판소에 일본인을 배치하여 대한제국의 사법권을 장악했다.

신협약 부속 각서에서 한일 양국인으로 구성된 재판소(대심원, 공소원, 지방재판소, 구재판소)를 신설하고, 간수장 이하 반수를 일본인으로 하는 감옥을 설치할 것을 약속받은 일제는 본격적으로 사법권 장악을 위한 준비를 시작했다. 1907년 12월, 일제는 법률 제8호 재판소구성법, 제9호 동同시행법, 제10호 재판소설치법 공포로 일본과 같은 3심제를 채택했다. 그리고 대심원 1(서울), 공소원 3(서울·평양·대구), 지방재판소 8(서울·공주·함흥·평양·해주·대구·진주·광주), 구區재판소 113(한성부 1·경기도 12·강원도 8·충청남도 12·충청북도 6·함경남도 5·함경북도 3·평안남도 7·평안북도 7·황해도 8·경상북도 14·경상남도 10·전라남도 11·전라북도 9)을 설치하고, 전옥典獄을 일본인으로 하는 감옥도 설치하기로 결정했다. 그러나 재정상의 이유로 한꺼번에 모든 재판소를 신설하는 것은 무리라 판단하고 1차로 1908년 1월 대심원, 공소원과 서울 외 7개 지방재판소, 서울 외 15개 구재판소를 개청하고, 1909년 1월에는 2차로 인천 외 7개소 지

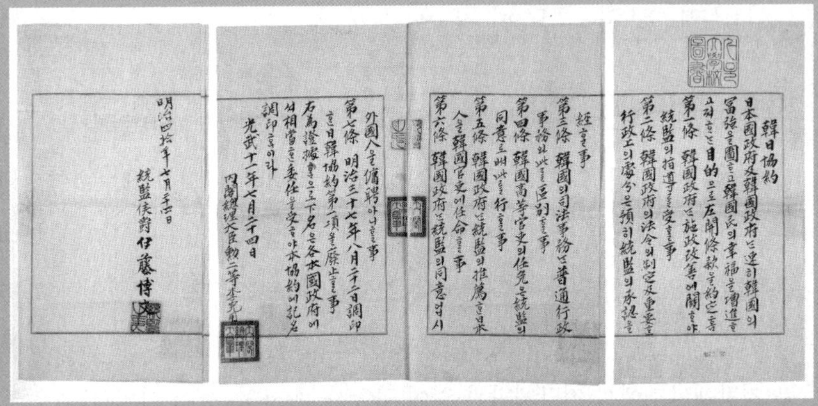

韓日協約

日本國政府及韓國政府ᄂᆞᆫ速히韓國의富强을圖ᄒᆞ고韓國民의幸福을增進ᄒᆞ고져ᄒᆞᄂᆞᆫ目的으로左開條款을約定ᄒᆞᆷ

第一條 韓國政府ᄂᆞᆫ施政改善에關ᄒᆞ야統監의指導를受ᄒᆞᆯ事

第二條 韓國政府의法令의制定及重要ᄒᆞᆫ行政上의處分은預히統監의承認을經ᄒᆞᆯ事

第三條 韓國의司法事務ᄂᆞᆫ普通行政事務와此를區別ᄒᆞᆯ事

第四條 韓國高等官吏의任免은統監의同意로ᄡᅥ此를行ᄒᆞᆯ事

第五條 韓國政府ᄂᆞᆫ統監의推薦ᄒᆞᆫ日本人을韓國官吏에任命ᄒᆞᆯ事

第六條 韓國政府ᄂᆞᆫ統監의同意업시外國人을傭聘아니ᄒᆞᆯ事

第七條 明治三十七年八月二十二日調印ᄒᆞᆫ日韓協約第一項을廢止ᄒᆞᆯ事

右爲證據ᄒᆞ야下名은各本國政府에셔相當ᄒᆞᆫ委任을受ᄒᆞ야本協約에記名調印ᄒᆞᆷ이라

光武十一年七月二十四日

內閣總理大臣勳二等李完用

明治四拾年七月二十四日

統監侯爵伊藤博文

**제3차 한일협약**

한일 신협약, 정미조약으로도 불린다. 1907년 7월 24일에 내각 총리대신 이완용과 통감 이토 히로부미 사이에 체결된 협약으로, 대한제국 내정 전반을 통감이 장악한다는 내용이다.

방재판소 지부와 개성 외 23개 구재판소를 개청했다.

뿐만 아니라 1908년 3월부터 대심원장, 검사총장, 한성 공소원장, 한성 공소원 검사장, 한성 지방재판소장 및 검사장, 서기 6인에 일본인을 용빙한 것을 시작으로 이후 다수의 일본인 법관을 임명함으로써, 경찰권과 함께 통치권을 보장하는 가장 중요한 국가기구인 사법 기관을 완전히 장악하게 되었다. 1908년 새로 임용된 법관 내역을 보면, 일본인은 판사가 74명, 검사 32명, 재판소 서기장 4명, 번역관 4명, 서기 90명, 번역관보 9명이 임용된 데 비해, 한국인은 판사 36인, 검사 9인, 서기 4인이 임용되는 데 그쳤다.

또한 장차 병합 이후 한국에 대한 법률적 지배에 대비하여 구래의 한국법에 대한 조사와 그 개정 작업도 시작했다. 1908년 1월부터 형법, 민사소송법, 형사소송법 및 기타 부속법령의 입안 및 그 자료 조사에 착수했고, 5월 말부터는 민법 편찬 재료 모집을 위해 각지의 관습에 대한 조사가 이루어졌다. 그 결과 1908년 7월 형법대전을 개정하고, 민·형사 소송규칙 및 기타 제 법률에 대한 개정과 신설 법령이 발표되었다.

이처럼 대한제국의 사법권을 장악하는 데 필요한 모든 기초 준비를 마친 일제는 마지막 단계로 1909년 7월 12일 대한제국의 사법 및 감옥 사무를 모두 일본 정부에 위탁한다는 소위 「기유각서」의 체결을 강요했다.

1. 대한제국의 사법 및 감옥 사무가 완비되었다고 인정될 때까지 대한제국 정부는 사법 및 감옥 사무를 일본 정부에 위탁한다.
2. 일본 정부는 일정한 자격이 있는 일본인 및 한국인을 재한국 일본재판소

및 감옥의 관리로 임용한다.

3. 재한국 일본재판소는 협약 또는 법령에 특별한 규정이 있는 외에는 한국인에 대해서 대한제국 법규를 적용한다.
4. 대한제국 지방관청 및 공리公吏는 각각 그 직무에 따라 사법 및 감옥 사무에 대한 재한국 일본 해당 관청의 지휘명령을 받고 또는 이를 보조한다.
5. 일본 정부는 대한제국의 사법 및 감옥에 관한 일체의 경비를 부담한다.

이상 5조로 이루어진 각서의 내용에 따라, 10월 대한제국 법부가 폐지되고 그 사무는 신설된 통감부 사법청으로 이관되었다. 칙령 제236호 통감부재판소령, 제243호 통감부감옥관제를 발포한 일제는 통감부 사법청 산하에 고등법원 1개소, 공소원 3개소, 지방재판소 8개소, 동 지부 9개소, 구재판소 80개소를 설치하고 일본인 판사 192명, 검사 57명, 통역관 기타 246명, 총 495명과 한국인 판사 88명, 검사 7명, 기타 215인 총 310명을 채용했다. 그러나 한국인 법관은 민사재판의 경우 원고와 피고가 모두 한국인일 때, 형사재판은 피고인이 한국인인 경우에 한정하여 담당하게 했다. 특히 적용 법규는 일본제국 법규를 원칙으로 하되, 한국인에 대해서는 한국법규 및 관습을 적용한다고 했으면서도, 실제로 한국인과 한국인이 아닌 사람의 민사소송에 대해서는 일본 법규를 적용하게 함으로써 대한제국의 국민들은 병합 이전부터 이미 대부분 일본 제국주의의 법률적 지배를 받게 되었다.

경찰권과 함께 가장 중요한 국가 공권력인 사법권을 일본이 장악하게 되었으므로, 이제 일본에 저항하는 한국인은 일본 순사에 의해 체포되고 일본인 판사의 재판을 받은 뒤 일본인 간수가 감독하는 감옥에 갇히게 되었다. 대한제국이 한 나라로 운영되는 데 필수적인 행정권에 이어 감옥과 재판소까지 일본이 장악하게 되었으니, 사실상 대한제국의 공권력은 해체된 것이나 마찬가지였다.

스페셜 테마

## 이토의 '자치육성 정책', 실체는 있는가?

일제는 왜 1905년 을사늑약으로 보호권을 획득하고 통감부를 설치한 후에 즉각적인 병합을 단행하지 않았을까? 1905년 당시에는 아직 병합에 대한 국제열강의 완전한 동의를 얻지 못했고, 1910년 무렵에 가서야 러시아 등 열강의 최종 승인을 받아 병합을 단행했다고 흔히들 생각한다. 하지만 일부 일본인 학자들은 일제의 대한 정책이 처음부터 식민지 병합으로 결정되어 있었던 것이 아니고, 통감부 시기 시정개선과 사법 제도 개혁 등을 통해 대한제국의 '자치' 능력을 향상시키려 했으나 그 성과가 없어 할 수 없이 병합을 단행했다고 주장한다. 즉 통감부를 설치하고 대한제국을 '보호' 아래 둔 지 4년여가 경과한 뒤에야 병합을 단행하게 된 이유가 '시정개선에 노력했음에도 불구하고 대한제국의 치안 상황이 도저히 개선되지 않아 일대 혁신을 가할 필요가 있었기 때문'이라는 주장이다. 1910년 8월 29일 병합조약을 공포하면서 내린 일본 천황의 조서에도 "동양평화를 영원히 유지하고 제국의 안전을 장래에 보장하기 위해서는 대한제국이 항상 화란禍亂의 연원임을 고려하여 대한제국의 현 상황에 혁신을 가해 일본제국에 병합하지 않을 수 없었고 이로써 공공의 안녕을 유지하고 민중의 복리를 증진시킬 수 있게 되었다"라는 주장이 나온다. 대한제국의 시정개선 미비로 인한 치안 불안 상황이 계속되면 장래 동양평화를 어지럽힐 화근이 되어 일본의 안전을 위협할 우려가 있기 때문에 할 수 없이 병합을 단행한다는 것이다. 안으로 시정개선론, 밖으로는 동양평화론이 절묘하게 결합된 병합 정당화 논리이다.

그렇다면 과연 일제는 통감부 설치 이후 대한제국의 문명개화와 자치능력 향상을 위해 무언가를 하긴 했는가? 통감부 시기 대한의원大韓醫院 창립, 위생 시설의 설비, 징세 제도 개혁, 경무고문을 통한 지방 경찰력 강화 등을 '문화 정책'의 구체적인 사례로 들고 있는데, 이것이 과연 한국민들에게 혜택을 준 것이고, '문화 정책'이라는 이름에 걸맞는 것이었는가? 일제가 1904년 고문통치 이래 추진한 '시정개선' 사업 중 화폐 교환, 황실 재산 탈취, 국고·회계 장악 등 재정정리 사업은 사실상 식민지화의 기초를 닦기 위한 전초 작업이었다.

1907년 정미조약 체결 이후 통감부 통치에 대해서도 '자치육성 정책'이라는 이름을 붙이지만, 과연 이토의 구상이 궁극적으로 대한제국의 '자치'에 있었는지는 의문이다. 이토가 일본 내 군부 세력인 무단파와 재야 강경파에 비하면 병합에 소극적이었고 '대한제국의 정치는 한국민 스스로 행하게 한다'를 표방했다 할지라도, 그것은 단지 국제열강의 간섭 가능성을 우려하여 점진적인 병합을 선호한다는 것이지, 본질적으로 병합 자체에 반대한 것은 아니었다. 정미조약의 중요 내용 중 하나가 일본인 관리를 대한제국 정부에 직접 진출시킨 것이었음을 상기한다면 '자치'가 과연 무엇을 의미하는 것인지조차 혼란스럽다. 이토가 표방한 '자치'가 일본의 지도 감독 아래 재정적 자립에만 한정되는 자치라면, 이는 단지 보호국 통치의 비용을 절감하기 위한 수단에 불과한 것이다.

일제가 자치육성 정책의 주요 내용으로 꼽고 있는 사법 제도 정비, 은행 설치, 교육 진흥, 식산흥업 등이 과연 대한제국의 자치 능력을 개발하기 위한 것이었는지, 아니면 장차 병합을 앞두고 원활한 식민통치를 위한 기반을 조성하는 사업이었는지는 누가 봐도 쉽게 판단할 수 있는 문제이다. 예컨대 법률 제정과 재판 제도 개량은 병합 이후 영사재판권 폐지에 대한 열강의 반발을 우려해서 미리부터 근대적 사법 제도 확립을 도모한 것이었다. 즉 1909년 7월 사법 및 감옥 사무 위탁으로 일단락된 일련의 사법 개혁 조치들은 대한제국의 '자치' 능력을 육성하기 위한 것이 아니라, 병합 이후 일본법 체계와의 통합을 준비하고 열강에 대한 치외법권 철폐를 염두에 둔 준비 작업이었다.

그런데도 일본 측은 한국민들이 의병 투쟁, 국채보상운동 등을 통해 통감부 통치에 저항하는 바람에 자치육성 정책이 실패로 돌아갔고, 대한제국 내에서는 물론 일본 국내에서도 이토의 보호통치를 비판하며 즉각 병합을 주장하는 세력이 많아졌기 때문에 결국 병합이 단행되었다고 주장한다. 즉 애초부터 병합을 구상했던 것이 아니라 대한제국이 자치를 행할 수 있는 능력을 길러주기 위해 문명화 정책을 구사했으나, 그 성과가 나타나지 않고 오히려 반일 저항 등으로 열강의 개입 가능성이 커졌으므로 할 수 없이 병합하게 되었다는 책임회피적인 논리이다.

문제는 이토가 과연 진실로 자치육성 정책을 구상한 것인지, 아니면 열강의 개입 가능성을 차단하기 위해 대한제국 문명화 전략을 표방한 것인지에 있다. 일부 일본인 학자들은 이토가 독일제국 연방제를 모델로, 대한제국의 자치 능력을 육성하여 재정을 독립시킨 후 연방제 형식으로 대한제국을 합병할 것을 구상했다고 주장한다. 또 당시 일본 내에는 대한제국에 대해 직할 식민지, 자치 식민지, 연방제 등 다양한 형태의 병합 구상이 있었다고 주장한다. 고종 폐위 당시 정미조약 체결로 실질적인 병합을 달성할 수 있었는데도 즉각 병합을 단행하지 않은 것은 반드시 '병합'을 목표로 하지는 않았기 때문이라는 주장이다. 하지만 이토의 점진적 병합론이 병합 자체를 포기하는 것이 아니라 열강의 개입 가능성을 우려하여 가장 신중한 방식으로 병합을 추진하는 데 있었다면, 이토가 병합이 아닌 '연방제' 등을 최종 목표로 했다고 논단할 증거는 부족한 것 같다. 만약 이토가 대한제국에 연방제를 실시할 것을 목표로 했다면 일진회 세력이건 일본에서 귀국한 망명 개화 정객이건 '자치'를 담당할 정치 세력을 육성했어야 한다. 그렇지 않은데도 이토를 문명화 정책 혹은 자치육성 정책을 추진한 '선의'를 지닌, 보다 나은 제국주의자로 무단파에 비해 긍정적으로 재평가하려는 움직임에는 분명 문제가 있다.

## 일진회의 정계 진출

일제가 대한제국의 통치권을 거의 모두 장악한 가운데, 친일 내각은 물론 재야 정치 세력들 중에서도 일진회와 같이 차라리 합방을 단행할 것을 주장하는 이들이 나타났다. 일진회는 오랜 일본 유랑 생활에서 돌아온 송병준이 1904년 8월 전前 독립협회 회원 윤시병, 유학주, 염중모 등과 함께 결성한 유신회와 구 동학 세력인 손병희·이용구가 9월 전국의 구 동학도들을 결집시킨 진보회가 결합하여 탄생된 단체였다. 진보회가 구 동학 조직을 바탕으로 대중적 기반을 가진 데 비해 일본 주차군의 보호하에 겨우 명맥을 유지하던 일진회는 이용구를 매수해 합동 일진회를 창립했다.

송병준은 1876년 병자수호조약 체결 당시 구로다 기요타카黑田清隆 대사가 파견되었을 때 수행원 자격으로 일본인과 인연을 맺은 이후, 일본에 건너가 인삼 재배와 염색·직물 등을 공부하다가 러일전쟁이 일어나자 오타니大谷 소장의 군사통역으로 귀국했다. 1894년 농민전쟁에 참여했던 동학교도 이용구는 1899년 최시형 사망 이후 북한 지방 선교에 종사하다가 역시 러일전쟁을 전후하여 교세 회복에 나선 손병희의 지령으로 진보회를 창립했다. 이때부터 일부 동학교도들은 그간의 반외세적 태도를 버리고 문명개화 쪽으로 방향을 대전환했다.

일진회 취지서에 의하면, 일진회는 기본적으로 독립협회 온건파 계열의 입헌군주제적 정체관을 그대로 계승하고 있었고, 연설회 개최나 정부 대관과의 면담 요구 등 활동 방식도 독립협회와 매우 흡사했다. 아마도 초기에 구 독립협회 회원들이 참여했기 때문에 나타난 양상일 것이다. 국민주

**독립협회 건물을 인수한 일진회**

왼쪽이 독립관, 오른쪽이 일진회 건물이다. 독립관은 독립협회의 사무실로 그 앞에서 각종 연설회가 열리곤 했는데, 후일 일진회 본부로 사용되었다.

권론을 토대로 황제권과 일정하게 타협하면서 정치에 참여해보겠다는 목표도 독립협회와 비슷했다.

하지만 일진회 활동의 초점은 러일전쟁 당시 일본군의 북한 지방 진입을 후원하기 위해 수송대를 조직하고 보급품 운반에 앞장섰듯이 친일에 맞춰져 있었다. 이들은 러시아 측 군사기밀을 정탐하기 위한 간첩 활동에 나섰고, 경의철도 공사에도 철도 공부대工夫隊를 편성하여 거의 무보수로 봉사했다. 경의철도 공사에는 평안남북도, 황해도에 거주하는 일진회원이 연인원 149,114명이나 참가했다. 또한 을사조약 체결 직전인 1905년 11월 6일에는 보호조약 찬성 선언서를 발표하고, 외교권은 이미 한일의정서 체결과 고문협약으로 일본에 의존하고 있는 이상 새삼스럽게 외교권 박탈에 저항할 필요가 없다고 주장했다.

일진회는 1906년 10월 통감부 촉탁 우치다 료헤이內田良平를 고문으로 맞이하면서부터 본격적으로 '한일연방설'을 주장하기 시작했다. 우치다는 이토 통감이 부임할 때 국정조사 촉탁으로 데리고 온 대륙낭인 계열의 인물로서, 청일전쟁 때 이미 천우협天佑俠이라는 낭인 조직을 이끌고 조선에 온 경험이 있을 정도로 적극적인 대외팽창론자였다. 우치다는 일본의 유명한 재야 강경파인 스기야마 시게마루杉山茂丸를 통해 일본 군부를 대표하는 야마가타 아리토모山縣有朋, 가쓰라 다로, 데라우치 마사타케 등의 후원을 받고 있었고, 근대 일본 최대의 국가주의 단체인 흑룡회의 주간이기도 했다. 빈약한 일진회의 재정 사정을 해결해주고 일진회의 고문으로 취임한 우치다는 일진회의 매국적 친일 활동을 배후에서 조종하기 시작했다.

우치다가 일진회의 이용구에게 "천하의 형세가 급변해서 일한연방에 이르더라도 반대하지 않겠느냐"고 묻자, 이용구는 평소 다루이 도키치樽井藤吉의 대동합방론에 뜻을 두고 있었으며 동학의 목적은 "민民에 있지 군君에 있지 아니하다"고 답변했다. 또한 일진회는 동학의 변형이므로 서세동점의 시기에 아시아가 단합하여 문명을 발달시키고 식산흥업으로 민당民黨을 부식扶殖하여 정치를 개선하는 데 있어서 일본의 지도를 충심으로 신뢰한다고 답변했다. 전형적인 동양평화론과 한일연대론의 정세 인식 아래 대내적으로는 문명개화론의 입장에 선 민당으로서 군주권 수호에는 관심이 없음을 분명히 한 사실이 주목된다.

송병준 역시 우치다가 제의한 연방설에 바로 동의하면서, 그 목적 달성은 고종 황제 아래서는 도저히 불가하므로 먼저 황제 폐위가 급무라고 제안했다. 또 그것을 실현할 구체적인 방법으로, 일진회 지방회원들을 소집해서 궁중을 압박하면 한 사람의 일본인도 번거롭게 하지 않고 외국인의 비난도 없이 달성할 수 있다고 장담했다. 이처럼 일진회가 이미 일한연방론 혹은 합방론에 기울었음을 알고, 우치다 등은 일진회의 정계 진출을 적극적으로 후원하기 시작했다.

우선 일진회는 연설회, 논설, 건백서 제출 등을 통해 박제순 내각의 총사퇴를 요구했다. 일진회가 제출한 내각 탄핵문에 대해 우치다는 "현 내각은 양반 내각, 문벌 내각이고 지금 이를 탄핵하는 것은 신민당新民黨 혹은 구 독립협회 일파로서, 오랫동안 민간에서 몰래 세력을 부식해온 민당이 그간 황제권에 짓눌려왔던 민론의 대변자로서 일본의 압박으로 인한 황제권의 누수를 틈타 솟아오른 것"이라고 해석했다. 박제순과 같은 양반 출신 관료들이 '하층 무뢰배' 출신의 일진회와 연합하는 것을 탐탁지 않아 한 것은 당연한 일이었다. 유약한 박제순 내각을 경질한 이토는 보다 강력한 친일 내각을 구성하기 위해 폐위 문제에 적극적인 이완용을 참정에 발탁하고, 일진회의 송병준을 농상공부대신으로 입각시켰다.

이완용 내각에 참여한 송병준은 1907년 7월 초 헤이그 밀사 사건이 알려지자 누구보다 앞장서서 고종의 폐위를 극간하고 이를 관철해냈다. 이때 일진회는 고종 황제가 황태자에게 양위하고 정권을 통감에게 위임하며, 양국이 이중인 정치 기관을 통일해 일본과 동일한 '인민 자치 기관'이 출현하기를 희망한다고 했다. 대한제국에 명목상의 황제는 존치시키되 실권은 통감에게 주고, 한일 양국의 정치 기관을 통일시키되 한국민에게 인민 자치를 허락하는 정치 체제를 구상한 것이다. 여기서 "이중인 정치 기관의 통일"이 한일연방제 아래의 통일을 말하는지, 아니면 완전한 합방을 의미하는지는 불분명하지만, '인민 자치'는 일본 통감이 실권을 가진 체제하에서라면 사실상 매우 한정적인 수준에서 '지방자치' 정도를 의미할 수밖에 없다. 이런 구상은 나중에 일진회의 정합방론政合邦論으로 구체화되었다.

하지만 이토는 고종 폐위와 신협약 체결에 성공한 뒤 일진회에 대한 일반의 심각한 반대 여론에 부담을 느끼고 점차 일진회를 멀리하기 시작했다. 전국적인 의병 봉기가 이어지면서 반일 분위기가 고조되고 일진회가 그 반일운동의 공격 목표가 되자, 이용가치보다는 오히려 통감부 통치에 부담이 된다고 판단했던 것이다. 애초에 우치다 등도 일진회를 정치적 목적으로 이용한 뒤에는 재단으로 만들어 산업 활동에 종사시키려 계획하고 있었는데, 이런 일본 측 의도를 전혀 간파하지 못한 일진회는 일제의 후원으로 언젠가는 정권을 장악할 수 있으리라는 꿈을 가지고 있었다. 일진회는 의병의 공격에 대항하여 자위단을 결성했지만, 통감부 측은 일진회가 국난 극복을 빌미로 당세 확장을 도모하며 양민에 대한 폭행, 협박, 단발 강제 등을 일삼아 문제를 일으킨다는 이유로 경고 조치를 취하기도 했다.

이처럼 통감부의 태도가 돌변하자 내각 내에서 송병준의 위치도 흔들리기 시작했다. 참정 이완용은 통감부와의 밀착 관계를 기반으로 권력을 독식하면서 송병준을 궁지에 몰아넣었다. 이토는 이완용을 절대적으로 신뢰하면서 송병준에게 등을 돌렸다. 병합 문제에 대해서도 이토는 일진회가 즉각 합병 운운하는 것은 일본에 매우 큰 부담을 주는 것이라고 유보적인 태도를 보였다. 송병준은 이토 통감이 자신을 폐위 문제에만 이용하고 권력은 이완용 쪽에 실어주는 것에 심히 분노했다.

그런데 이완용과 송병준이 내각 내에서 대립한 것은 원천적으로 서로 다른 배경을 가진 두 세력이 정권 장악을 위해 연합한 데서 오는 필연적인 결과였다. 즉 일진회가 구래의 양반 지배 질서의 철저한 해체를 지향한 반면, 이완용을 비롯한 대부분의 관료들은 일진회를 하층 무뢰배 출신이라 보며 냉소했고, 통감부도 여기에 동조하면서 일진회의 불만이 고조되었다.

일진회원들은 송병준의 입각 이후에도 대대적인 정계 진출이 이루어지지 않는 데 대한 불만과, 이완용을 전폭적으로 신뢰하는 이토 통감에 대한 실망으로, 이완용 내각 타도운동을 시작했다. 어차피 각 지방에서 의병의 공격을 받아 일진회 조직이 궤멸 상태에 이르렀을 뿐 아니라 중앙 지도부의 재정 상황도 거의 파탄에 이르렀으므로 뭔가 돌파구를 찾아 모험을 단행할 수밖에 없는 상황이었다.

1908년 6월 18일, 3백여 명의 일진회원들이 일진회 본부에 집합하여 한

**이용구와 자위단**
의병전쟁이 전국적으로 확산되면서 일진회는 의병 활동을 진압할 자위단을 조직했다. 사진은 자위단 조직을 위해 지방으로 출발하기 전 일진회 간부진이 찍은 기념사진이다. 앞줄 가운데가 이용구, 그 오른쪽이 우치다 료헤이이다. 이들은 일본 군대와 헌병대의 보호감독 아래 의병 진압 활동에 앞장섰다.

석진·염중모 등 총무원들을 구타하는 사태가 벌어지고 부회장 홍긍섭이 담벼락을 넘어 도주하는 상황에 이르자 이용구는 잠시 회원들의 불평도 피할 겸 일본으로 건너갔다. 역시 일본에 가 있던 이토를 면담한 이용구는 통감부가 재정적 지원을 포함, 전폭적으로 일진회를 지지해줄 것과 이완용 내각을 경질할 것을 요구했다. 하지만 통감은 이완용 내각을 경질할 생각이 없고 일진회에 대한 재정 지원도 고려해볼 수 없다는 입장이었다. 이에 이용구는 다케다 한시武田範之, 우치다 등과 함께 직접 데라우치 육군상 등 일본 정계 유력자들을 만나 대한제국 문제에 개입해줄 것을 호소했다.

## 망명 개화 정객들의 귀국과 정치 활동 재개

통감부 시기 친일 정치 세력의 또 다른 한 축은 오랜 일본 망명 생활에서 귀국한 구 개화파 세력과 각종 쿠데타 관련 정치 망명객들이었다. 이토는 1906년 3월 부임과 동시에 이들 재일 망명자들의 귀국을 고종에게 제안했다. 황제정에 반대했던 이들 망명자들을 귀국시켜 통감부 통치의 정치적 기반으로 삼고, 동시에 그들로 하여금 일본에 저항하는 고종을 견제하게 할 계획이었다.

재일 망명 정객이란 박영효·유길준 등 갑오 개화 정권 관계자와 장박·조희연·이두황·이진호·이범래·조희문·구연수·권동진·이규완·정난교·신응희 등 을미사변 관련자, 대한제국 황제정에 반대하는 이런저런 쿠데타에 관련된 세력, 이준용 등 황실 가족으로서 대원군 계열이거나 의화군처럼 황제정에 도전하는 쿠데타 세력에 의해 옹립된 적이 있는 인물들이었다. 그들은 일본의 비호를 받으며 오랫동안 일본에서 망명 생활을 했는데, 고종은 황제권을 위협하는 세력으로서 이들을 늘 경계하고 있었다.

을미사변 관련자로 중범에 속하는 권동진과 유길준, 쿠데타 관련자인 오세창 등은 통감부가 설립되자마자 임의로 귀국하여 "고루한 대신들의 정권 쟁탈전과 대세에 어둡고 주권자의 덕망을 결여한 황제로부터 대한제국을 구하는 길은 신지식층이 국정 요직에 들어가 쇄신을 도모하는 수밖에 없다"고 주장하며 정권 참여를 희망했다. 하지만 대부분의 망명자들은 1900년 안경수·권형진의 예처럼 귀국 즉시 처벌당하지 않을까 하는 우려로 귀국을 망설이고 있었다. 혹은 귀국하면 자신들은 이미 시세에 뒤떨어져 있을 테고 통감부 통치로 자신들만의 정부를 건설할 수도 없을 것이므로 차라리 상업에 종사하겠다고 하는 등 정치적 야망을 포기한 경우도 있었다. 망명 정객들의 희망은 갑오개혁 때처럼 일본의 후원 아래 단독 정권을 세우는 것이었지만, 통감부 통치와 일본인 관리의 대한제국 정부 진출로 그런 희망은 실현 불가능해졌다. 다만 통감부 주선하에 정부 내각에 들어가거나 적당한 관직에 취직하는 수밖에 없었다. 이렇게 이완용 내각에 법부대신으로 발탁된 조중응은 기대를 저버리지 않고 고종 황제 폐위 당시 적극적으로 활약했다. 황철이 농상공부협판에 임명된 것도 이토가 정부 요직에 채용하라고 강력하게 추천했기 때문이었다. 대원군의 부하였거나 을미사변 관련자인 유세남, 유혁로, 이두황, 이범래, 이진호 등도 각 지방 관찰사로 취직하여 통감부 통치의 말단에서 활약했다.

한편 고종은 박영효를 귀국시켜 궁내부대신에 임명함으로써 이완용 내

**돌아온 망명 정객들**
박영효(왼쪽)와 유길준(오른쪽). 갑오 개화 정권이 무너지면서 일본으로 망명했으나 정부 전복 기도 혐의로 대한제국 정부로부터 지속적인 송환 시도가 있었다. 일본은 이들 망명자 송환 문제를 협상의 대상으로 삼아 한일의정서 체결을 시도하기도 했다.

각의 황제권 압박에 대항하고자 했다. 고종은 원래 박영효의 귀국에 대해 대단히 부정적이었다. 박영효가 일찍이 안경수의 '대한청년애국회 사건'에 추대된 바 있고, 독립협회 잔여 세력의 쿠데타에도 관련되는 등 황제권에 대한 강력한 도전자였기 때문이다. 그런 박영효에게 고종이 밀명을 내려 1907년 6월 귀국시켰다. 박영효는 귀국 즉시 사면을 받고 왕실의 부마로서 금릉위의 지위도 회복했다. 박영효는 갑오 개화 정권 당시에도 일본 측과 갈등을 빚으며 개혁의 주도권을 주장했고, 왕실에 대해서는 오히려 타협을 시도한 적이 있다. 실제로 박영효는 일제가 고종에게 양위를 압박했을 때 '대리'의 조칙을 내리라고 조언했으며, 이도재, 남정철 등 정부 대신을 지낸 관료 세력, 시종무관 어담, 참령 이갑 등과 함께 시위대 병사들을 동원하여 상황을 전복시킬 쿠데타를 모의하다가 체포되기도 했다.

가장 늦게 귀국한 것은 대원군의 손자이자 고종의 장조카인 이준용과 유길준, 조희연 등 개화파였다. 이준용은 대원군과 함께 여러 차례 정권 장악을 도모했을 뿐 아니라, 을미시해에도 관여했다고 의심받고 있었다. 유길준, 조희연 등 개화파는 끝까지 고종의 사면을 받지 못했고, 고종 퇴위로 사면권자가 없어진 상태에서 일본 측으로부터 귀국 여비를 지원받아 귀국할 수 있었다. 이두황, 이범래, 최정덕, 장박, 이진호 등 을미사변 관련자들과 함께였다.

이들 귀국 정객 중 유길준은 통감부와 어느 정도 거리를 두고 한성부민회장, 제국실업회장, 한국농무회장, 대한상무조합 고문 등의 직함으로 재야에서 활동하면서 개혁당을 자임했다. 대한자강회, 수양동우회 등 계몽운동 단체와 접촉도 있었지만, 귀국 정객들은 이완용 내각을 둘러싼 복잡한

〈표 5〉 재일 망명자의 귀국 시기와 이후 활동

| 이름 | 망명 당시 지위 | 죄목 | 귀국 시기 | 귀국 후 활동 |
|---|---|---|---|---|
| 구연수 | 농상공부 주사 | 개화 정권 참여 | | 경시부감 |
| 권동진 | 일본 유학생 | 권형진 동생 | 1906. 01. 28 | 천도교 |
| 김준룡 | 독립협회원 | 고영근 사건 | 1906. 05. 09 | |
| 박영효 | 내부대신 | 정변 음모 | 1907. 06. 08 | 궁내부대신 |
| 신응희 | 군부 비서관 | 박영효 부하 | | 전남관찰사 |
| 오세창 | 농상공부 참의 | 유길준 사건 | 1906. 01. 28 | 천도교 |
| 유길준 | 내부대신 | 쿠데타 음모 | 1907. 08. 13 | 한성부민회장 |
| 유세남 | 내부협판 | 대원군 참모 | 1906. 03. 15 | 함남관찰사 |
| 유혁로 | 군부 군무국장 | 박영효 부하 | | 평북관찰사 |
| 윤치오 | 중추원 참서관 | 윤치호 동생 | | 학부 학무국장 |
| 이규완 | 경무관 | 을미사변 | | 중추원 찬의 |
| 이두황 | 육군 참령 | 을미사변 | 1907. 08. 13 | 강원관찰사 |
| 이범래 | 육군 참령 | 을미사변 | 1907. 08. 13 | 전북관찰사 |
| 이승구 | 경무관 | 을미사변 | | 함남관찰사 |
| 이종원 | 지방관 | 대원군 참모 | 1906. 05. 15 | |
| 이진호 | 육군 참령 | 을미사변 | 1907. 08. 13 | 평남관찰사 |
| 장박 | 법부대신 | 을미사변 | 1907. 08. 13 | 궁내부 특진관 |
| 정난교 | 훈련대 대장 | 을미사변 | | 중추원 부찬의 |
| 정진홍 | 훈련대 대장 | 을미사변 | 1906. 03. 20 | 농상공부 국장 |
| 조중응 | 법부 형사국장 | 대원군 관련 | 1906. 03. 20 | 법부대신 |
| 조희문 | 육군 참령 | 조희연 동생 | 1907. 08. 13 | 황해관찰사 |
| 조희연 | 군부대신 | 을미사변 | 1907. 08. 13 | 궁내부 특진관 |
| 최정덕 | 독립협회원 | 고영근 사건 | 1906. 03. 20 | 충남관찰사 |
| 천장욱 | 훈련대 대장 | 을미사변 | 1906. 05. 20 | 임실 군수 |
| 최경붕 | 훈련대 대장 | 을미사변 | | 재판소 번역관 |
| 한석로 | 훈련대 대장 | 을미사변 | 1906. 03. 20 | 중추원 부찬의 |
| 황철 | 육군 참위 | 대원군 가인(家人) | 1906. 03. 15 | 농상공부협판 |

정치적 상황과 일진회의 합방 청원서 제출로 혼란스러운 합방정국에서 정치적 위상을 확보하지 못했다. 유길준은 합방론을 둘러싼 찬반 정국에서 가장 활발하게 반대운동을 펼쳤고, 윤효정·한석진 등 대한협회 간부들과도 만나 시국을 논의했으나 이미 병합 쪽으로 물꼬를 튼 정국의 동향을 반전시킬 수는 없었다.

## 일진회와 권력 지향적 계몽운동 단체의 3파 연합

위기에 처한 일진회가 일본 내 강경 세력과 연계하여 이토 통감 퇴진운동을 벌이는 동안, 이토는 1909년 초 순종 황제와 함께 남북한 순행길에 오르는 등 통감정치의 안정을 과시하고자 노력했다. 하지만 그간 실시한 보호통치의 실적이 미미하다는 일본 내 여론에 부담을 느낀 나머지, 결국 4월 10일경 병합 단행에 이의가 없다는 견해를 표명했다. 그동안 야마가타 등 무단파의 즉각적인 병합 단행 주장에 맞서 아직 시기가 도래하지 않았으므로 국제열강과의 관계를 고려하자는 의견을 가지고 있던 이토가 사임함으로써, 합방 추진은 더욱 급물살을 타게 되었다. 이토는 1909년 6월 14일자로 부통감 소네 아라스케曾禰荒助에게 통감 자리를 넘겨주고 귀국했고, 7월 15일 일본 추밀원 의장에 복귀했다.

이완용 내각을 옹호하던 이토가 물러나자 1909년 9월부터 일진회는 다시 한 번 이완용 내각 타도운동을 시작했다. 일진회·대한협회·서북학회 등 재야 3단체가 연합하여 이완용 내각을 타도하고, 나아가 새 정권 창출을 통해 숙원 사업인 합방을 촉진한다는 계획이었다. 대한협회와 서북학회는 종래 반일적 성향을 유지해온 단체였지만, 강한 권력 지향적 성격으로 인해 일단 이완용 내각 타도와 새 정권 창출이라는 목표 앞에서 친일 단체인 일진회와 연합했다.

이 시기 수많은 재야 계몽운동 단체, 학회 등에 참여한 인사들 중에는 대한협회와 같이 정권 참여와 권력 구조 개편을 지향하는 세력도 있었다. 통감부 시기는 절대주의적 황제정하에서 억눌려온 민권운동 세력의 정치적 욕구가 한꺼번에 분출된 시기로서, 이들은 황제정이 일제에 의해 철저히 해체된 상황을 정권 진출의 기회로 받아들였다. 이들은 독립협회 해산 이후 억제되어온 정치 참여 욕구를 폭발적으로 분출시키면서 정치 활동에 나섰다. 하지만 새로운 이민족 지배 권력인 일제 통감부 앞에서 다시 한 번 좌절을 맛볼 수밖에 없었다.

그중 대한협회는 헌정연구회와 대한자강회를 계승한 단체로서 입헌정체 지향은 대한협회의 주요 임원진에게 계승되었다. 대한협회의 주요 인물은 윤효정 등 헌정연구회 계열과 김가진 등 고위관료, 손병희, 권동진, 오세창 등 천도교 인사들이었는데, 이들은 강한 권력 지향적 성격으로 정당과 같은 활동을 전개하고 있었다. 1908년 7월 남궁억 대신 회장이 된 김가진은 갑오 개화 정권 참여자로서 일본 측과 친분이 깊었고, 권동진, 오세창 등은 천도교 교주 손병희가 정권 장악을 위해 대한협회에 가담시킨 인물들이었다. 고종 황제 폐위 이후 일단 입헌군주제 수립이라는 목표를 상실한 대한협회는 이완용 내각을 타도하고 직접 정권에 참여하려 했으나, 통감부는 전통적 양반 지배 체제 부활을 지향하는 이완용 내각을 후원하면서 이들의 정치 참여운동에 냉담했다.

3파 연합은 애초에 서북학회의 최석하, 정운복 등이 일진회 측에 먼저 제의한 것이었는데, 대한협회 역시 독자적인 정권 장악이 어려운 상황에서 일진회와 타협하여 이완용 내각을 타도하고 내각에 진출하려는 갈망에서 이를 수용했다.

황해도 출신의 정운복은 1908년부터 서북학회 회장을 역임하면서 이토 통감에게 접근하여 제국신문 사장에까지 오른 인물로서, '나는 어차피 이 땅에서는 어려우니, 일본에 가서 국회의원이 되고 싶다'는 심경을 토로했던 적이 있고, 최석하 역시 평안북도 출신으로 러일전쟁 때 통역으로 만주까지 종군했던 인물이다. 최석하는 1908년 일본에서 귀국했을 때 이토 통감과 교섭하여 안창호 내각 수립운동을 펼치다가 무위로 돌아가자 1909년부터 3파 연합운동에 앞장서게 되었다. 전통적인 양반 지배 체제하에서 소외되어온 서북 출신들이 이완용 내각 타도를 위해 민당을 자처해온 일진회와 연합을 제안했던 것이다.

이후 일진회와 대한협회는 함께 각 지방지부에 성명서를 보내고, 10월 23일에는 일진회 소속인 독립관에서 연합 연설회를 개최했다. 이 연설회에서 서북학회의 정운복, 대한협회의 윤효정, 일진회의 한석진, 유재한 등이 청중 2천여 명을 상대로 3파 연합의 당위성에 대해 열변을 토하는 등 운동은 자못 기세를 얻어가고 있었다. 하지만 10월 26일 안중근의 이토 암살 사건을 계기로 일본 내에 병합 즉시 단행의 여론이 높아지자 일진회 측은 더욱 합방을 서두르게 된 반면, 대한협회 일반회원들은 합방 추진에 반발하여 대규모 회원 탈퇴가 이어졌다. 대한협회의 지도부는 이완용 내각 타도, 정권 장악이라는 목적을 위해 일시적으로 일진회와도 연합할 수 있다고 생각했지만, 대다수 일반 회원들은 그것이 합방을 추진하는 일제에 의해 이용당할 것을 우려한 것이다. 서북학회 역시 일진회 기관지인 『국민신보』에 서북학회는 교육을 목적으로 하는 단체로서 정당과 같은 정치 행동에는 전혀 관심이 없다는 광고를 연일 게재했다.

## 일진회의 합방 청원운동과 각 정치 세력의 동향

일제의 병합 단행 결정을 눈치챈 일진회는 한발 앞서 스스로 합방을 청원함으로써 공로를 인정받기 위해 1909년 12월 3일, 정견政見협정위원회를 소집하고 대한협회 등에 합방 성명서 발표에 대한 의견을 물었다. 이에 대한협회가 반대함으로써 공식적으로 3파 연합은 결렬되었다. 일진회는 이날 밤 즉시 총회를 열고 합방안을 가결했다. 이미 각도 유생 30여 명과 보부상 단체인 대한상무조합, 한성보신사 등의 유력자들을 동원해놓은 일진회는 정운복·최석하 등을 통해 기독교계 중요 인물에 대한 설득도 병행하면서 12월 4일 아침 일찍 합방 성명서를 발표했다. 그리고 순종 황제와 내각 총리대신, 통감에게 합방 청원서를 전달했다.

이 문서들은 10월 초 일본에 귀국했던 우치다가 이토를 만나 병합에 대한 동의를 얻고 고무되어 곧바로 야마자키 사부로山崎三郎, 구즈 슈스케葛生修亮 등과 함께 기초한 문건으로서 나중에 다케다 한시, 최영년 등이 다듬었다. 송병준·이용구는 우치다 등이 작성한 합방 청원서를 놓고 단지 완전한 합방으로 할 것인지, 일한'연방'으로 할 것인지에 대해 이견을 보였을 뿐, 청원서는 순전히 일본인들의 손으로 작성된 것이었다. 일진회는 다만 한국민 스스로 합방을 청원했다는 명분을 쌓기 위해 이용당한 데 불과했다.

그런데 합방 청원서를 전달받은 이완용 내각은 12월 7일 대신회의를 열고 이를 각하하는 한편, 대한협회·한성부민회·국시유세단·홍사단 등을 사주하여 국민대연설회를 개최하고 일진회의 합방 청원에 반대하게 했다. 물론 합방에 진짜 반대한다기보다는 합방 정국의 주도권을 일진회에 넘기지 않겠다는 의도였다. 일진회는 합방 청원서 제출을 반복했지만, 12월 9일 일본 경찰은 시국 혼란을 이유로 일진회장 이용구와 국민대연설회장 민영소를 함께 불러 모든 집회 연설 및 선언서류의 반포를 금지한다고 명령했다.

이때 대한협회장 김가진과 이윤용, 신석주 등이 이완용의 지시로 도일한다는 설이 나돈 데 이어, 역시 이완용의 부하인 대한신문사장 이인직이 비밀 운동자금을 가지고 도일하여 도쿄의 각 신문, 재일 유학생, 대한동지회 등과 교섭하고 일진회 반대 여론을 조성하고 있다는 보도도 있었다. 실제로 이완용은 이때 탁지부대신 고영희를 일본에 보내 가쓰라 다로 수상과 면담하게 하고, 5개조의 일한합방론을 따로 제시했다. 농상공부대신 조중응의 주장에 의하면, 5개조의 합방안에는 양반에 대한 지위 보장 등이 포함되어 있었다. 즉 양반을 자질과 지위 등을 기준으로 갑, 을, 병 3계급으로 나누어 일본이 메이지유신 이후 화족을 대우했듯이 처리해달라는 요구였다. 일본의 무사 계급과 달리 조선의 양반은 군현제 하에서 봉토封土가 없고 직위를 세습해오지 않은 관계로 그 역사와 조건이 일본과 큰 차이가 있었지만, 이완용 내각은 이미 병합을 기정사실로 받아들이면서 양반층의 기득권 유지와 보상을 위한 협상을 시작하고 있었다.

하지만 일본 유학생들이 일진회가 제기한 합방론에 문제를 제기하면서 단체 행동에 나서려는 순간, 이재명에 의한 이완용 암살 미수 사건이 발생함으로써 이완용 내각은 일대 혼란에 빠지게 되었다. 이완용은 사고 후 유증으로 1910년 3월 말까지도 정무에 복귀하지 못하는 상태가 되었는데, 이인직은 수개월 동안 일본에 체류하면서 일본 정계의 유력자들을 상대로 모종의 공작을 계속했다. 일진회 측 합방안이 아니라 이완용 내각이 구상한 합방안에 대해 일본 측 의사를 타진하고 있었던 것이다.

반면, 일진회와 제휴 결렬을 선언했던 대한협회는 합방에 반대하는 게 아니라 '시기상조'라고 생각한다 했다가, 다시 비밀회의를 열어 내각에 장서를 올리기로 결의하는 등 분명한 입장을 정하지 못한 채 계속 동요하는 모습이었다. 대한협회가 12월 4일 밤 결의한 합방반대이유서에 의하면, '지금은 합방의 시기가 아니지만, 향후 대한제국이 개명 부강을 달성하여 일본의 보호국 상태로부터 벗어나는 것은 도저히 불가능하므로 자연히 모든 대한제국인들이 합방을 주장할 것인데, 그때 합방을 해도 늦지 않다'는 판단일 뿐, 절대적인 반대론은 아니었다. 또한 장차 중추원 관제를 개정하여 대한협회 회원들을 다수 의관에 임용하게 하고, 각도에 참사회를 개설하여 대한협회 회원들을 진출시킬 것을 계획하는 등 여전히 정치 참여에 대한 미련을 버리지 못하고 있었다.

또한 이완용 내각에 대한 입장을 살펴보면, 1910년 1월 중에 내부대신 박제순과 연결된 결과 대한협회가 내각 타도운동을 중지했다는 보도가 있었다. 박제순이 이완용 대신에 총리대신이 된다는 설이 퍼지면서 대한협회 회장 김가진이 박제순을 누누이 방문했다는 보도로 보아, 대한협회가 이완용 부재 중에 박제순과 연합하여 내각 진출을 계획했을 가능성도 있다. 이완용이 정양 중에 내각 관리를 위해 자신의 형 이윤용을 내부대신에 임명하고자 했을 때 박제순이 한사코 거절한 것도 대한협회와의 모종의 약속 때문이라는 소문도 있었다.

결국 대한협회는 애초에 일진회와 연합하여 이완용 내각을 타도하고 정권에 참여하려 했다가, 다시 이완용 내각과 타협하여 정권 참여를 희망하는 등, 내각 진출이라는 현실적 목표와 합방 반대라는 민족적 명분 사이에서 확실한 방향을 정하지 못한 채 방황하는 모습이었다. 특히 회원 내부에서 합방론에 대한 입장 차이가 너무나 커서 정운복을 배척한 일로 회원의 2/3를 점유하고 있던 서북인들이 격앙하여 탈회하는 등, 3파 연합 결렬과 일진회의 합방 청원서 제출을 계기로 대한협회 활동은 중대 위기를 맞게 되었다. 대한협회 간부들은 이를 타개하기 위해 일본 메이지대학 졸업생 최린을 영입하고자 했지만 거절당했고, 이후에는 제주도 등지에 낙향해 있던 박영효를 영입하여 회장으로 추대하려는 계획도 세웠으나 역시 실패로 돌아갔다. 병합은 시시각각 다가오는데 회원 간의 의견 불일치 때문에 좀처럼 명료한 정견을 결정할 수 없었던 대한협회는 1910년 3월 말에 다시 국시유세단, 국민연설회 등 이완용이 사주하는 정치 세력이 설립한 정우회(총재 민영휘, 부총재 이재극)와 연합을 추진하기도 했다.

한편, 합방론을 둘러싼 찬반 정국에서 가장 활발한 반대운동을 펼친 인물은 구 개화파 중 한 명인 유길준이었다. 유길준은 12월 12일 일진회 성명서에 찬동하는 서약서를 보낸 보신사普信社를 찾아가 사장 최정규의 해임을 요구했고, 대한상무조합에 가서도 "일본에 부속하면 어찌 황실과 인민이 있겠느냐"고 꾸짖으면서 조합장 이학재 등 성명서 찬성 임원들을 사임시킬 것을 요구했다. 이미 일진회 측에 기울어진 보신사와 대한상무조합 인사들은 오히려 유길준을 고문에서 해촉하며 반발했다. 하지만 유길준은 윤효정·한석진 등 대한협회 간부들과도 만나 시국을 논의하면서 자연스럽게 활동의 보폭을 넓혀갔다. 대한협회는 구 개화파 거물인 박영효와 제휴를 추진하다 포기한 적도 있었던 만큼, 비슷한 정치적 경험과 역량을 가진 유길준을 추대해 구심점으로 삼으려는 생각도 했지만, 일제가 강력히 주도하는 병합 정국에서 더 이상의 정치 세력화는 이루어지지 않았다.

합방론에 대해 신중한 태도를 보여왔던 원로중신들도 오랜 고민 끝에 마침내 찬성 입장을 표명하면서 국민협성동진회國民協成同進會(회장 전 이조판서 이정로, 총재 전 영의정 민영규, 부총재 전 궁내부대신 이재극, 고문의장 전 의정 이근명 추대)라는 단체를 발기하고 '황실존영尊榮'이라는 대의를 고려했다고 주장했다. 일진회가 제출한 합방 청원서에서 "황실존숭, 인민 동등 대우"를 표방한 것을 빌미로 삼은 것이었다.

그 밖에 일진회의 외곽 단체로서 갑오경장 이전에 액정掖庭, 서리胥吏였다가 해산된 뒤 생활고를 해결하기 위해 단체를 결성한 보신사, 보부상 단체인 대한상무조합, 정합방政合邦에 찬성하기 위해 조직된 국민동지찬성회(회장 이범찬, 부회장 서창보, 고문 민영휘·이지용·김성근, 의사원 김대현·민긍호·이학재 등) 등은 물론이고 북간도, 서간도 인민 대표라고 주장하는 인물들도 하나같이 합방 찬성서를 올리면서 일진회의 합방론을 반복했다. "황실을 존중하고 국가를 사랑함이 천부天賦의 혈성血性"이라는 전 참령 김준모 등 해산 군인 40여 명도 내각과 통감부에 낸 정합방 찬성서에서 존군애국지국민정당尊君愛國之國民政黨이 제출한 정합방서의 '황실 만세존영', '인민 동등 대우'의 12자 대의를 조속히 실천하라고 촉구했다.

한편 합방 청원서를 제출한 일진회 측은 대한제국 내 여론이나 이완용 내각 및 통감부 측의 반응보다는 일본 정부의 대한 정책 결정의 추이나 일본 언론의 보도 내용에 보다 민감하게 반응했다. 일본 측 여론 동향을 즉각 기관지인 『국민신보』 외보란을 통해 국내에 전달하고, 이를 자신들의 입지 강화와 합방론 정당화의 배경으로 삼고자 했다. 1909년 12월 14일과 15일자 『국민신보』에 데라우치 육군대신이 "일진회의 성명서 발표는 돌연한 것이 아니라 한정韓廷의 부패를 개혁하기 위해 의기義旗를 규합했던 민당 정신으로 조직된 일진회가 개혁가의 정당으로서 실로 태산의 힘을 발하여 자국 보전책을 연출한 것이므로 세계의 주목을 받을 가치가 있다"고 한 촌평을 실은 것도 그런 맥락에서 이해할 수 있다. 또한 전 외무대신 하야시 다다스가 "강경한 합병을 단행할지라도 하등 외국의 간섭을 부르지 않을 것인 만큼 속히 결행하자"는 의견을 내놓았다는 소식을 바로 보도한 것도 자신들의 합방론이 일본 정계 유력자들의 지지를 받고 있음을 언론 보도를 통해 홍보한 것이었다.

『국민신보』는 반면 일진회의 합방론에 미온적인 반응을 보인 일본 내각의 가쓰라 수상이나 통감부에 대해서는 비판적인 보도를 계속했다. 흑룡회 부속 기관으로 정합방론에 찬성하기 위해 조직된 조선문제동지회의 선언서를 보도하면서 "한반도에 대한 종주권이 일본에 온 지 5년이 지나도록 당국의 조치가 우유부단하여 이토 암살 사건까지 난 것은 일본의 잘못된 대한 정책의 결과"라고 비판했다는 소식을 싣고, 동지회가 대한제국 문제에 대해 통감에게 경고서를 보내는 한편 가쓰라 수상의 의견을 물었다는 소식을 전했다. 가쓰라 수상이 중의원 의원들에게 답변하면서 현재의 대한對韓 정책을 돌연 변경치는 않을 것이라 하고, 기타 행정상 통일 방침에 대해서만 말한 것에 대해 의원들이 극히 불만족했다는 보도를 통해, 일본 내각에 좀 더 적극적인 병합 추진을 촉구했다.

이후에도 『요로즈초호萬朝報』 등을 인용하여 소네 통감의 사임이 결정되고 후임자로 하세가와 주한 일본군 사령관이 내정된 것 등을 보도하면서, 일본 정우회가 의회에서 통감정치의 실패에 대해 대대적으로 공세할 것이라고 전하는 등, 합방 청원서를 각하한 통감부에 대해 불만을 표출했다.

이처럼 일진회가 전격적으로 합방 청원서를 제출한 이래, 합방론을 둘러싼 찬반양론에는 한일 양국의 다기한 정치 세력들의 권력 갈등이 개재되어 있었다. 대한제국 각 정치 세력의 합방론에 대한 태도는 보호국 체제와 병합 시기를 둘러싼 일본 내 정치 세력 간의 갈등과 연동되어 있었을 뿐만 아니라, 궁극적으로는 병합 이후의 정체政體 전망에 따라 다양한 모습을 표출했다.

그렇다면 대한협회 및 서북학회와 유길준 등 구 개화 정객들이 합방론 정국에서 구상했던 정치 전망은 무엇이었을까? 당시 일반적인 동양평화론적 국제 정세 인식과 문명개화론에 입각해볼 때, 이들은 대체로 실력양성론에 입각한 보호국 체제 유지론에 머물러 있었을 것이다. 그런데 안중근의 이토 히로부미 암살 사건을 계기로 일본의 병합 정책이 급물살을 타면서 보호국 체제 유지가 어렵게 되었다. 이때 일진회 측은 재빨리 '정합방'이라는 합방론을 내세워 병합 이후 전망을 제시한 반면, 대한협회 등은 정확한 정치적 전망과 목표를 제시하지 못했다. 이는 향후 식민지 치하에서 부르주아 정치 세력들이 보여줄 정치적 방황을 예고하는 것이기도 했다.

스페셜 테마

## 일진회의 정치 체제 구상, 정합방론

일진회가 1909년 12월 4일 제출한 합방 청원서는 우치다 료헤이와 다케다 한시 등이 기초한 것으로, 합방 이후 정치 체제에 대한 평소 이용구의 구상이 반영되지 않은 것이었다. 즉 합방 이후에도 황제의 존치, 내각의 존속 등을 주장한 이용구의 연방안은 송병준, 우치다 등이 주장하는 완전한 합방, 즉 대한제국 황제가 통치권 전부를 일본 천황에게 양도하는 형태와는 조금 달랐다.

그렇다면 과연 일진회가 주장한 '정합방론政合邦論'은 '황실을 만세토록 유지하고 대한제국 인민이 일본 국민과 동등한 대우를 받을 수 있는' 정치 체제였을까? 일진회는 내각과 통감부에 합방 청원서를 제출할 때 함께 발표한 성명서에서 '정합방론'을 주장했는데, 정합방의 개념은 단순한 연방이나 병합이 아니고 오히려 보호국 상태에서 벗어나는 것이라 주장했다.

일진회의 주장에 의하면, 국제법상 국가의 종류에는 단독국과 복잡국이 있고, 복잡국은 2개 이상의 국가가 상호 결합하여 군주 혹은 조직과 주권을 공유하는 국가이다. 복잡국 중에서 정합방국은 수 개의 국가가 결합하여 내정에 대해서는 독립을 주장하고 외교에 한하여 공통하는 국가로서, 오스트리아·헝가리의 예가 있다. 즉 정합방국은 연방제보다는 강한 결합으로서 대외 주권을 가지지 못하지만 내정에서는 독자적 내각과 의회를 가지는 독립적인 국가 형태라는 것이다.

이 주장에 따른다면, 이미 일본의 보호국으로서 외교에 관한 권한을 넘긴 대한제국이 다시 일본과 정합방국을 형성할 때 보호국 상태와 달라지는 점은 무엇일까? 일진회 측 설명대로라면 보호국 상태에서는 내정의 대부분도 사실상 일본 측에 위임한 상태인데, 정합방국이 되면 독자적인 내각과 의회를 구성할 수 있게 된다는 주장이다. 이완용 내각과 치열한 권력 쟁투를 벌였음에도 정권 장악에 실패한 일진회로서는, 일본에 외교권을 영구히 양도하더라도 내각과 의회를 자신들이 차지한다면 독립의 허명 따위는 버려도 상관없다는 생각이었던 것이다.

따라서 일진회의 정합방론은 정당으로서 국민을 대표하는 자신들이 정권을 담당하며 내정을 자치할 수 있는 정치 공간을 확보한다는 데 초점이 있었다. 황실은 존재하나 주권을 행사할 수 없는 입헌군주정이 되는 것이고, 이는 일진회 창립 당시부터 참여한 구 독립협회 회원과 민당의 오랜 숙원이기도 했다. 대신 이런 내정 자치를 위해 포기해야 할 것은 독립 주권이었다. 을사보호조약 전문前文에서 막연하기는 하나 '부강의 실제를 인정할 수 있을 때까지'로 한정된 외교권 위임은 정합방국이 되면 영원한 위임, 즉 독립 상실이 되는 것이었다.

그런데도 일진회는 이런 영원한 독립 상실의 측면은 애써 외면한 채 내정 자치의 실리만 강조함으로써 매국 행위라는 비난을 피하고자 했다. 또한 스스로 독립을 포기하고 일본의 종주권 아래 예속되는 것을 동양평화론이나 한일연대론으로 호도하면서, 국제 공법상 실례가 있다는 논리로 비판에 방어하고자 했다. 전통적인 동아시아 국제 질서인 중화 체제 속에서 중국의 황제보다 한 격 낮은 위치에 조선의 왕이 존재하고, 독립은 불가하지만 자주는 가능하다고 인식했던 속방屬邦 체제에서 벗어난 지 근 15년 만에 다시 일본의 속방이 되기를 자청하는 구상을 '정합방'이라는 근대 국제법적 용어로 포장했던 것이다. 대한제국 황제가 존치된다 해도 일본 천황과 대등하지 않고 국제사회에서 독립적인 외교권을 행사할 수 없는 존재라면 일본 천황 체제하의 대한제국 왕실로서 다시 종주국－속방 체제가 재현되는 것이고, 종주국이 중국에서 일본으로 바뀌는 차이가 있을 뿐이었다.

그러면 정합방국이 실력을 쌓으면 다시 독립할 수 있는가? 이용구는 "일본의 보호를 탈피하여 당당한 자주 독립국이 되려면 국방력과 경제력, 또는 국민의 지식과 공예工藝의 발달이 있어야 하는데, 그런 실력도 없으면서 언필칭 일본의 보호를 싫어하고 예속에서 탈피코자 하는 것은 임진왜란 이래 우리나라 상하에 침염浸染된 허염虛焰의 배일排日이라"는 비난을 퍼붓고 있다. 대한제국이 할 수 있는 것은 '독립'이 아니라 다만 '자치'라고 하면서, "타국의 횡포를 벗어나 자존성을 배양하기 위해서는 자치심이 가장 중요하다"고 주장했다. 그러면서 전통 향약, 동계洞契, 면회面會, 군회郡會 등을 언급한 대목을 보면, 그나마 자치의 범위도 내각, 의회와 같은 중앙 권력보다는 군회, 면회 등 지방자치의 구현을 현실적 목표로 삼았던 것 같다. 결국 일진회의 정합방론은 지방 권력에라도 일진회원들이 참여할 수 있기를 바란 것이었지만, 일제가 병합조약 체결 이후 일진회를 포함하여 모든 정치 단체를 해산함으로써 이들의 헛된 꿈은 수포로 돌아갔다.

## 일제의 병합 단행—대한제국, 역사 속으로 사라지다

1909년 7월 6일, 가쓰라 일본 총리가 일본 내각회의에 제출한 「대한제국 병합에 관한 건」이 최종 확정되었다. 그간 일본 지도자들 사이에 병합 단행 시기와 관련하여 존재했던 이견은 이보다 앞서 4월에 이토가 병합 단행에 찬성함으로써 이미 해소된 상태였다. 이토 히로부미와 이노우에 가오루 등 문치파들이 국제열강의 눈치를 살피며 신중하게 일을 처리하자고 주장한 반면, 야마가타 아리토모와 데라우치 마사타케 등 무단파들은 이토의 점진적인 병합 정책을 비판해왔다. 대륙 침략에 적극적인 재야 세력들도 이토 통감의 대한對韓 정책에 불만이 많았다.

하지만 이토 등 문치파들도 병합을 최종 목표로 삼고 있었던 것은 분명한 사실이다. 다만 대한제국을 병합하기에는 아직 일본의 재정 능력이 부족할 뿐만 아니라, 대한제국이 국제법적으로 보호국 상태인 만큼 열강의 주시를 무시하지 못한다는 두 가지 이유에서 병합에 신중을 기했을 따름이다. 실제로 일본은 러일전쟁 이후 막대한 전쟁 비용에 대한 상환 부담으로 재정적으로 매우 곤궁한 상태였으므로, 병합 단행에 충분한 여력이 있는 것은 아니었다. 국제 정세 면에서도 여전히 만주 문제를 둘러싸고 미국, 러시아 등과 갈등이 계속되고 있었으므로 이토 등의 신중론에는 타당한 이유가 있었다.

그러나 이토의 점진론을 '보호국 체제 유지론'으로 오해한 강경 세력들의 반발과 비판이 끊임없이 제기되면서, 결국 이토도 1909년 4월 10일 총리대신 가쓰라, 외무대신 고무라와의 회합에서 마침내 병합 단행에 이의가 없다는 견해를 표시했다. 이토는 6월에 통감직을 사임하고 귀국했으며, 일본 각의閣議는 이미 3월 30일자로 가쓰라 총리가 제출해놓은 「대한제국 병합에 관한 건」을 7월 6일 결정했다. 장차 적당한 시기에 대한제국 병합을 단행할 것이고, 그 시기가 도래할 때까지 충분히 실권을 확보하는 데 노력하겠다는 내용이었다. 일본 정부의 공식 입장으로 병합 방침이 결정되고, 병합을 위한 구체적인 준비가 시작되는 순간이었다.

이때 마련된 「대한對韓시설대강」에 의하면, 향후 준비할 항목으로 첫째, 대한제국 방어 및 질서 유지를 담당할 군대를 주둔시키고 가능한 한 다수의 헌병 및 경찰을 증파하여 충분히 질서를 유지할 것, 둘째, 대한제국에 관한 외국과의 교섭 사무를 파악할 것, 셋째, 대한제국 철도를 일본제국 철도원 관할로 이관하고 그 감독하에 남만주 철도와 밀접한 연락을 가지게 해서 일본 대륙 철도의 통일과 발전을 도모할 것, 넷째, 가능한 한 다수의 일본인을 대한제국에 이식하여 일본 실력의 근저根柢를 깊이 함과 동시에 일한 간 경제 관계를 밀접히 할 것, 다섯째, 대한제국 중앙 관청 및 지방 관청에 재임하는 일본인 관리의 권한을 확장해서 한층 민활한 통일적 행정을 기할 것 등이었다. 병합을 실행하는 데 필수적인 치안 질서의 유지뿐 아니라 병합 이후 식민통치를 위한 준비, 나아가 일본 – 한반도 – 만주 간 철도 연결까지 구상함으로써 대한제국 병합을 교두보 삼아 대륙 침략에 나설 의도를 분명히 했다.

하지만 이처럼 내부적으로 병합 방침을 결정한 뒤에도 즉각 병합이 단행되지는 않았다. 여전히 병합 단행의 시기는 유동적이었으나 간도 문제를 둘러싼 청일 간의 긴장과 구미열강의 간섭 우려 때문에 보호국 상태에

韓國併合紀念畫報

▲日韓年表

▲朝鮮國勢一覽

**일제의 병합 기념 화보**

대한제국 병합을 기념하여 일본 오사카신문이 특별부록으로 제작한 화보. 일본 메이지 천황 아래에 고종과 순종을 각각 이태왕, 이왕으로 표기하여 배치했다. 또 병합과 관련된 일본의 공로자 사진을 먼저 싣고 그 아래 대한제국의 종친과 주요 관리들을 소개했다. 하단에는 각 지역 인구와 물산 정보를 표시했고, 역대 한일 관계 연표를 실었다.

이토 히로부미와 역대 통감, 하세가와 요시미치 조선 주차군 사령관 등과 함께 강화도조약 체결을 이끌었던 이노우에 가오루, 정한론을 주장한 사이고 다카모리, 1894년 경복궁을 습격했던 오토리 게이스케 주한 일본 공사, 화폐정리 사업을 주도한 메가타 다네타로, 대륙 팽창 정책을 주도하여 러일전쟁을 이끈 고무라 주타로 일본 외상, 청일·러일전쟁을 승리로 이끈 육군대신 야마가타 아리토모, 의병 탄압에 앞장섰던 헌병사령관 아카시 모토지로 등 한반도 강점의 주역들이 망라되어 있다. 명성황후 시해 사건의 주범 미우라 고로까지 실려 있다. 한국 쪽에는 왕실 종친들과 개화파 김옥균, 박영효, 을사늑약과 병합조약을 주도한 이완용, 이지용, 민병석, 김윤식, 윤덕영 등의 사진이 게재되어 있다. 당시 일본에서 한일병합의 공로자를 누구로 보고 있었는지 잘 보여주는 화보이다.

불안을 느낀 일제는 결국 병합 시기를 앞당기게 되었다. 일제는 1910년 2월 일본의 해외 공관에 대한제국 병합 방침 및 시설대강을 통보하고, 3월에는 만주 문제에 대해 러시아와 제2차 협약을 체결하기로 결정했다. 그 결과 러시아는 4월에 대한제국 병합을 승인한다는 의사를 표시했고, 영국도 5월에 병합을 승인했다. 그간 병합 단행을 지연시켜온 하나의 요인인 국제열강의 승인 문제가 해결되자, 이제 병합은 행정적인 절차만을 남겨놓은 상태가 되었다.

5월 30일 일제는 병합을 단행할 인물로 육군대신 데라우치 마사타케를 통감에 겸임 발령하고, 6월 3일에는 각의閣議에서 대한제국에 대한 시정 방침과 총독의 권한 등을 확정했다. 이 방침에 따르면, 병합 후 당분간은 일본 헌법을 시행하지 않고 대권에 의해 통치하되, 총독은 천황에 직속하여 일체의 정무를 통할하고, 또한 대권의 위임에 의해 법률 사항에 관한 명령을 발할 권리를 갖는 것으로 규정되었다. 일본 헌법의 적용을 받지 않는다는 것은, 대만처럼 '분리주의' 원칙에 입각하여 식민지 총독에게 특수한 독자적인 위상을 부여한다는 의미였다. 병합 실행에 필요한 경비는 일단 일본 정부의 예비비로 지출하지만, 향후 총독부 회계는 특별 회계로서 총독부 경비는 한국에서의 세입으로 충당함을 원칙으로 했다. 다만 당분간은 일정한 금액을 일본 정부가 보충해주기로 했다. 병합에 따른 일본 정부의 재정 부담을 최소화하기 위한 조치였다. 또한 통치 행정 분야에서 정치 기관은 최대한 간이하게 개폐하고, 통감부 및 대한제국 정부에 재직하는 일본인 관리 중 필요 없는 자는 귀환 혹은 휴직시킴으로써, 최소한의 기구와 인력으로 효율적인 식민통치를 실시하려고 했다.

마지막으로 병합조약 체결에 대한 한국민의 저항을 제압하기 위해 6월 24일에는 경찰권 위탁에 대한 각서를 요구했고, 6월 30일자로 대한제국 경찰을 폐지했다. 1907년 신협약 체결 이후 이미 대한제국의 치안경찰권은 일제가 완전히 장악한 상태였지만, 보다 강력한 경찰력 확보를 위해 주차군 헌병대 산하에 통합시키기로 한 것이다.

이런 모든 준비를 끝낸 신임 총독 데라우치는 7월 23일에야 대한제국에 들어왔다. 착임 후에는 일단 헌병경찰을 동원하여 일체의 정치적 집회나 연설회를 금하고, 이를 어기는 경우 가차 없이 검속, 투옥하는 등 숨도 함부로 쉬지 못할 만큼 공포 분위기를 조성했다. 그리고 8월 16일 드디어 대한제국 정부의 총리대신 이완용을 통감 관저로 불러 병합조약 체결을 위한 담판을 개시했다.

데라우치가 병합조약안을 수교하자 이완용은 그에 대부분 동의하면서도 국호를 조선으로 개칭하는 문제와 황실 존칭 문제에 대해서만은 이의를 제기했다. 현 황제를 병합 이후 이태공이라 부르자는 일본 측 제안에 대해, 이완용은 이왕 전하라는 명칭을 고집했다. 그러나 그것은 일본과 병합조약을 체결하는 당사자로서 체면을 유지하고 황실 및 원로들의 반발을 완화시키려는 제스처에 불과했다. 일본 측도 원활한 교섭을 위해 이완용의 체면을 세워줄 필요가 있었으므로 황실 칭호 부분만은 양보했다. 그 결과 병합조약안은 별다른 수정 없이 8월 18일자로 대한제국 정부의 내각회의를 통과했고, 8월 22일에는 형식적인 어전회의를 거쳐 이완용이 전권위원으로 임명되었다. 을사늑약 당시 고종이 끝까지 조약에 사인하지 않았고 외부대신에게 위임장을 내리지도 않아서 두고두고 무효설을 주장했던 경우를 거울삼아, 이번에는 형식적 절차를 제대로 밟으려고 노력하는 듯했다. 같은 날 이완용과 데라우치 통감 사이에 병합조약이 조인되었다. 그리고 8월 29일자로 다음과 같은 내용의 한일병합조약이 공포되었다.

「한일병합조약」

제1조 대한제국 황제 폐하는 대한제국 전부에 관한 일체의 통치권을 완전하고도 영구히 일본국 황제 폐하에게 양여한다.

제2조 일본국 황제 폐하는 이 양여를 수락하고 대한제국 전부를 일본제국에 병합하는 것을 허락한다.

제3조 일본국 황제 폐하는 대한제국 황제 폐하, 태황제 폐하, 황태자 전하 및 후비后妃, 후예에게 각기 지위에 상당하는 존칭, 위엄 및 명예를 향유하게 하고 또 이를 보유하는 데 충분한 세비歲費를 공급할 것을 약속한다.

제4조 일본국 황제 폐하는 전항 이외에 대한제국 황족 및 그 후예에 대해 각기 상당한 명예 및 대우를 향유하게 하고 또 이를 유지하는 데 필요한 자금을 제공할 것을 약속한다.

제5조 일본국 황제 폐하는 훈공이 있는 한국민으로서 특히 표창하기에 적당하다고 인정되는 자에 대해서는 영작榮爵을 주고 은금恩金을 공여한다.

제6조 일본국 정부는 병합의 결과로서 완전히 대한제국 시정을 담임해 동지同地에 시행하는 법규를 준수하는 한인韓人의 신체 및 재산에 대해 충분히 보호를 제공하고 또 그 복리 증진을 도모한다.

제7조 일본국 정부는 성실하고 충실하게 신제도를 존중하는 한인으로서 상당한 자격 있는 자를 사정이 허락하는 한 제국 관리에 등용한다.

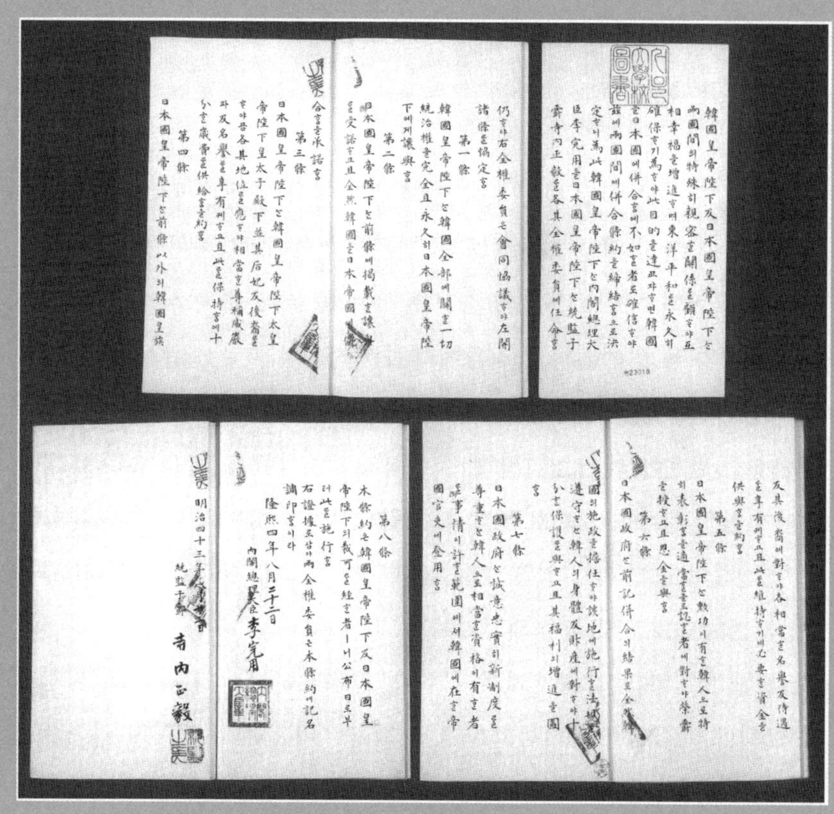

**한일병합조약 원본**

한일병합조약은 전문과 본문 8조로 이루어져 있다. 이 조약으로 대한제국은 일본의 식민지가 되었다.

제8조 본 조약은 일본국 황제 폐하와 대한제국 황제 폐하의 재가를 얻어서 공포하는 날로부터 시행한다.

이상 8조로 이루어진 한일 간 병합조약의 체결로, 대한제국 2천만 동포의 운명은 간단히 일본 제국주의자의 발길 앞에 내동댕이쳐졌다. 나라 전체를 들어 이민족에게 맡긴 대신 얻은 것이라곤 극소수 황실 가족들의 품위 유지비와 몇몇 친일파 관리들에게 주어진 작위와 은사금이 전부였다. 나머지 무고한 일반 민중들은 오로지 일본 제국주의자들의 은총에 신체와 재산을 맡겨야 하는 식민지 백성의 처지로 전락했다. 병합 이후에도 '내정자치'를 희망하며 스스로 합방을 청원하기까지 했던 친일 정치 세력들도 '성실하고 충실하게' 일본 통치를 따르는 경우에 '사정이 허락하는 한' 등용되는 것으로 간단히 정리되었다.

일제는 병합과 함께 대한제국 황실과 고위관료, 재야의 명망 있는 정객 등 76인에게 작위를 수여하고 이들을 장차 식민통치의 정치적 기반으로 삼고자 했다. 이재완·이재순·이지용 등 황족과 윤덕영·윤택영 등 순종비의 친정 식구, 그리고 왕실의 부마였던 박영효, 민영준·민병석·민영달 등 민씨 척족, 이완용·이하영·박제순·이근택·한규설·홍순형·조경호·윤용구 등 고위관료, 개화파 중에서는 김윤식·조희연·유길준, 일진회의 송병준 등이 작위를 받았다. 이중 한규설·유길준·홍순형·김석진·민영달·조경호·조정구·윤용구 등은 작위를 반납했다. 일제에 의해 국호는 다시 조선이 되었고, 대한제국 13년의 짧은 역사는 막을 내렸다.

〈표 6〉 병합 당시 수작자 명단 및 은사금 액수(단위: 원)

| 분류 | 성명 | 작위 | 은사금 | 주요경력 |
|---|---|---|---|---|
| 종친 및 황실 가족 | 이재완 | 후작 | 16만 8천 | 흥완군의 아들, 한성은행장 |
| | 이재각 | 후작 | 16만 8천 | 완평군의 아들, 적십자사 총재 |
| | 이해창 | 후작 | 16만 8천 | 경원군의 아들, 한성은행 이사 |
| | 이해승 | 후작 | 16만 8천 | 청안군 이재순의 손자 |
| | 윤택영 | 후작 | 16만 8천 | 순종비 윤씨의 부친, 명륜학원 총재 |
| | 민영린 | 백작 | 12만 | 순종비 민씨의 오빠, 장예원경, 작위 취소 |
| | 이지용 | 백작 | 10만 | 을사조약 때 내부대신, 흥선대원군의 형 이최응의 손자 |
| | 이기용 | 자작 | 5만 | 완림군의 아들 |
| | 이완용 | 자작 | 5만 | (李完鎔) 덕안군의 아들 |
| | 윤덕영 | 자작 | 5만 | 순종비 윤씨 부친 윤택영의 형, 칙선귀족의원 |
| 고위 관료 | 박영효 | 후작 | 16만 8천 | 철종의 사위, 중추원 부의장, 일본 귀족원의원 |
| | 이완용 | 백작 | 15만 | 을사조약 때 학부대신, 병합 때 총리대신, 후작 승급 |
| | 박제순 | 자작 | 10만 | 을사조약 때 외부대신, 병합 때 내부대신 |
| | 조중응 | 자작 | 10만 | 정미조약 때 법부대신, 중추원고문 |
| | 고영희 | 자작 | 10만 | 정미조약 때 탁지부대신 |
| | 민병석 | 자작 | 10만 | 병합조약 때 궁내부대신, 이왕직 장관, 중추원 부의장 |
| | 민영규 | 자작 | 10만 | 궁내부대신 |
| | 송병준 | 자작 | 10만 | 일진회 조직, 병합 청원, 백작 승급 |
| | 이용직 | 자작 | 10만 | 이완용 내각의 학부대신, 3·1운동 가담 후 작위 박탈 |
| | 이재극 | 자작 | 5만 | 궁내부대신, 이왕직 장관 |
| | 이재곤 | 자작 | 5만 | 이완용 내각의 학부대신 |
| | 임선준 | 자작 | 5만 | 성균관장, 이완용 내각의 내부대신 |
| | 민영휘 | 자작 | 5만 | 표훈원 총재, 대한천일은행, 휘문학교 설립 |
| | 민영소 | 자작 | 5만 | 농상공부대신 |
| | 이병무 | 자작 | 5만 | 이완용 내각 군부대신 |
| | 김성근 | 자작 | 5만 | 탁지부대신 |
| | 이근명 | 자작 | 5만 | 의정부 의정 |
| | 김윤식 | 자작 | 5만 | 중추원 의장, 3·1운동 후 작위 박탈 |

| 고위 관료 | 조민희 | 자작 | 5만 | 주미·주일 공사 |
|---|---|---|---|---|
| | 이근택 | 자작 | 5만 | 을사조약 때 군부대신 |
| | 이하영 | 자작 | 5만 | 외부대신, 법부대신, 중추원고문 |
| | 권중현 | 자작 | 5만 | 을사조약 때 농상공부대신, 중추원고문 |
| | 조희연 | 자작 | 5만 | 김홍집 내각 군부대신, 중추원고문, 사후 작위 반납 |
| | 남정철 | 남작 | 2만 5천 | 내부대신 |
| | 김가진 | 남작 | 2만 5천 | 갑오개혁 때 농상공부대신, 작위 반납 후 임정 참여 |
| | 김사준 | 남작 | 2만 5천 | 의친왕 비 김씨의 부친, 독립운동 가담으로 작위 박탈 |
| | 이용태 | 남작 | 2만 5천 | 독립운동 가담으로 작위 박탈 |
| | 최석민 | 남작 | 2만 5천 | 경기도관찰사 |
| | 조동윤 | 남작 | 2만 5천 | 시종무관장, 일진회원 |
| | 민상호 | 남작 | 2만 5천 | 중추원 의관 |
| | 장석주 | 남작 | 2만 5천 | 한성순보 주필, 동아찬영회 총재 |
| | 박제빈 | 남작 | 2만 5천 | 군무아문 참의 |
| | 이근상 | 남작 | 2만 5천 | 궁내부대신 |
| | 이근호 | 남작 | 2만 5천 | 의정부 찬정 |
| | 한창수 | 남작 | 2만 5천 | 이왕직 장관 |
| | 성기운 | 남작 | 2만 5천 | 주일 공사, 농상공부대신 |
| | 박기양 | 남작 | 2만 5천 | 규장각 제학 |
| | 이건하 | 남작 | 2만 5천 | 내부대신, 양지아문 총재관 |
| | 이주영 | 남작 | 2만 5천 | 궁내부 특진관 |
| | 조동희 | 남작 | 2만 5천 | 농상공부대신, 3·1운동 가담으로 작위 박탈 |
| | 김병익 | 남작 | 2만 5천 | 비서원경 |
| | 김사철 | 남작 | 2만 5천 | 내무협판 |
| | 정낙용 | 남작 | 2만 5천 | 농상공부·탁지부대신 |
| | 민형식 | 남작 | 2만 5천 | 육군부장·참모관 |
| | 정한조 | 남작 | 2만 5천 | 중추원 의관 |
| | 윤웅렬 | 남작 | 2만 5천 | 김홍집 내각 군부대신 |
| | 박용대 | 남작 | 2만 5천 | 법부대신 |
| | 민종묵 | 남작 | 2만 5천 | 외부대신 |

| | | | | |
|---|---|---|---|---|
| 고위 관료 | 김종한 | 남작 | 2만 5천 | 한성은행 설립, 정우회 총재 |
| | 이봉의 | 남작 | 2만 5천 | 군부대신 |
| | 김춘희 | 남작 | 2만 5천 | 김홍집의 조카 |
| | 민영기 | 남작 | 2만 5천 | 탁지부대신, 동양척식회사 부총재, 이왕직 장관 |
| | 이용원 | 남작 | 2만 5천 | 학부대신 |
| | 이정로 | 남작 | 2만 5천 | 농민전쟁 때 형조판서, 궁내부 특진관 |
| | 이종건 | 남작 | 2만 5천 | 군부대신 |
| | 김학진 | 남작 | 2만 5천 | 농민전쟁 때 전라감사, 궁내부 특진관 |
| | 이윤용 | 남작 | 2만 5천 | 이완용의 형, 대원군의 사위, 궁내부대신 |
| | 김영철 | 남작 | 2만 5천 | 궁내부 특진관 |

* 일제가 작위를 수여한 사람은 76명이었으나, 이중 유길준(개화파), 한규설(을사조약 반대, 참정대신), 윤용구( 총리대신), 김석진(장예원경, 을사조약 반대, 작위 거부 후 자결), 홍순형(궁내부 특진관), 조경호(대원군의 사위), 조정구(대원군의 사위), 민영달(민씨 척족, 김홍집 내각 내부대신) 등 8명은 작위 수여를 거부했다.
* 은사금은 후작 16만 8천 원, 백작 10만 원, 자작 5만 원, 남작 2만 5천 원 기준이었다. 현재 시가로 환산하면, 15만원은 20억 1천만 원, 2만 5천 원은 3억 3천만 원에 해당한다(친일반민족재산조사위원회 편, 『친일재산에서 역사를 배우다』, 리북, 2010, 57쪽 참조).

스페셜 테마

## 일제는 왜 1910년에 병합을 단행했을까?

1907년 고종 폐위와 정미조약 체결로 사실상 내정을 장악하고도 완전 병합에는 유보적이었던 일제가 1910년에 이르러 병합을 단행하게 된 직접적인 계기는 무엇인가? 일제의 병합 단행 시기에 대한 그간의 논의는 러시아 등 국제열강의 동의와 승인을 이 시기에 최종적으로 획득했기 때문이라는 것이었다.

하지만 러시아의 동의가 가장 큰 걸림돌이었다면, 러시아는 이미 1906년 이즈볼스키 외상 취임 당시부터 일본과 타협 관계로 돌아섰음에 주목할 필요가 있다. 러시아는 1907년 만국평화회의가 열리고 있던 7월 30일 체결한 제1차 러일협약에서 이미 "러시아는 한일 양국 사이의 현행 조약 관계를 승인하며, 한일 관계의 발전을 방해 간섭하지 않을 것"이라고 비밀리에 약속했다. 러시아가 외몽골에서 특수 이익을 인정받는 대가로 일본의 대한제국에 대한 보호권을 인정해주었고, 이 점이 헤이그 특사의 지원 호소를 외면한 배경이었음은 주지하는 사실이다. 또 러시아는 만주 권익을 놓고 구미열강이 주장한 문호 개방 요구(open door policy)에 일본과 공동으로 대처하기 위해 타협하고 있었으므로, 러시아의 최종 승인을 얻기 위해 1910년까지 대한제국 병합을 유보했다는 논리는 설득력이 부족하다.

이보다는 병합 직전 만주를 둘러싼 일본과 구미열강, 특히 미국과의 긴장 고조 분위기에 주목해야 한다. 일본의 대한제국 병합은 국제열강의 전폭적인 지지를 받아서라기보다는 열강의 한반도 문제 개입 가능성을 차단하기 위해 서둘러 단행된 측면이 있다는 점을 밝힐 필요가 있는 것이다. 즉 만주의 문호 개방을 원하는 구미열강에 맞서 러시아와 함께 만주 이권의 독점을 꾀하던 일본이, 열강의 만주 문제에 대한 관심이 한반도 문제로까지 확대되기 전에 예방적 차원에서 병합을 단행한 것이라고 볼 수 있다.

1909년 10월 26일 이토가 하얼빈에서 러시아 재무상 코코프초프와 만나기로 한 것도, 러시아와 일본이 각각 북만주와 남만주에서 철도 이권을 상호 승인해줌으로써 러·일이 공동으로 만주 철도에 대한 독점을 꾀하고자 한 것이었다. 문제는 이 시기 만주 철도 문제를 비롯, 동아시아 진출에 가장 적극적인 자세를 취하던 미국의 태도였다. 1909년 3월 루스벨트에 이어 대통령직을 승계한 '가쓰라 – 태프트 메모'의 주역 태프트는 루스벨트의 친일적 동아시아 정책 기조를 계승하리라는 일반적인 기대와는 달리 녹스P. Knox 국무장관과 함께 적극적인 달러 외교를 펼치며 일본과 대립했다. 러일전쟁 종군기자로서 일본의 만행을 목격했고 1905년 서울 주재 영사를 지내며 반일 감정을 가지게 된 펑톈奉天 총영사 스트레이트Willard Straight도 미국 자본의 만주 철도 진출을 적극적으로 추진했다는 점에서 이전의 루트 국무장관이나 락힐W. Rockhil 주중 공사와는 다른 정책 방향을 보여주었다. 미국이 일본의 만주 이권 독점에 정면 도전함에 따라 영국 언론도 반일 기조로 전환했다.

이처럼 구미열강이 주장해온 만주 문호 개방 원칙과 일본의 만주 진출이 대립이 빚고 있는 상황에서, 일본은 청으로부터 얻은 남만주 철도 이권을 사수하고자 러시아와 타협에 나섰던 것이다. 일본의 만주 진출은 1907년 8월 통감부 간도파출소 개설로 본격화되었고, 이에 청은 1909년 3월, 간도 문제를 비롯한 일본의 만주 침략 사안을 헤이그 중재재판소에 회부하겠다고 통고하며 반발했다. 일본은 만주 진출에 대한 청의 반발과 구미열강의 의구심을 해소하기 위해, 1908년 9월 제2차 가쓰라 내각의 고무라 외상이 각의閣議에 제출한 「대외 정책 방침」에서 영일동맹, 러일협약, 불일협약 체제를 견지하고 배일론 방지를 위해 미일협상 체결을 시도하기로 결정한다. 그 결과 만주에 관한 제 안건을 간도 영유권 문제와 함께 일괄 타결할 것을 시도하여 1909년 9월에 청과 간도협약을 체결했다.

1909년 4월에 야마가타가 제시한 「제2 대청對清 정책 의견서」에 의하면, 일본 측은 만주 문제를 둘러싸고 열강이 모두 적이 되는 상황이 된다면 그것이 한반도에 영향을 미쳐 아직 보호국 상태에 불과한 대한제국을 다시 포기하는 일이 일어날 수도 있다는 점을 크게 우려하고 있었다. 더구나 자치육성 정책을 표방하고 있음에도 치열한 의병 항쟁 등 반일 저항이 이어지고 있는 현실에서, 보호국화 이후 일본의 대한제국 통치 실적에 대해 구미열강은 비판적인 태도를 보이고 있었다. 따라서 만주 문제에 대한 구미열강의 불만이 보호국 상태인 대한제국에서의 일본의 독점적 지위에까지 영향을 미칠 수 있다는 판단 아래, 일본 정부는 서둘러 1909년 7월 6일자로 병합 방침을 결정했던 것이다.

하지만 열강은 1909년 9월 청과 일본 사이에 체결된 간도협약에 대해서도 의구심을 갖고 있었고, 그런 분위기는 미국과 러시아의 상호 접근을 가져왔다. 이런 움직임을 보이는 러시아를 일본 쪽으로 견인하기 위해 이토가 코코프초프와 하얼빈에서 회담을 시도한 것이고, 그것이 안중근의 이토 저격으로 무산된 것이다. 이에 미국은 다시 1909년 12월 만주 철도 중립화안을 제시하고, 구미열강이 공동으로 일본의 만주 이권 독점을 억제하자고 제안했다. 러시아 주재 미국 대사 락힐은 이미 11월에 미러동맹을 제안한 바 있고, 러시아 주재 일본 대사 모토노 이치로本野一郎도 같은 시기 새로운 러일협약 체결을 이즈볼스키에게 제안했다. 러시아에 대한 미·일 양국의 견인책이 경쟁하고 있었던 것이다. 하지만 영국이 일본의 고무라 외상의 부탁을 받고 러시아를 설득함으로써, 1910년 1월 러시아는 미국의 제안을 거부하고 3월, 제2차 러일협약을 체결하기로 결정했다. 그 결과 4월에 러시아는 일본의 대한제국 병합을 최종 승인했고, 5월에는 영국의 병합 승인이 있었으므로, 일본은 6월에 병합 추진을 위한 척식국拓植局을 설치했다. 7월에는 제2차 러일협약이 정식 체결되었고, 8월 22일 일본은 대한제국과 병합조약을 체결했다.

결과적으로만 본다면 러시아와 영국의 최종 병합 승인이 일본의 병합 단행의 국제적인 조건처럼 보이지만, 병합 추진의 직접적인 동인은 만주 문제로 인해 대한제국 문제까지 영향 받는 것을 용인하지 않겠다는 일본의 방어적인 자세, 구미열강 특히 미국의 개입 가능성에 대한 우려에 있었다. 병합 사실을 미국에 사전 통보조차 하지 않은 일본의 태도는, 포츠머스 회담 진행 당시 루스벨트 대통령의 롱아일랜드 사가모어 힐 자택까지 가서 면담한 이승만이 '일인들이 장차 미국의 후환이 될 터이니 지금 대한제국을 도와 일인들의 계획에 빠지지 말아야 한다'고 주장했던 사실을 떠올리게 하는 대목이다.

스페셜 테마

# 병합조약 무효론

대한제국을 역사 속으로 사라지게 한 병합조약에 대해서도 을사늑약과 마찬가지로 무효론이 제기되고 있다. 일제는 급박하게 처리된 을사늑약이 두고두고 절차상 문제점을 지적당하고 무효론이 제기되는 점에 유의하여, 병합조약 처리에서는 전권위원 위임장을 미리 확보하고 비준에 해당하는 조서를 발표하기로 하는 등, 절차상 하자가 발생하지 않도록 최대한 신경을 썼다. 조약 체결 당일인 1910년 8월 22일 2시 어전회의에서 내각 총리대신 이완용에게 위임장이 교부되었고, 4시에 통감 관저에서 이완용과 데라우치 간에 조약이 조인되었다. 8월 29일 조약 체결 시 양국이 이미 합의한 대로 비준서에 대신하여 양국 황제의 조서(칙유)와 함께 병합조약 체결 사실이 공표되었다.

하지만 학계에서는 비준서에 해당하는 칙유 문서에 순종 황제의 친필 서명이 없으므로 결격 사유가 있는 조약이라는 주장이 제기되고 있다. 또한 병합조약이 한일 두 나라 간의 정당한 국제조약으로 발효되려면 양국 주권자의 비준이 있어야 하는데, 데라우치와 이완용은 이를 양국 황제의 조서로 대신하기로 합의했다(각서). 그런데 8월 29일에 일본 메이지 천황이 한일병합을 공포한 조서에는 천황어새天皇御璽와 함께 '무쓰히토睦仁'라는 메이지 천황의 이름이 서명되어 있는 반면, 대한제국 순종 황제가 같은 날 반포한 칙유에는 '이척李坧'이라는 이름이 쓰여 있지 않다. 대신 행정적 결재에만 사용하는 '칙명지보勅命之寶'라는 어새만 날인되어 있다. 일단 양국의 문서 형식이 다른 점, 즉 순종의 조서가 '칙유'라는 형태를 띠고 있는 점도 문제지만, 순종의 친필 서명이 없는 점은 중요한 결격 사유에 해당된다. 이는 병합이 순종 황제의 승인을 거쳐 합법적으로 이루어진 것이 아니라 강박에 의해 이루어진 국제법상 무효인 조약임을 뒷받침한다. 어새는 통감부가 이미 고종 황제 강제 퇴위 때부터 탈취해 가지고 있던 것으로, 순종 황제의 저항으로 친필 서명을 받지 못하자 일제가 임의로 어새를 찍어 칙유를 발표한 것으로 보고 있다. 훗날 순종도 죽기 직전에 남긴 유조遺詔에서 자신은 결코 병합조약에 찬동하지 않았다고 밝힌 바 있다.

이처럼 병합조약이 법적 요건을 갖추지 못했고, 순종 황제가 병합조약을 직접 승인한 것이 아니라면, 병합조약은 국제법상 무효인 조약이 되고 일제 식민통치는 불법적 강점이 된다. 이에 배상청구권 문제가 대두되는데, 1965년 한일 국교 정상화 당시 대한민국과 일본국 간의 기본 관계에 대한 조약 제2조는 "1910년 8월 22일 및 그 이전에 대한제국과 대일본제국 간에 체결된 모든 조약 및 협정이 이미 무효임을 확인한다"고 규정했다. 하지만 그 무효의 시점이 한국 측 해석대로 1910년 체결 당시부터 원천적으로 무효(null & void)인 불성립한 조약인지, 아니면 일본 측이 주장하는 대로 1948년 대한민국 정부 수립 이후부터 무효라고 해석해야 하는지가 논란이

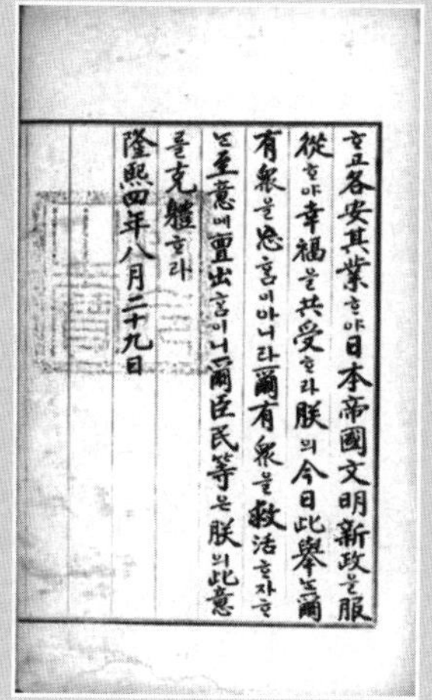

ᄒᆞ고各安其業ᄒᆞ야日本帝國文明新政을服
從ᄒᆞ야幸福을共受ᄒᆞ라朕의今日此擧ᄂᆞᆫ爾
有衆을忘ᄒᆞᆷ이아니라爾有衆을救活ᄒᆞ자ᄒᆞ
ᄂᆞᆫ至意에亶出ᄒᆞᆷ이니爾臣民等은朕의此意
를克體ᄒᆞ라
隆熙四年八月二十九日

朕樞密顧問ノ諮詢ヲ經タル韓國併合ニ
關スル條約ヲ裁可シ茲ニ之ヲ公布セシ
ム
睦仁
天皇御璽

**한일병합조약을 공포한 문서**

일본 천황의 조서(오른쪽)에는 메이지 천황의 이름 '무쓰히토(睦仁)'가 쓰여 있는 반면, 순종 황제의 칙유(왼쪽)에는 자필 서명이 없다.

되고 있다. 물론 한국 측에서는 원천 무효인 조약으로 보기 때문에, 병합조약에 의거한 36년간의 일제 통치를 불법적인 강점 행위로 보아 징병, 징용, 군 위안부 등 일제하 강제동원 피해자들에 대한 개인적인 피해 보상을 비롯하여 일제 식민지 지배에 대한 배상청구권이 있다고 본다. 반면 일본 정부의 공식 입장은 1965년으로부터 이미 45년 이상 지난 지금까지도 여전히 1910년 당시 조약은 유효하고 적법하게 체결되었으므로 법적으로 배상의 의무는 없고, 다만 식민지 지배에 대해 도덕적으로 '사죄'할 뿐이라는 것이다. 한국 측의 무효불성립론과 일본 측 유효부당론이 팽팽히 맞서고 있다. 따라서 1965년 한일 국교 정상화의 대가로 박정희 정권이 받은 유무상 5억 달러의 성격에 대해서도, 일본 측은 배상금이 아닌 독립축하금이라고 강변한다.

병합조약 유무효 논쟁이 자칫 법률적 논리 구도에 함몰되어 정작 식민지 지배의 원천적인 부당성을 몰각하는 것은 아닌가 우려하는 사람도 있지만, 병합 백 년이 지난 지금, 이제쯤은 도돌이표 같은 논란에서 벗어나 한일 양국과 국제학계가 모두 모여 논쟁의 종지부를 찍고, 실제적인 과거사 청산에 들어가야 할 시점이 아닌가 생각된다.

# 06

## 글을 맺으며_

# 근대 민족(국민) 국가 수립을 향한 출발

## 근대 민족(국민)국가 수립을 향한 출발

한국 근대사에서 근대적 정치 체제 형성을 둘러싼 민족 내부의 갈등과 일제의 국권 침탈 과정은 함께 맞물려 전개되었다. 일제의 대한제국 통치권 장악과 병합은 근대국가 수립의 주도권을 둘러싼 민족 내부의 권력 갈등의 틈새를 집요하게 파고들어간 정치 공작의 결과였다. 대한제국의 각 정치 세력들은 국권 상실의 위기 상황에서도 각자 다른 사태 인식과 정치적 전망을 보유한 채 상호 갈등하고 있었다. 일제는 이런 대한제국에 때로는 물리적 협박으로, 또 때로는 회유와 견인책을 동원해가며 병합을 추진해나갔다.

우선 러일전쟁 개전과 동시에 일제는 한일의정서 체결을 강요하여 한반도에 대한 군사적 강점의 길을 열었다. 고문관들을 파견하여 이른바 '시정개선' 사업을 추진하면서 보호국화의 기초를 닦았고, 1905년 11월 을사늑약으로 국제사회에서 대한제국에 대한 '보호권'을 정식으로 승인받았다. 대한제국은 러일전쟁 발발 직전에 전시중립을 선언했지만 국제사회는 이를 외면했고, 을사늑약과 함께 대한제국은 일본의 보호국으로 전락했다.

이 과정에서 일제는 이미 일부 정부 대신들을 장악하여 친일 내각을 구성했다. 대한제국 황제정 아래에서 고종과 그 측근 근왕 세력들의 독단적인 정국 운영에 강한 불만을 가지고 있던 정부 대신들은 일제의 끈질긴 포섭 공작에 넘어가고 말았다. 황제권의 독주를 견제하고자 하는 심리가 지나쳐 일제에 대한 경계심을 상쇄해버린 것이다. 그런 면에서 일제 침략은 대한제국 황제정에 내재되어 있던 권력 갈등의 문제를 현재화顯在化시킨 측면이 있다.

한편 고종 황제는 여전히 근왕 세력들만 데리고 주권 회복의 방법을 모색하면서 러일전쟁 발발 직후부터 미국·러시아 등 열강을 상대로 특사 외교를 전개했다. 을사늑약 이후 공식적인 외교 교섭의 통로가 단절된 뒤에도 열강을 상대로 친서 외교를 계속하면서, 열강이 대한제국 문제에 개입해줄 것을 호소했다. 을사늑약은 강압에 의한 것이고 황제의 비준이 없으므로 국제법상 무효라는 법리적 판단에 따라 국제사회에 일제의 불법적인 주권 침탈을 알리려 했지만, 여기에 귀기울이는 열강은 어디에도 없었다.

고종 황제의 국권 수호 외교는 기본적으로 근대 국제법의 논리에 의거한 것이었으나, 동시에 제국주의 세계 질서에 대한 현실적 대처를 결여한 것 또한 사실이었다. 만국공법류의 국제법을 너무 이상주의적으로 맹신한 나머지, 국제 여론에 대한 호소와 같은 외교적인 방법으로 일제의 주권 침탈을 막을 수 있다고 믿었던 것이다. 그런 면에서 고종 황제의 국제 질서 인식은 약육강식의 제국주의시대적인 것이라기보다는 여전히 '신의信義'와 '공론公論'을 중시하는 유교적 사고방식의 틀에 입각한 것이었다. 물론 제국주의 열강의 밀실 흥정을 잘 알고 있었다 해도, 국제사회의 선의善意에 호소하거나 국제법 규정의 준수를 요구하는 것 외에 약소국인 대한제국이 취할 수 있는 선택지는 별로 없었다.

일제는 황제권의 집요한 저항으로 실제적인 내정 장악이 어렵다고 판단하고 있던 차에, 헤이그 특사 사건이 일어나자 이를 빌미로 전격적으로 고종 황제 폐위를 단행했다. 이후 일본인 관리들을 직접 대한제국 내각에 투입하여 내정을 장악하게 하는 한편, 오랫동안 일본에서 망명 생활을 하다 귀국한 개화 정객들과 극단적인 친일 근대화 세력인 일진회 세력을 이용하여 병합 추진을 위한 정치적 기반을 조성하기 시작했다.

그런데 병합을 목전에 둔 시기에 대한제국의 각 정치 세력들은 국권 상실을 현실로 받아들이기보다는 일제 통감부 권력의 후원하에 그간 억눌려 온 정치 참여를 실현해보려는 욕구에 더욱 분주했다. 이들은 통감부의 통치권 장악으로 황제정이 해체된 권력 공간을 차지하기 위해 서로 치열하게 경쟁했다. 고종 황제와 미천한 신분 출신의 근왕 세력 중심으로 운영된 국정에서 철저히 소외되었던 고위관료 세력들은, 친일 내각 참여를 통해 양반 지배 체제의 부활을 지향했다. 특히 이완용 내각은 송병준의 입각으로 일진회의 지원을 받아 수립되었음에도, 노골적으로 하층민 출신인 일진회 세력을 소외시키면서 장차 병합 이후에도 양반 계층의 기득권을 보장받을 방안을 강구했다.

갑오개혁과 독립협회운동 실패 이후 일본에서 망명 생활을 하던 구 개화 정객들은 통감부의 주선으로 귀국하여 정치 재개 기회를 노렸지만, 병합 정국을 이끌어나갈 지도력과 정치 세력화는 보여주지 못했다. 박영효와 유길준 등 개화 정객들은 나름대로 정치적 보폭을 넓혀갔으나 독자적 정권 창출이 불가능한 관계로 큰 의미는 지닐 수 없었고, 이미 병합 쪽으로 물꼬를 튼 정국의 방향을 반전시킬 수도 없었다. 대한협회·서북학회 등 권력 지향적 계몽운동 단체들 역시 독립협회 해산 이후 억제되어온 정치 참여 욕구를 폭발적으로 분출하면서 정치 활동에 나섰지만, 병합 정국에서 정확한 정치적 좌표를 잡지 못한 채 우왕좌왕 표류했다. 한때는 일진회 세력과 연합해 정권 진입을 시도하다가 다시 이를 철회하는 등, 정권 획득과 병합 반대라는 민족적 명분 사이에서 동요했다. 이들은 실력양성이 완성되는 그날까지 보호국 체제가 유지되기를 기대했겠지만, 일제의 병합 단행은 생각보다 일찍 현실로 다가왔다.

반면 평소부터 한일연방설을 주장해온 일진회 세력은 재빨리 '정합방론'을 내세워, 외교권은 일본에 위임하되 내정 자치를 통해 실리를 취하겠다는 목표를 제시했다. 이완용 내각과의 권력 투쟁에서 패배하고 대한협회·서북학회와 추진한 3파 연합도 결렬된 뒤, 차라리 합방을 청원해서라도 정치에 참여해보겠다는 욕망을 표출한 것이다. 갑오개혁 이후 구래의 신분 질서는 상당히 와해되었지만, 일반적으로 하층 무뢰배 출신이라고 멸시되어온 일진회 세력에게 이완용 내각과 같은 양반 기득권 세력은 여전히 넘어설 수 없는 높은 벽이었다. 일제에 의존해서라도 양반 지배 질서에서 벗어나 가장 낮은 수준의 지방 자치에라도 참여하겠다는 목표를 세운 일진회에게, 민족의 독립이라는 대의명분은 거추장스러운 허염虛焰에 불과했다.

하지만 일제가 병합 이후 일진회를 포함한 모든 정치 단체에 해산령을 내림으로써, 이들의 정치 참여운동은 또 다시 좌절되었다. 대신 일제는 대한제국 황실과 고위관료, 재야의 명망가 정객들에게 작위와 은사금을 수여함으로써 이들을 식민통치의 정치적 기반으로 삼고자 했다. 결국 대한제국의 근대 지향 정치 세력은 그 역량의 미숙으로 자체적으로 봉건 왕실을 극복하지 못했고, 통감부 통치하에서도 정권에 진입하지 못한 채 식민지화를 맞게 되었다. 바로 이 지점에서 식민지 시기 민족운동이 출발하고 공화정에 대한 논의도 시작되었다.

민족 내부에서 근대 정치 세력에 의해 극복되었어야 할 봉건 왕실은 외세에 의해 다른 나라에서보다 철저히 해체됨으로써 일찍부터 공화정이 채택될 수 있는 계기가 되었으나, 동시에 우리 스스로 참정권을 획득해내는 역사적 경험은 갖지 못하게 되었다. 일제 식민지가 되면서 근대 '국민'국가 수립운동은 일단 중단되고 민족해방운동이 시작되었으며, 해방 이후 분단 체제에 이르기까지 한국에서 근대국가 수립이란 곧 근대 '민족'국가 수립의 문제로 환치되어버렸다. 따라서 근대적 국민국가 기획이 식민지화로 좌절된 뒤 우리 역사에서 진정한 의미의 '국민(시민)'은 여전히 형성 중에 있다고 볼 수도 있다. 현대 한국 정치의 미숙성이 근본적으로 주체적이고 자발적인 시민 공동체 개념의 미형성에서 온다고 본다면, 그 책임의 일부는 분명 일본 제국주의의 대한제국 병합에 있는 것이다.

# 부록

## 주요사건일지

### 1904년

1월 21일 대한제국 전시중립선언 발표.

2월 8일 일본군, 뤼순항의 러시아 함대 기습 공격. 러일전쟁 개전.

2월 9일 일본군, 정부의 국외중립을 무시하고 서울에 주둔.

2월 10일 러일 양국의 정식 선전포고. 러시아 공사관의 대한제국 철수.

2월 23일 한일의정서 조인.

4월 3일 일본, 대한제국 영토에 한국 주차군 사령부 설치.

5월 18일 고종 황제, 러시아와 관계 단절을 선언하는 칙선서 발표.

6월 29일 대한제국 정부, 나가모리 도키치로의 황무지 개간권 요청 거부.

8월 20일 송병준, 일진회 설립.

8월 22일 고문용빙협약(제1차 한일협약) 체결.

### 1905년

1월 1일 경부선(서대문 – 초량) 개통.

1월 10일 고종 황제, 러시아의 전쟁 승리와 한반도 진주를 희망하는 친서 작성.

1월 18일 「화폐조례」 공포. 화폐정리 실시, 금본위제 실시, 일본 화폐 유통 공인.

2월 7일 고종 황제, 러시아 차르에게 도움을 요청하는 밀서 작성.

4월 1일 통신권 박탈. 우체사와 전보사를 우편국으로 개편. 한일통신기관 협정서 체결.

4월 8일 일본 각의, 「대한제국 보호권 확립의 건」 결정

5월 12일 공사관 철수 명령에 반발하여 런던 주재 대리공사 이한응 음독자결.

7월 29일 가쓰라 – 태프트 밀약 성립.

8월 4일 이승만, 루스벨트 대통령을 면담하여 대한제국의 주권과 독립 보전에 대한 청원을 전달.

8월 12일 제2차 영일동맹 성립.

8월 21일 이용익, 상하이로 출국.

9월 5일 러일, 포츠머스 강화조약 체결. 러일전쟁 종식.

10월 27일 일본 각의, 「대한제국 보호권 확립 실행에 관한 각의 결정 건」 발표. 보호조약 실행에 착수.

11월 6일 일진회, 보호조약 찬성 선언서 발표.

11월 9일 이토 히로부미, 천황 특사 자격으로 내한.

11월 15일 이토 히로부미, 고종 황제 알현. 고종, 조약안의 의정부회의 회부를 허락함.

11월 17일 제2차 한일협약(을사늑약) 체결.

11월 19일 주한 영국·미국 공사, 을사조약 성립에 대한 축하 전문 보냄.

11월 22일 통감부 및 이사청 설치에 관한 일본 칙령 제240호 발표.

11월 23일 을사조약 정식 공표. 일제, 서울

주재 각국 공사관에 철수 요청.

**11월 24일** 미 국무장관, 대한제국에서 공사관 철수 의사 밝힘.

**11월 27일** 이용익, 페테르부르크 도착.

**11월 30일** 민영환, 을사늑약 체결 반대와 동포에 대한 사죄의 유서를 남기고 자결.

**12월 1일** 원로대신 조병세, 음독자살.

**12월 14일** 외부대신 이완용, 재외 공사관 철퇴 훈령 내림.

**12월 16일** 관보에 한일협약 공식 발표.

**12월 20일** 칙령 267호 「통감부 및 이사청 관제」 공포.

**1906년**

**1월 19일** 대한제국 외부 공식 폐지.

**2월 1일** 서울에 통감부 설치. 각 영사관 및 분관 소재지에 이사청 설치.

**3월 2일** 초대 통감 이토 히로부미 부임.

**3월 10일** 「고문 및 참여관 감독규정」 발표.

**3월 13일** 제1회 시정개선협의회 개최.

**4월 3일** 경의선 개통. 한반도 종단 철도망 완성.

**6월 29일** 광업법 개정. 일본인의 광산 독점 시작.

**7월 3일** 고종 황제, 「궁궐을 숙청하는 건」 조칙 발표.

**7월 6일** 궁금령 발포.

**1907년**

**2월** 국채보상운동 시작.

**2월 24일** 이용익, 블라디보스토크에서 사망.

**5월 22일** 이완용 내각 성립.

**6월 4일** 헤이그 특사단 이준·이상설, 러시아에 도착하여 이위종과 합류.

**6월 19일** 헤이그 특사단 페테르부르크 출발(6월 25일 헤이그 도착).

**6월 27일** 헤이그 특사단, 각국 대표에게 보내는 탄원서 발표, 『만국평화회의보』에 일본의 국제법 위반 행위 폭로.

**7월 7일** 이토 히로부미, 사이온지 일본 총리대신에게 전보로 고종 양위 문제 거론.

**7월 8일** 헤이그 특사 이위종, 신문기자단 국제협회에서 '대한제국 특사단의 호소'라는 제목으로 연설.

**7월 14일** 헤이그 특사 이준 사망.

**7월 16일** 대한제국 내각회의에서 이완용·송병준 주도로 황제 폐위 결정.

**7월 19일** 고종 황제, 황태자 대리의 조칙 발표.

**7월 20일** 중화전에서 고종 양위식 거행.

**7월 24일** 제3차 한일협약(한일 신협약, 정미조약) 조인.

**7월 30일** 제1차 러일협상 체결. 러시아, 대한제국에서 일본의 자유 행동 인정.

**7월 31일** 순종 황제, 「군대 해산의 조칙」

발포.

**8월 1일** 시위대 해산식 거행. 지방 진위대 해산 명령 하달. 해산에 반대하는 한국군의 봉기 발발.

**8월 7일** 영친왕, 황태자 책립.

**9월 9일** 칙령 제295호 「통감부 및 이사청 관제」 개정. 통감의 직권을 공식적으로 확장.

**10월 9일** 통감부 훈령 제21호 「통감부사무분장규정」 개정.

**11월 27일** 궁내부 신관제 발포. 경리원 등 궁내부 부서 다수 폐지. 인원 감축. 일본인을 궁내부 수뇌부에 배치.

**1908년**

**3월 23일** 전명운·장인환, 샌프란시스코에서 외교고문 스티븐스 암살.

**11월 30일** 구백동화 유통 금지.

**12월 28일** 동양척식주식회사 설립.

**1909년**

**4월 10일** 이토 히로부미, 가쓰라 총리대신 및 고무라 외무대신과의 회합에서 한국병합 단행에 이의가 없다는 견해를 밝힘.

**6월 14일** 통감 이토 히로부미 사임. 후임으로 소네 아라스케 임명.

**7월 6일** 일본 내각회의 「대한제국 병합에 관한 건」 최종 확정.

**7월 12일** 「기유각서」 체결. 사법권 박탈.

**7월 30일** 칙령 제68호로 군부 폐지. 대한제국 군대의 실질적 해체.

**10월 23일** 독립관에서 일진회, 대한협회, 서북학회의 3파연합 연설회 개최.

**10월 26일** 안중근, 하얼빈에서 이토 히로부미 사살.

**12월 3일** 일진회, 3파연합에 합방 성명서 발표 제안. 대한협회의 반대로 3파 연합 결렬.

**12월 4일** 일진회 단독으로 합방 성명서 발표. 순종 황제와 통감 등에게 합방 청원서 전달.

**12월 7일** 이완용 내각, 일진회의 합방 청원서 각하.

**12월 22일** 이재명, 이완용 암살 시도.

**1910년**

**2월 14일** 일본 관동도독부 지방법원, 안중근에게 사형 언도.

**3월 26일** 안중근 사형 집행.

**5월 30일** 데라우치 마사타케, 제3대 통감으로 부임.

**6월 3일** 일본 각의, 대한제국에 대한 시정 방침과 총독 권한 확정.

**6월 30일** 대한제국 경찰 폐지, 주차군 헌병대 산하에 통합.

**7월 4일** 제2차 러일협약 체결.

**7월 23일** 신임 총독 데라우치 마사타케 대

한제국 입국.

**8월 16일** 대한제국 총리대신 이완용과 데라우치 총독, 병합조약 체결을 위한 담판 개시.

**8월 18일** 병합안, 대한제국 내각회의 통과.

**8월 22일** 한일병합조약 체결.

**8월 29일** 한일병합조약 공포. 순종 황제 퇴위.

**9월 30일** 조선총독부 관제 공포.

# 참고문헌


### 교양서 및 개설서

- 강동진, 『한국을 장악하라－통감부의 조선 침략사』, 아세아문화사, 1995.
- 교수신문 엮음, 『고종 황제 역사청문회』, 푸른역사, 2005.
- 국립고궁박물관, 『대한제국－잊혀진 100년 전의 황제국』, 민속원, 2011.
- 국사편찬위원회, 『한국사 42 대한제국』, 탐구당, 1999.
- 김기협, 『망국의 역사, 조선을 읽다』, 돌베개, 2010.
- 멕켄지 지음, 신복룡 옮김, 『대한제국의 비극』, 평민사, 1985.
- 편집위원회 엮음, 『한국사 11 근대 민족의 형성 1』 한길사, 1994.
- 편집위원회 엮음, 『한국사 12 근대 민족의 형성 2』, 한길사, 1994.

### 연구서 및 논문

- 강창석, 『조선통감부연구』, 국학자료원, 1995.
- 강창일, 『근대 일본의 조선 침략과 대아시아주의』, 역사비평사, 2002.
- 김도형, 『대한제국기의 정치사상 연구』, 일조각, 1994.
- 김종준, 『일진회의 문명화론과 친일 활동』, 신구문화사, 2010.
- 모리야마 시게노리 지음, 김세민 옮김, 『근대한일관계사연구－조선 식민지화와 국제관계』, 현음사, 1994.
- 박찬승, 『한국근대정치사상사연구』, 역사비평사, 1991.
- 서영희, 『대한제국정치사연구』, 서울대학교출판부, 2003.
- 야마베 겐타로 지음, 안병무 옮김, 『한일합병사』, 범우사, 1982.

• 역사학회 엮음, 『러일전쟁 전후 일본의 한국 침략』, 일조각, 1984.
• 오영섭, 『고종 황제와 한말 의병』, 선인, 2007.
• 운노 후쿠주 지음, 정재정 옮김, 『한국병합사연구』, 논형, 2008.
• 윤대원, 『데라우치 마사타케 통감의 강제 병합 공작과 '한국병합'의 불법성』, 소명출판, 2011.
• 이성환 외, 『한국과 이토 히로부미』, 선인, 2009.
• 이태진, 『일본의 대한제국 강점』, 까치, 1995.
• 이태진, 『한국병합 성립하지 않았다』, 태학사, 2001.
• 이태진 외, 『100년 후 만나는 헤이그 특사』, 태학사, 2008.
• 정성화 외, 『러일전쟁과 동북아의 변화』, 선인, 2005.
• 최기영, 『한국 근대 계몽운동 연구』, 일조각, 1997.
• 최덕수 외, 『조약으로 본 한국 근대사』, 열린책들, 2010.
• 한국정치외교사학회 엮음, 『국치 100년, 국권 상실의 정치외교사적 재조명』, 선인, 2012.
• 한상일, 『일본 제국주의의 한 연구－대륙낭인과 대륙팽창』, 까치, 1980.
• 한영우 외, 『대한제국은 근대국가인가』, 푸른역사, 2006.

• 구대열, 「한일합방과 국제관계」, 『한국 국제관계사연구 1』, 역사비평사, 1995.
• 권태억, 「1904~1910년 일제의 한국 침략 구상과 '시정개선'」, 『한국사론』 31, 1994.

- 권태억, 「통감부 설치기 일제의 조선근대화론」, 『국사관논총』 53, 2001.
- 권태억, 「일제의 한국 강점 논리와 그 선전」, 『한국독립운동사연구』 37, 2010.
- 김기정, 「1901~1905년간의 미국의 대한 정책 연구」 (1)·(2), 『동방학지』 66·80, 1990·1993.
- 김도형, 「일제 침략 초기(1905~1919) 친일 세력의 정치론 연구」, 『계명사학』 3, 1992.
- 방광석, 「일본의 대한 지배 정책 전환과 안중근 사건」, 『한국 근대국가 수립과 한일관계』, 경인문화사, 2010.
- 서영희, 「을사조약 이후 대한제국 집권 세력의 정세 인식과 대응 방안」, 『역사와 현실』 66, 2007.
- 서영희, 「대한제국의 빛과 그림자–일제의 침략에 맞선 황제 전제 체제의 평가 문제」, 『한국사 시민강좌』 40, 2007.
- 서영희, 「국민신보를 통해 본 일진회의 합방론과 합방정국의 동향」, 『역사와현실』 69, 2008.
- 서영희, 「한국 근대 동양평화론의 기원 및 계보와 안중근」, 『영원히 타오르는 불꽃–안중근의 하얼빈 의거와 동양평화론』, 지식산업사, 2010.
- 서영희, 「대한제국 외교의 국제주의 전략과 일본의 병합 추진 배경」, 『동아시아의 역사 서술과 평화』, 동북아역사재단, 2011.
- 오가와라 히로유키, 「이토 히로부미의 한국 통치와 조선사회」, 『일본, 한국병합을 말하다』, 열린책들, 2011.

- 윤병석, 「'을사5조약'의 신고찰」, 『국사관논총』 23, 1991.
- 이상찬, 「일제 침략과 황실 재산 정리」, 『규장각』 15, 1992.
- 이상찬, 「을사조약과 병합조약은 성립하지 않았다」, 『역사비평』 31, 1995.
- 조항래, 「內田良平의 한국병탄행적」, 『국사관논총』 3, 1989.
- 한명근, 「통감부 시기 일제의 침략론」, 『국사관논총』 90, 2000.

# 찾아보기

| 아 |

| 자 |



| 차 |